机能主义刑法学理论

——丹麦刑法学思想

〔日〕松泽伸 著

吕小红 译

中国政法大学出版社

2024·北京

图书在版编目（ＣＩＰ）数据

机能主义刑法学理论/(日)松泽伸著；吕小红译. —北京：中国政法大学出版社，2024.2
ISBN 978-7-5764-1385-4

Ⅰ.①机… Ⅱ.①松…②吕… Ⅲ.①刑法－法的理论－研究 Ⅳ.①D914.01

中国国家版本馆 CIP 数据核字(2024)第 060495 号

出 版 者	中国政法大学出版社
地　　址	北京市海淀区西土城路 25 号
邮寄地址	北京 100088 信箱 8034 分箱　邮编 100088
网　　址	http://www.cuplpress.com (网络实名：中国政法大学出版社)
电　　话	010-58908586(编辑部) 58908334(邮购部)
编辑邮箱	zhengfadch@126.com
承　　印	固安华明印业有限公司
开　　本	720mm×960mm　　1/16
印　　张	17
字　　数	290 千字
版　　次	2024 年 2 月第 1 版
印　　次	2024 年 2 月第 1 次印刷
定　　价	68.00 元

机能主义刑法学理论

KINOSHUGI KEIHOGAKU NO RIRON DENMARK
KEIHOGAKU NO SHISO

北京市版权局著作权合同登记号：图字 01-2023-3471 号

总序一[*]

　　经西北政法大学贾宇校长的提议与努力，《当代日本刑事法译丛》得以出版发行。值此之际，承蒙贾宇校长力邀，我亦有幸得享主编之誉，想必这是对我近 25 年来为中日刑事法学术交流所作微薄贡献的肯定。

　　早在 1988 年，由我提议发起召开了首届"中日刑事法学术研讨会"，此后隔年一次定期举行，迄今已历经 27 载，共计召开了 14 届。并且，第 15 届与第 16 届研讨会的会议日程与承办学校也已经确定。在此期间，尽管中日之间的关系令人遗憾地出现了一些负面情况，迄今仍尚未得到完全修复，但是这丝毫未影响到两国之间的刑事法学术交流。这足以说明，至少在刑事法学术交流的领域，中日关系已经坚如磐石；刑事法学界的两国同仁也不止于单纯的学术交流，而是已经超越国界，达至心心相连的境界。于我而言，没有比这更值得欣慰的事情了。

　　在这里，我又情不自禁地想起了马克昌先生。虽然马先生已于 2011 年仙逝，但我们两人之间的深厚友情，正象征着承担中日两国刑事法学术交流的同仁之间的牢固纽带。1998 年，正在东京创价大学访问的先生第一次拜访了我。自此之后，我就与先生成为肝胆相照的学术知己！2002 年，在武汉大学召开的第 7 次"中日刑事法学术研讨会"上，日方与会者均惊叹于"马家军"的威势，此后，中国刑法学界的"马家军"作为一种传

＊　本序文由付玉明移译校对。

说流传至今。包括那次会议在内，我曾十数次访问武汉，对先生的敬仰之情弥深。在先生患病住院期间，曾两度去医院探望的外国人，想必除我之外别无他人。可以说，我与先生之间惺惺相惜已然不分国界。

先生早年曾在河南省周口市就学，亦曾深受日本军国主义之毒害，但作为一名刑法学者，却仍能对日本刑法学中的可取之处毫不犹豫地给予积极评价，一想到这一点，我便不由得在与先生交往之初即向其由衷地表达敬意。这样说来，从先生的角度来看，想必早已完完全全看透了我内心对那些不堪回首之往事的强烈纠结，并理解了我此后的所言所行。我想，我与先生之间的友情正是因为相互跨越了过去，才能得以超越国界。

在贾宇校长邀请我一同担当主编之际，我之所以能欣然接受未曾有丝毫犹豫，其理由正是在于，这次的《当代日本刑事法译丛》有纪念马克昌先生之意，而且，从该丛书的中方编委名单中，也能看到"马家军"的成长壮大。这次的出版计划赋予了中日刑事法学术交流以新的形式，在这一点上，我以为意义重大。以贾宇校长为首的相关人员为实现本出版计划付出了相当努力，在此，谨表达我衷心的敬意与谢意，同时，也深切祝愿本丛书进展顺利。

是为序。

早稻田大学名誉教授、原校长
中日刑事法研究会名誉会长
西原春夫
2015 年 2 月 8 日于日本东京

总序二

　　法律是人类的微缩历史。法律既是人类文明的成果积淀，也是多元文化的综合汇聚；不同的国家虽然可能采用不同类型的法律制度，但是都大致共享着同样的法治伦理。因此，不同国家的法律思想和法律制度需要并且可以相互进行交流与借鉴，甚或移植。

　　众所周知，中华法系起于先秦，盛于唐宋，解于清末，曾经一度是世界领先的法制文明，覆盖了泛东亚儒家文化圈。日本在公元 8 世纪初开始学习和接受唐朝的律令，成为律令制国家，之后直至明清时期，日本的律令制度一直深受中华法系的影响。但是明治以后，日本开始维新政治，转向西学，取法欧陆，勖行法治，成为亚洲最早转型成功的近代国家。清末时期，修律大臣沈家本邀请日本东京帝国大学的冈田朝太郎博士担任顾问，日本法学的思想理念开始回馈襄助中华。自此之后，中日两国的法律交流，出现了"师襄彼此，各有优长"的局面。

　　在当代，中日两国刑事法的交流与合作，主要是由日本早稻田大学前任校长西原春夫先生与中方的马克昌先生、高铭暄先生联合确立推动的。西原先生是日本杰出的刑法学家、教育家以及社会活动家，曾经入选福田政府的顾问团，是立场鲜明的"和平主义者"，也是我们眼中的"知华派"。马克昌先生是新中国第一代刑法学家，是武大刑法学的领军人物，与高铭暄先生并称中国刑法学界的"南马北高"，马先生能够广纳天下英才而育之，门下弟子众多，被学人戏称为刑法学界的"马家军"。马先生虽未出国留学，但是精通日语，能够通畅交流。因此于 1998 年与西原先生在东京相逢之后，两人一见如故，彼此引为知己。两位先生志趣相合，心意相连，高山流水遇知音，肝胆相照两学人。因为马先生的关系，西原先生曾经十余次访问武汉，并出席马先生八十华诞学术研讨会，尤其是在马先生生病住院期间，西原先生更是曾经两度越洋探访，这在两国学界都十分鲜见。两位先生的学术友情，实不让于管鲍之交、钟伯之谊，业已成为中日学术史上的传奇美谈。

马克昌先生是我的授业恩师，不仅引领我踏入法学研究的学术殿堂，而且对我更有人生际遇上的知遇之恩。先生高风雅量，宽厚待人，爱才惜才，醉心学术，在古稀之年，仍然用手工书写的方式完成了 80 余万字的鸿篇巨制——《比较刑法原理——外国刑法学总论》一书，震动学界。先生看重学问，常怀克己之心、追贤之念，秉学人高格、务法律之实，对我等弟子亦各有期许。

2011 年 6 月 22 日，先生因病不治，驾鹤仙游。学门弟子，悲痛心情，无以言表。我曾以诗纪念先生："先生累矣，溘然长眠；学门兴盛，师心所牵。吾侪弟子，克勤克勉；事业有继，慰师安然。师恩难忘，一世情缘；恩师音容，永驻心间。"为了告慰先师，身为弟子，理应承继先生志业，竭尽绵力于一二。

中日刑事法的交流圈子，是先生亲自将我领入。早在 2002 年的中日刑事法学术研讨会上，马先生就将我郑重介绍给西原先生，并嘱我日后要多多参与、支持中日刑事法的学术交流活动。因此，在 2007 年我专门邀请西原先生赴西安讲学，并为西原先生举办了八十华诞学术研讨会。此后，常常在各种不同的学术会议的场合与西原先生遇见，相知益深，被先生引为忘年之交，不胜荣幸。

2011 年 10 月 1 日至 5 日，我受日本中央大学的邀请访学东京，其间专门择时拜访了西原先生，先生在东京日比谷公园著名的松本楼接待了我。松本楼是中国民主革命先行者孙中山先生的挚友梅屋庄吉的故居，是孙中山先生与宋庆龄女士的结发场所和旅居之地；在当代，则一向是日方对华友好人士接待中国来宾的重要场所，具有很强的文化意象。其时，恰遇中日关系出现了些许波折，又逢我的恩师马克昌先生新近离世，西原先生设宴松本楼，深具意义与情怀。席间念及马先生，西原先生不禁肃穆满怀，把酒遥祭，深情追忆了与马先生相识相交的详细过程，言之谆谆，意之切切，令我深为感动。因此，我当场向西原先生提出合作主持出版一套《当代日本刑事法译丛》的意向，一来以此纪念马克昌先生，二来为中日刑事法学的继续深入交流做些实事。西原先生毫不犹豫，欣然应允，答应联署译丛主编并愿意承担一些组织工作。

本套译丛的编委会委员，邀请了部分日方著名的刑法学家，特别是译著的作者；中方编委会成员主要是马克昌先生的部分学生，也邀请了中国刑法学界热心此项工作的部分专家学者。副主编则由黎宏教授与本乡三好先生担任：黎宏教授是马先生的高徒，早年留学日本，如今已成长为中国刑法学界的青年领军人物；本乡三好先生长期担任久负盛名的成文堂出版社的编辑部长，协助西原先生为中日刑事法学的交流发展做过大量工作，对中国学界有巨大贡献。我的学生付玉明担任本套译丛的执行主编。玉明聪明好学，治学刻苦，曾受马克昌先生与西原先生的惠助，留学日本。他为这套丛书的联络、组织、翻译、出版付出了巨大努力。译丛编辑部主要由留日归来的青年刑法学者组成，他们精研刑法，兼通日文，是中国刑法学界的后起之秀，其中大多也是本套译丛的译者。

北京京都律师事务所的田文昌先生、北京德恒律师事务所的李贵方先生、西北政法大学校友汪功新先生，以及西北政法大学刑事辩护高级研究院，为本译丛慷慨解囊提供出版经费，在此致谢！感谢他们心系学界，关爱学问。

中国政法大学出版社的前社长李传敢先生及现任社长尹树东先生为本译丛提供出版支持，编辑部主任刘海光先生、丁春晖先生具体负责方案落实，辛苦备至，他们勤勉认真的工作态度令我们敬佩有加！

法律的故事就是人类的故事，法治的历史实际上就是法律人奋斗的历史。坚硬的法律背后，更多的是温情的人间故事。让我们记住这段当下史，记住这些名字。

是为序。

西北政法大学教授、校长
中国刑法学研究会副会长
贾　宇
2015 年 2 月 8 日于古城长安

中文版序言

我的第一本著作《机能主义刑法学理论——丹麦刑法学思想》将被译成中文出版，真是莫大的荣誉。本书能得到中国读者的青睐我打心底里高兴。在此，我对辛苦翻译本书的上海政法学院吕小红老师表示衷心的感谢。

因为本书的日文版是 2001 年出版的，所以本书介绍的日本法和丹麦法的状况也有了与现在状况不同的一面。例如，日本在 2009 年引入了审判员制度，和丹麦一样，公民也可以参与审判了。丹麦将陪审制改为法官和市民合议的制度。日本在 2004 年引入了法科大学院制度。在法科大学院，架设实务和理论的桥梁被作为口号，因而研究者的意识转向了判例、实务的动向。最近，过去只主张基于自己哲学见解的刑法解释学，正在向以判例为中心记述实务动向的刑法解释学转变。这种倾向今后可能会进一步发展，但不会后退。在这样的情况下，本书所追求的记述事实的机能主义刑法学可以说取得了一定的成功。

不过，现在日本的刑法解释学依然缺乏充分的方法论自觉。对判例进行整理，从中提取理论，对判例的判断标准进行类型化加以明确的研究方法屡见不鲜。但是，为什么必须以判例的理解为前提呢？应该以哪个判例为对象进行研究呢？如何提取判例的基准呢？关于这些问题，恐怕从事这方面研究的学者大多数都答不上来吧。本书能对这些疑问进行解答。重要的不是判例本身，而是作为判例源泉的法官的思考，法官的思考不是从个别判例中演绎性地提取的，而是必须在推测体系关联性的同时进行理论建构。

因为机能主义刑法学立志于以经验科学的事实为基础的刑法学，所以其结论需要客观的证据。有必要以事实为前提研究刑法学。因此，例如，不能在没有增加预防效果的情况下加重刑罚。反之，为了改善社会，如果利用刑罚是有效的，就必须考虑刑罚的利用。无论如何，不能从形而上学式的、规范性的根据加以考虑，而是必须基于经验科学的事实考虑刑法的利用。过去，邓小平先生说过"不管黑猫白猫，抓到老鼠的就是好猫"。这与机能主义刑法学的志向相同。根据事实解释刑法，使刑法在现实社会中发挥最大的效果，这是机能主义刑法学所追求的。

衷心地期待本书能被中国的同仁们广泛阅读，为中日刑事法的学术交流尽一份力。

松泽伸

于东京

2022 年 11 月

前　言

　　本书是笔者在博士论文《丹麦刑法与机能主义刑法》的基础上，增补后期研究成果集合而成的。

　　虽说基本上，就刑法的方法论而言，这应该是一本从机能主义的方向构思新理论的研究著作，但也能看到很多丹麦刑法学的知识，丹麦刑法学本身自不用说，丹麦的法制史、法学史、法社会学所占篇幅也不少。其中有相当一部分内容还是初现日本。因此，本书也可以承担作为丹麦法最新信息来源的任务，不仅在刑法、法学领域，也广泛地包括对丹麦感兴趣的人士在内，若能从多方面参考，将无比荣幸。

　　本书由两个部分组成。第一部分概观丹麦法学的基础，介绍并分析丹麦刑法学的情况；第二部分在借鉴丹麦相关内容的基础上，以论述新机能主义刑法学方法论为中心。笔者的主张集中在第二部分，不过在第一部分笔者分析了过去未引入日本的知识，并有意识地与日本法关联加以论述。

　　可能会有人提出疑问，为什么要以丹麦刑法学为研究对象。一言以蔽之，丹麦刑法学有德国法的框架与经验主义、机能主义思考方法组合的巧妙之处，有足以在日本刑法学中激起大波澜的内容。众所周知，20世纪初，日本刑法典的制定受到德国刑法学的强烈影响。岁月流逝，但至今日本刑法学仍然受形而上学式的、体系性思考的德国刑法学的强烈影响。与此相对，丹麦于1930年在德国近代学派的强烈影响下制定了现行刑法典，现今已摆脱此影响，尽管形式上仍然保留着德国法的框架，但是已经构建起经验主义、机能主义的独特刑法学。

丹麦刑法学的特征是以斯堪的纳维亚现实主义学者阿尔夫·罗斯的法学理论为基础，经过丹麦 20 世纪最著名的刑法学家克努德·瓦本的完善形成了极具现实主义的法学方法论，而其最大的特征是，将以往混合事实认识和价值判断（虽然意识到两者都包含在其中）的法解释学限定于事实认识，作为科学、客观之物进行重构。在此意义上，虽然与日本所发展的机能主义法解释学或作为科学的法学具有相同的问题意识，但是同时其将价值判断命名为法政策汇总于法解释学之外，这一点不同于以往的机能主义，此外，将法官的思想作为事实认识的对象，这一点与仅以过去的判例为事实认识对象的判例法实证主义的思考方法分道扬镳。

本书以罗斯和瓦本的方法论为基础，也采纳了日本机能主义刑法学的成果，尝试构建新机能主义刑法学理论。具体内容将在书中论述，这里想事先说明的是，本书高举机能主义旗帜的同时，在其具体方法中部分地采纳了后现代法学的主张，立志于发展出更为现代化的机能主义。原本，属于现代范式的机能主义法学被认为难以与后现代法学相容，但是在以机能主义为前提的价值相对主义或怀疑主义中，也有与后现代法学一致的问题意识，在很多场合，所谓后现代的思考方法（不自觉地）早就随处可见。或者说，比起将后现代法学视为新事物引入，在机能主义发展过程中后现代类似的思考内发性地析出这一看法可能更正确。

此外，以基础法学为基础的刑法学是笔者的志向，因而根据基础法学相关文献省略敬称的惯例，本书将省略所有引文作者的敬称。在此恳求各位作者能够谅解。

松泽伸

于东京 2001 年正月

目 录

第一部分 丹麦刑法学及其机能主义

第一部分

丹麦刑法学及其机能主义

第一章 序篇：目的与构成

第一节 目的

当问及日本刑法解释学有何特征时，首先想到的就是精密的理论体系。看看各国的刑法学，能与日本刑法解释学相匹敌即具有更精密理论体系的，恐怕不会太多。可以说，这是日本刑法学在现行刑法典制定过程中受到了德国的影响，并在此后的很长一段时间里注重构建所谓的理论，将其详细地进行体系化的结果。

日本制定现行刑法典时受到了德国刑法学的强烈影响，当时也有其他一些国家同样以德国刑法学为范本制定刑法，丹麦就是其中之一。

日本现行刑法典制定于 1908 年，丹麦刑法典制定于 1930 年。虽然日本刑法典的制定时间早了二十多年，但是日本和丹麦的刑法典在很多地方都受到了当时德国近代学派刑法学的影响。从这一点来看，两国刑法典有很多相似之处。

那么，这是否意味着丹麦刑法学与日本刑法学一样都以精密的理论体系为特色，属于同类呢？答案是否定的。

与日本刑法学相同，丹麦刑法学在现行刑法制定之初也受到了形而上学式的、体系性思考很强的德国刑法学的强烈影响。构成要件、违法性、责任、因果关系、条件关系、作为与不作为、主观的违法要素、事实认识错误、法律认识错误等诸多丹麦刑法学沿用至今的概念都源于当时的德国刑法学。

但是，德国刑法学对丹麦的影响并没有持续很久。关于其原因，后文将根据丹麦历史、文化背景进行论述（第二章第二节以下）。在德国刑法学之后，丹麦刑法学受到英美刑法学，特别是英国刑法学的影响。在经验主义、问题性思考很强的英美刑法学的影响下，丹麦刑法学开始步入不同于日本刑法学的道路。此后，丹麦刑法学吸收了源于美国的现实主义法学，且结合斯

-1-

堪的纳维亚独立孕育出的现实主义法学，最终形成了高度的机能主义、经验主义刑法学。

　　而日本至今仍处在德国刑法学的强烈影响下，几乎无法吸纳英美刑法学。我们应该关注的是，在同一时期，刑法制定状况相同的两国刑法学，现如今却呈现出如此不同。

　　最近，在日本也经常有人指出实务与学说严重脱节，也能听到担忧过度进行体系性思考（过剩）的声音。为了解决这样的问题，适用不同于德国刑法学的机能的、经验主义的考察方法确有必要，因此，近来日本刑法学中也出现了越来越多经验主义刑法学的研究。[1]

-2-

　　以往，在日本提到学习机能主义刑法学，往往考虑的是英美法或普通法系各国。[2]但是，暂且不说经验主义技巧在本来就有效的犯罪学或在美国影响下制定的刑事诉讼法领域的应用，在刑事实体法解释论上应用英美刑法学非常困难。这是因为德国型的日本刑法学与英美刑法之间存在相当明显的法律文化差距。虽说普通法的思考方法的确很有魅力，但是，对于拥有大陆法系刑法典且此后也一直受德国刑法学强烈影响的日本刑法学而言，该思考方法让人感觉稍稍有些不切实际。

　　然而，丹麦刑法学是机能主义、经验主义刑法学的同时，也有着与德国刑法学共通的基础，同样在德国刑法学影响下制定刑法，使用相同的概念展开刑法解释论。这也就意味着与英美刑法相比，将之引入日本加以应用的可能性很高。此外，丹麦法学有着与英美法学相似的现实主义、经验主义的特性，其内容也达到了被英美法学者评价为"把握美国式经验科学前沿"[3]的程度。[4]而且，其还存在不同于英美法学的斯堪的纳维亚经验主义、机能主

---

　　〔1〕　例如，前田雅英的研究中这种问题意识很强。这是"重新研究德国型'精密刑法'"的表现（前田：《现代社会与实质的犯罪论》，东京大学出版会1992年版，第18页）。还可参见荒木伸怡：《法社会学型法学的可能性 刑事法学角度》，日本法社会学会编：《法解释与法社会学》，《法社会学》45号（1993年），第190页。

　　〔2〕　例如，木村光江：《主观犯罪要素的研究》，东京大学出版会1992年版等。

　　〔3〕　早川武夫：《美国法学的展开》，一粒社1975年版，第136页。

　　〔4〕　21世纪刑法学理论的要求包括："①刑法学的非形而上学化，②刑法学的机能化，③刑法学的人道化，④刑法学的科学化。"（前田：《刑法总论讲义》（第2版），东京大学出版会1994年版，第59页）这一观点中有很多可学习之处。（不过，这部分内容在第3版中被删除了。）

义，这一点很新颖。[5]

考虑到上述情况，参考丹麦刑法学有可能为日本刑法学带来新的发展契机。本书的主要目的就是在探索这种可能性的同时，发展现在的日本机能主义刑法学，并为此提供新的方法论模式。 -3-

第二节　构成

全书由两部分构成。

第一部分以"丹麦刑法及其机能主义"为题，详细论述支撑丹麦刑法学的背景情况以及丹麦刑法的现状。这是因为，在研究外国法制度时，有必要注意影响特定国家刑法学的各种因素。[6]具体而言，应依次研究：①国家的基本情况，②刑法的历史发展过程，③刑事司法的现状，④法律思想的影响（第二章涉及①-③，第三章涉及④）。再者，与英美或德国不同，关于丹麦还有很多不为我们所熟知的信息。因此，这里不仅仅介绍影响刑法学的各种因素，也会介绍其他各种各样的信息。此后，与日本及德国刑法学进行对比，研究丹麦刑法的内容（第四章）。 -4-

第二部分以"新机能主义刑法学的构思"为题，与日本机能主义刑法学进行比较的同时，探讨丹麦机能主义方法论适用于日本的可能性。具体而言，首先回顾一直以来日本机能主义刑法学的发展，同时参考丹麦的方法论，确立本书的基本立场（第五章）。其次，详细展开此方法论的内容（第六章），最后，以所谓后现代主义法学为中心，讨论现阶段对机能主义、经验主义的批判（第七章）。

另外，由于日本关于丹麦刑法学的文献少之又少，笔者是直接奔赴丹麦，在当地收集相关资料的。研究丹麦刑法学，学习丹麦语自不可少。一方面相

---

〔5〕再加上，从以下几点也能看出研究丹麦刑法学的意义：①首先，丹麦犯罪学或（刑事法的）法社会学的学术水平在国际上也得到了很高的评价；②更为一般地说，北欧社会本身作为高度福祉国家，丹麦作为模范国家受到很多国家关注；③这在刑事政策制度上体现得淋漓尽致，日本也有关注的意义；④丹麦的社会状况与日本的共通之处清晰可见（后文将述），等等。

〔6〕"在外国法研究中，有必要深入介绍在此基础上进行实验的条件，即产生相关法律条文及其解释、运用的那个国家的政治、经济、社会背景。"（荒木伸怡：《裁判——其机能性考虑》，学阳书房1988年版，第48页。）

关的英文或德文资料数量非常有限，另一方面阅读丹麦判例必须用丹麦语。因此，笔者是通过学习丹麦语，阅读原著展开相关研究的。

第三节　机能主义与经验主义

本书尝试参考丹麦的机能主义、经验主义刑法学，思考日本的刑法学，但是到目前为止，还没有阐明机能主义、经验主义的含义。这些用语根据使用者的不同，内容也不尽相同，经常使人产生误解。因此，在最初的阶段先整理一下这些用语的内容。

首先是"机能主义"，"一言以蔽之，传统刑法学将重点置于制定刑法的体系性说明，与之相对，（机能主义）更重视刑法的机能，自不用说立法论，同时也反映在解释论中"。[7]可以具体定义为，"预测法的效果，对社会产生最佳效果的立法、解释方法"。也经常被称为"刑法的机能性考察"，因为"机能性考察主义"的说法太长，此处简称为机能主义（慎重起见附加说明，这里所说的机能主义并不是机能万能主义的意思）。[8]

再者是"经验主义"，因其发端于英美的经验法学（empirical studies of law），有以经验为基础的法学研究的意思。可以定义为，"认识经验事实，重视根据其论证的立场"。

如此定义，上述两种思考方法在一部分上相互重合。两者都认为立足于机能主义，在预测法效果时必须认识到经验上可验证的事实。同时，两者也有不同的一面。经验主义仅涉及认识经验事实这样的事实问题，而机能主义必须与"最佳"法社会效果这样的价值问题相关。

丹麦法学总的来说经验主义色彩很浓，但是机能主义的侧面也在很多场

---

〔7〕　所一彦：《何为刑法的机能性考察方法》，《第2期·法学教室》1号（1973年），第120页。

〔8〕　平野龙一认为"说到机能主义，人们往往会认为发挥良好机能本身就是件好事"，虽然没有使用"机能主义"这个词（平野：《刑法的机能性考察》，《刑法机能的考察……刑事法研究第一卷》有斐阁1984年版，第5页），但是如果像本书那样明确其含义的话，问题就不大了。此外，所一彦在"重视机能的考察"的意思上使用"机能主义"这个词（参照前注7，所：《何为刑法的机能性考察方法》）。

合中可见。这些内容会继续进行讨论。[9]　　　　　　　　　　　　　　-6-

<h2 style="text-align:center">第四节　迄今为止丹麦法学的研究状况</h2>

日本已经有了一些关于丹麦刑法学或丹麦法学一般内容的研究。以下对应当加以参考的研究进行概述。

先通观丹麦法学整体，与刑事法相关的基础法学、法哲学、法社会学有一些值得注意的研究。首先，不得不提及佐藤节子和石渡利康两位丹麦法研究先驱的研究。专攻法哲学的佐藤，以包括丹麦在内的斯堪的纳维亚法哲学为中心，延伸至广泛的法社会领域，有很多的研究。[10]专攻国际法的石渡，　　-7-
在以丹麦为中心的北欧法历史、基础法学为对象的研究之外，还有关于北欧国际关系的研究。[11]此外，应注意出水忠胜对丹麦法哲学的研究。[12]

---

〔9〕　此外，再补充一点，在丹麦，"现实主义"也经常被提起。这是 19 世纪末期发端于斯堪的纳维亚的非形而上学的法哲学，因此英美学者将之命名为斯堪的纳维亚现实主义。这个法哲学，的确也受到美国所谓现实主义法学的强烈影响，但是相较于美国现实主义，其以更重视心理侧面为特征，是从斯堪的纳维亚法传统中独立发展起来的。在法学领域称呼"现实主义"时，美国现实主义法学的印象很强烈，容易产生误解。因此，此处特别指出，本书将斯堪的纳维亚现实主义式的思考称为"现实主义"，与美国现实主义进行一定的区别。

〔10〕　佐藤节子：《"权利"概念的逻辑分析——以斯堪的纳维亚现实主义法学为中心》，《青山法学论集》3 卷 2 号（1961 年），第 17 页以下；同《关于权利这个词的机能——以斯堪的纳维亚现实主义法学为中心》，川岛武宜编：《经验法学的研究》，岩波书店 1966 年版，第 100 页以下；同《北欧各国的法社会学》，川岛武宜编：《法社会学讲座第 2 卷·法社会学的现状》，岩波书店 1973 年版，第 38 页以下；同《北欧》，川岛武宜编：《法社会学讲座第 10 卷·历史文化与法 2》，岩波书店 1973 年版，第 102 页以下；同《权利义务、法的拘束力》，成文堂 1997 年版，等等。特别是《权利义务、法的拘束力》集合了作者多年的研究成果。

〔11〕　石渡利康：《斯堪的纳维亚法论集》，八千代 1980 年版；《北欧共同体的研究》，高文堂 1986 年版；《冰岛法的发展与理念》，高文堂 1988 年版；《北欧国际关系之法的诸相》，高文堂 1989 年版；等等。

〔12〕　出水忠胜：《是 Realism 还是 Idealism?》，《日本法哲学汇编·法哲学年报》（1979 年度），第 213 页以下；同《北欧现实主义——其基本观点》，《法律时报》54 卷 8 号（1982 年），第 163、164 页；同《关于现实主义的法思考——基于北欧现实主义的法学理论》，日本法社会学会编：《续·法意识的研究》（1984 年）；同《现代北欧法学与现实主义——斯蒂格·约根森》，大桥智之辅、田中成明、深田三德编：《现代法思想》，有斐阁 1985 年版，第 442 页以下；同《关于丹麦法哲学的若干考察》，《名城大学创立 40 周年纪念论文集法学篇》（1990 年），第 1 页以下；同《关于乌普萨拉学派的现实主义——以相关的北欧诸国为中心》，《名城法学》41 卷 1 号（1991 年），第 67 页以下；等等。

回顾刑事法的一般内容，在刑事政策、犯罪学、刑事司法制度一般的领域已有很多研究或者介绍。[13]但是，基本上没有实体法领域的研究。[14]刑事诉讼法及裁判制度，与近来司法改革的讨论关联，丹麦的陪审制和参审制受到关注，关于此有日本三大律师会的实况调查报告。[15]此外，虽然数量极少，但是也有关于搜查实务的介绍。[16]再者，在刑事政策或犯罪学领域也是对个别制度或问题的部分研究，虽然他们个个都是出色的研究，但是从丹麦刑事法的观点来看不得不说都是片段性的。[17]

在此意义上，对日本而言丹麦刑法可以说几乎是未知领域。因此，笔者立足于以往日本法哲学、法社会学的基础研究及刑事政策相关研究，在丹麦刑法学的基础上进行综合性研究。

-8-

---

〔13〕 例如，臼井滋夫：《欧洲各国犯罪人处遇的实况与刑事立法改革的动向——以自由刑和保安处分为中心·第5·丹麦》，《警察研究》38卷11号-20号（1969年）；吉川经夫：《北欧各国的保安处分制度》，《法学志林》68卷3、4号（1971年）；同《北欧诸国》，平场安治、平野龙一编：《刑法修正的研究1 概论·总则》，东京大学出版会1972年版；塚本重赖：《丹麦的裁判制度》，《法的支配》36号（1978年），第111页以下；加藤久雄：《丹麦的犯罪者处遇》，《治疗、改善处分的研究》，庆应通信1981年版，第262页以下；服部正敬：《各国保安处分设施等参观记·丹麦》，《裁判タイムズ》460号（1982年），第41页以下；野村二郎：《病态的罪犯们（2）丹麦》，《裁判タイムズ》477号（1982年），第3页以下；同《裁判与人权——欧洲的审判续》，东信堂1985年版，第2页以下、第174页以下；叶山水树、高山征治郎、服部正敬：《丹麦的保安处分——以精神病患者为中心》，《各国的保安处分制度》，日本评论社1983年版，第91页以下；八木国之：《北欧行刑制度——作为监狱法修订的指标》《北欧犯罪学理论与现实》，《新派刑法学的现代展开》（增补版），酒井书店1991年版，第242页以下、第397页以下；松泽伸：《丹麦刑法的发展》，《早稻田法研论集》77号（1996年），第183页以下；等等。此外，翻译类资料，介绍著名的赫斯特德维斯特收容设施，参见G. 史特鲁普著，小泽礼一译：《异常犯罪者的社会回归——赫斯特德维斯特的经验》，东京大学出版会1973年版。

〔14〕 与所谓脑死亡问题关联，丹麦器官移植法的介绍，参见齐藤诚二：《脑死亡与器官移植——丹麦的新立法》，《法律のひろば》43卷（1990年），第55页以下。

〔15〕 日本律师联合会司法改革推进中心、东京三大律师会陪审制度委员会编：《丹麦的陪审制、参审制——为什么并存》，现代人文社1998年版。此外，关于这一制度还可参见松泽伸：《丹麦的刑事裁判与陪审制、参审制》，《立教法学》55号（2000年），第309页以下。

〔16〕 介绍丹麦搜查的文献有，广畑史郎：《德、法、英、美的搜查与身体拘束（7）——丹麦》，《搜查研究》35卷8号（1986年），第30页以下；同《丹麦的犯罪搜索手续》，《警察公论》42卷6号（1987年），第139页以下。

〔17〕 这不限于丹麦，对其他斯堪的纳维亚各国（瑞典、挪威）的刑事法研究也是如此。

第二章　丹麦刑法与刑事司法的发展

刑法学并非独立的存在，其与实定刑法、刑事程序或审判组织等相关，存在于各种社会、文化的约束和历史发展中。因此，对于丹麦刑法，也需要充分研究相关的背景情况。

在本章中，笔者依次讨论：作为社会背景的丹麦的基本信息、作为历史背景的丹麦法的历史展开、作为制度背景的刑事司法制度、作为学术背景的刑法学者的关注及其变化，这些情况有形无形地反映在丹麦刑法学的正确理解中。[1]

第一节　丹麦的基本情况

关于丹麦的地势、地理、国民、国民性，在刑事法、广泛与法学相关的范围内进行探讨。[2]

一、地势、地理

丹麦是北欧的一个小国，总人口 520 万人，总面积约 43 000 平方公里。[3] 人口约为日本的 1/25，总面积大概是日本的 1/10。丹麦南方紧邻德国，北方有冰岛、挪威、瑞典，西方有英国，东北有芬兰，东南有波兰，隔着波罗的海有立陶宛、拉脱维亚、爱沙尼亚（即波罗的海三国），还与俄罗斯等为

–11–

---

〔1〕　这些背景情况不仅只是背景情况，本身就包含很多日本未知的信息。

〔2〕　没有特别说明的话，这里介绍的统计或者数值，均来源 Helle Askgaard, Carl–Johan Bryld, Mogens Brørup, Knud Erik Sørensen, &Vibeke Tromholt, Fakta Danmark 95, Copenhagen, 1995.（《丹麦事实·1995 年版》，共著者是记者）（这是广泛收集丹麦相关基本信息的统计资料集）

〔3〕　北欧（Norden；Nordic countries）通常指丹麦、芬兰、冰岛、挪威、瑞典五国，其中丹麦、挪威、瑞典三国被称为斯堪的纳维亚（Skandinavian；Scandinavia）（括号内的两个外语单词，前者为丹麦语，后者为英语。本章节没有特别说明的话，均按照此体例。若括号内只有一个外语单词就是丹麦语）。

邻，丹麦历史上就与这些国家有着非常密切的关系。尤其要注意把握丹麦与以下几个国家的历史关系，即共同构成斯堪的纳维亚半岛的兄弟〔4〕国家挪威和瑞典、强烈影响丹麦学术的德国和英国，这是正确理解丹麦法所不可欠缺的。

丹麦国土由五百多个岛屿及接壤德国的日德兰半岛〔5〕组成。从东向西大致能划分为三大块区域，最东边是首都哥本哈根（Copenhagen）所在的西兰岛（Sealand），然后是丹麦第三大都市欧登塞（Odense）所在的菲英岛（Funen），最西边是丹麦第二大都市奥胡斯（Aarhus）所在的日德兰半岛（Jutland）（这完全是地理上的划分，与地方自治上的区分完全无关〔6〕）。

丹麦首都哥本哈根的人口约136万人，作为一国首都当然属于小的。但这在北欧城市中属于最大的，国会、行政机关、最高法院等所有重要的机构都聚集于此。这里以大学、国立图书馆为代表的研究机构也是丹麦国内最多的。

与哥本哈根相关，这里想特别指出的是，哥本哈根有称为克里斯钦尼亚（Christiania）的"解放区"，〔7〕其药物政策非常引人注目。〔8〕

-12-

---

〔4〕 丹麦、挪威、芬兰原本属于同一个斯堪的纳维亚民族，在漫长的历史中分为丹麦、挪威、芬兰，各国在文化上仍有着非常密切的关系（还可参照后注28）。

〔5〕 日德兰半岛的德语、英语、丹麦语发音存在细微不同。本书中，除在日本已经很明确的哥本哈根这个名称外，其他的均参照丹麦语发音。

〔6〕 按照地方自治上的区分，全丹麦共有14个郡（amt），进一步分为275个市（kommune）。与此不同，还有将全丹麦分为54个警察管辖范围（警察区域；politikreds），82个地方法院管辖范围（法区域；retskreds）的。过去郡或者市的数量比现在多，经过区域的撤销合并，从1970年开始就是现在这个数字。

〔7〕 1968年受所谓"青年叛乱"（ungdoms oprør）影响的一些激进分子，占领并移居到接近哥本哈根市区的南部地区、哥本哈根中世纪城墙的一块地方、乌尔里克斯堡垒（Ulriks Bastion）附近，此为克里斯钦尼亚的发端，现在这块区域内公开进行着哈希什（Hashish）等软毒品（soft drug）的交易活动。虽然欧洲境内基本都知晓这块区域的存在，但是基本不会出现在国家手册等资料（特别是在日本已出版的）中，一直以来日本没有任何关于这块区域的详细资料（日本文献中，百濑宏、村井诚人监修：《世界历史与文化·北欧》，新潮社1996年版，第266、267页有所记载）。笔者曾到过这块区域，看到居民自建的小屋前面的桌子上有堆成小山的哈希什在售卖。不过，该区域内很多地方禁止摄影（例如，售卖哈希什的那张桌子就不能摄影）。

〔8〕 关于克里斯钦尼亚的文献很多，以下罗列一些方便参考，由丹麦实务家或研究者书写的英文资料。Sysette Vinding Kruse, Drug Criminality from a Legal Point of View, Scandinavian Studies in Criminology,

此外，与地势、地理相关，还必须提及丹麦的自治区法罗群岛（Feroe Islands）和格陵兰岛（Greenland）。它们分别于 1948 年和 1979 年获得自治权，政治和法律不同于丹麦本土。[9]这两个自治区都没有加入欧盟（EU）。在刑事法方面，格陵兰岛犯罪法作为非常特殊的刑法典相当有名。[10]在格陵兰岛没有刑罚的概念，刑法也被称为犯罪法（kriminallov）。[11]处遇（bahandling）取代了刑罚，也没有法定刑的概念。近年，丹麦本土也出现了特别以格陵兰岛刑法为研究对象的学者，也已出版相关的英文书籍。[12]此内容有待今后的研究。

-13-

二、民族与国民性

丹麦人（dansker；Dane），与同住北欧的瑞典人（svensker；Swede）、挪威人（norman；Norwegean）同属北方日耳曼·亚利安系的斯堪的纳维亚人，有金发、碧眼、高个子的身体特征。斯堪的纳维亚人很明显属于日耳曼系民族，[13]他们的语言（丹麦语、挪威语、瑞典语）也属于印欧语族日耳曼语系，[14]但是他们自身很讨厌被称为"日耳曼人"[15]（不用说是因为第二次世界

（接上页）vol. 8, Uppsala, 1987, pp. 34~52, Jørgen Jepsen, Drug Policies in Denmark, Drug Policies in Western Europe, Freiburg Max-Plank-institut, 1989, pp. 107~141.

〔9〕 不过，各自治区的法律工作者必须拥有丹麦本土的法律工作者资格。

〔10〕 日本关于格陵兰岛刑法的文献有，市川秀雄：《渡轮与格陵兰岛犯罪法典》，《季刊刑政》新 5 卷 5 号（1957 年），第 82 页以下；佐藤节子：《北欧各国的法社会学》，川岛武宜编：《法社会学讲座第 2 卷》，岩波书店 1972 年版，第 76 页以下。

〔11〕 如英文 criminal law 等将刑法称为犯罪法的例子并不少见，不过格陵兰岛实际上是没有刑罚的"犯罪法"的。

〔12〕 Henrik Garlik Jensen & Torben Agersnap ed., Crime, Law, justice in Greenland, Copenhagen, 1996.

〔13〕 日本文献中，至今普遍认为斯堪的纳维亚各国的居民流淌着所谓"日耳曼人"的血液（角田文卫：《北欧史》，山川 1955 年版，第 37 页）。此外，石渡利康认为"日耳曼民族一般被分为北方日耳曼、东方日耳曼、西方日耳曼三类。其中，北方日耳曼与东方日耳曼，较西方日耳曼有着更亲近的关系。北方日耳曼，进一步还能分为东部北方日耳曼与西部北方日耳曼。东部北方日耳曼包括丹麦和瑞典，而西部北方日耳曼包括挪威和冰岛"。基于这样的民族性差异，"丹麦法与瑞典法，在北方日耳曼法中有着更为密切的关系"（石渡利康：《斯堪的纳维亚法体系——与日耳曼法的比较》，武田龙夫编：《看北欧》，サイマル出版会 1997 年版，第 175、176 页）。

〔14〕 英语、德语、荷兰语、冰岛语等都属于这个语系的语言。

〔15〕 提到日耳曼人，我们很容易想到德国人，但是原始日耳曼人的发祥地其实是斯堪的纳维亚。

大战）。[16]

德国人的国民性多表现为缜密、逻辑、神经质的正确性、擅长思辨的能力等，但是丹麦人初为斯堪的纳维亚人就与同为日耳曼系的德国人有着不同的国民性。丹麦人是平等主义者，也是现实主义者。他们很讨厌没有实际利益的形而上学式的思考，而是以所谓的机能性即实践性的方式考虑事物。[17]丹麦人的这种国民性，可以追溯至维京人时代（后述），即使是在最近，从 20世纪后蓬勃发展的北欧家具、北欧建筑、工业设计的简单且高度的机能主义也能看到，一般的学术也可见同样的倾向。在刑法学领域这种倾向也很明显，在一般的法学中也广泛存在被称为斯堪的纳维亚现实主义[18]的现实主义思考。[19]

三、宗派、政治

丹麦人信仰的宗教是基督教福音路德派，其普及率高达九成。今日，丹麦

（接上页）3 世纪到 5 世纪间斯拉夫人登陆波罗的海时才有北方日耳曼人（斯堪的纳维亚人）与德意志民族的区别（前注 13，石渡：《斯堪的纳维亚法体系》，第 176 页）。在共和制罗马进入帝王之政，罗马帝国的鼎盛时期（公元 98 年），塔西佗（Tacitus）记载了居住在"日耳曼尼亚"的日耳曼人。他对日耳曼人进行了以下描写："日耳曼尼亚人所有的身体特征相同。也就是，有着闪着锐利光芒的蓝色眼睛，如同火焰般的金发，身体很大，仅在突发性行为中使出蛮劲儿。"（国原吉之助译：《塔西佗·日耳曼尼亚》，《世界古典文学全集 22 卷》，筑摩书房 1965 年版，第 356 页。）这也与现在斯堪的纳维亚人的身体特征一致。与此相对，现在德国人经过与南部欧洲人混血，很少人遗传日耳曼人的身体特征。这不仅只是身体特征，还体现在文化、学术方面。例如，在我们所研究的法领域，斯堪的纳维亚法至今传承着古日耳曼法的传统（佐藤节子：《北欧》，川岛武宜编：《法社会学讲座第 10 卷·历史文化与法 2》，岩波书店 1973 年版，第 102 页）。

〔16〕 第二次世界大战之前，丹麦就毫不留情地狠狠地教训了德国（后述）。19 世纪，德国夺走了属于丹麦领土的石勒苏益格。丹麦因此对德国怀有很强的敌意和不信任感。

〔17〕 关于斯堪的纳维亚人喜好实际的、现实的思考方法，可以参照前注 13，角田：《北欧史》，第 7 页以下；百濑宏：《现代北欧史》，山川 1993 年版，第 9 页。

〔18〕 第三章将详细讨论斯堪的纳维亚现实主义法学。

〔19〕 关于这种国民性的分析与该国法学特殊性相结合，应该注意大木雅夫指出的，"法圈分类之际，一般承认各法圈以其固有的法思考和独立的法律逻辑为标准。但是，完全以国民性或民族性格对此加以说明，显然太过着急，难以避免被攻击是没有根据的一般化"。（大木雅夫：《比较法讲义》，东京大学出版会 1992 年版，第 133 页。）但是，例如"轮船像意大利人般热情、激进，而名册像德国人一样有逻辑且稳健"这样的说法，很少有人会感到奇怪（平野龙一：《刑法总论Ⅰ》，有斐阁 1972 年版，第 9 页）。实际上，不应该否定在漫长的历史中形成的国民性，也不应该否定这会影响本国的法律。不过，"马上拿出国民性进行说明，等于什么都没有说明"，对此必须非常谨慎（前注，大木：《比较法讲义》，第 134 页）。

人对基督教的信仰心极其淡薄，和日本的佛教、神道等一样，已经成为日常习俗之一，不过福音路德派教会依然处于丹麦国家教会的地位（丹麦宪法第 4 条），国王必须归属于福音路德派教会（丹麦宪法第 6 条）。即使已上升为习俗，大多数国民是同一派的基督教教徒还是能表现出国民间维持至今的某些共通的丹麦文化、丹麦价值观。此外，这二十余年虽有相当数量的移民、流亡者进入丹麦（约占总人口的 5%），但是此前所称的丹麦人基本是祖祖辈辈居住在丹麦的戴恩人。在此意义上，可以说丹麦是国民均质性很高的国家。

　　1849 年 6 月丹麦宪法（也被称为 6 月宪法、自由宪法）生效之后，丹麦的政治形态确立为以国王为国家元首的君主立宪制[20]（在此之前，丹麦与其他欧洲各国一样都是君主专制国家）。丹麦作为福祉国家而闻名，社会民主党在福祉国家政策上长年发挥着指导性作用。1924 年首次获得执政权的社会民主党，虽然有时也会让位保守党或左翼党，但是基本上一直掌控着执政权。不过，丹麦国会从 21 世纪之初开始，时常出现相当数量的小政党联名执政的情况，[21]社会民主党不再一如既往地独揽大权，而是以联合政权的方式执政。[22] 2000 年，丹麦政府是社会民主党与急进左翼党联合组成内阁，首相是社会民主党的波尔·尼鲁普·拉斯穆森（Poul Nyrup Rasmussen）。小政党联名执政可能会给人政权基础不安定、政治时常不安定的印象，但是，实际上风格各异的各个政党在维持福祉国家方面几乎没有太大的差异。可以说，国民的均质性在政府的均质性中也有所体现。[23]

－18－

―――――――――

　〔20〕　1953 年丹麦宪法大修订，内容涉及进行一院制转移、允许女性继承王位、导入行政监察委员制度、将格陵兰的本国行政区编入等。现在已接受这些修订，1972 年，女王玛格丽特二世（Margrethe Ⅱ，1940 年—）继位。

　〔21〕　2000 年丹麦国会政党别议席数情况如下：社会民主党（Socialdemokratiet）64，左翼党（又称自由党）（Venstre）43，保守人民党（Konservative folkeparti）16，社会主义人民党（Socialistisk folke-parti）13，丹麦人民党（Danske folkeparti）13，中央民族党（Centrum-demokraterne）8，急进左翼党（Det radikale venstre）7，连合（Enhedslisten）4，基督教人民党（Kristian folke parti）4，自由 2000（Frihed 2000）4，格陵兰岛及法罗群岛的代表 1，无党派 1。

　〔22〕　现在政权被称为社民、急进政府，属于比较自由的政权，社民党（S）与急进左翼党（R）组成内阁，社会主义人民党（SF）与中央民主党（CD）在内阁外进行协助。与此对抗的势力是，以树立比较保守的市民立法为目标的左翼党（V）与保守党（C）。（括号内为各政党简称）

　〔23〕　但是，相反政治均质性也反映出国民价值观的均质性，应该注意这一点。回想一下例如二战前、二战中日本或德国的状况。

第二节 丹麦刑法的历史展开

接下来讨论丹麦刑法的历史发展过程。根据德国法制史学者赫尔穆特·科英（Helmut Coing）的说法，[24]丹麦刑法历史发展可分为以下六个时期：①古代至中世纪初期（1000 年以前），②中世纪盛期至后期（1000 年—1450年），③中世纪末期至近代过渡期（1450 年—1650 年），④启蒙主义时代——绝对王权的设立及崩溃（1650 年—1800 年），⑤19 世纪的法发展时期，⑥20世纪前期，[25]特别是关于中世纪以来丹麦的司法、法学的发展，要在与日本也熟知的德国、法国、英国、意大利等邻国比较、关联中进行探讨。

这种时代划分在考虑丹麦法自身发展过程的同时，也考虑了其他欧洲各国的动向。为了方便理解，以下简要说明其要点。

第一，古代至中世纪初期是丹麦的维京人时代。这个时期的法还是口口相传的日耳曼习惯法，与现在的法制度关系甚微。

第二，中世纪盛期至后期是欧洲各国封建制产生或确立期。此时丹麦出现了首部制定法，但是与欧洲各国不同，丹麦并没有孕育出典型的封建制度。此外，大学的创设是影响后来丹麦法律发展的重要事件。发端于意大利博洛尼亚的法科大学的发展，在丹麦体现为哥本哈根大学的设立。了解大学中法学的历史是了解欧洲大陆所谓学识法的出发点。丹麦法不同于欧洲大陆学识法，也不同于英国的实务家法，具有独特的性质，其理解的出发点就在这个时代。[26]

第三，中世纪至近代过渡期，随着大学发展而传播的罗马法和教会法影响着欧洲各地法律。例如，丹麦的邻国德国在这个时期发生了"罗马法的继受"。这一影响也波及丹麦。邻国德国受到罗马法的影响，而丹麦对罗马法又

---

〔24〕 赫尔穆特·科英的论述，参见久保正幡、村上淳一译：《近代法的发展》，东京大学出版会1969 年版。

〔25〕 具体年号参见岩村等、三成贤次、三成美保：《法制史入门》，ナカニシヤ1996 年版。

〔26〕 译者注：所谓学识法是由学者发展起来的法律，所谓实务家法是由法律实务者特别是法官发展起来的法律。大陆法是根据研究罗马法学的学者们发展起来的法律而制定的。制定新法律时，以学者为中心，以法典的形式制定了制定法。与此相对，英美法（原本是英国法）是以法院提出的判例为中心，作为判例法发展起来的。与其说是制定新的法律，不如说是根据判例法来解决问题。

持何种态度，这是思考欧洲法中丹麦法地位非常重要的视角。在接近近代的 –20–
时期，西欧各国发生了宗教改革。在新教获得胜利的丹麦，宗教改革的影响
非常大，大学性质与改革前大不相同，审判制度也受到影响。

　　第四，启蒙主义时代，基于启蒙主义的自然法论在其他欧洲各国变得有
力。在丹麦也能看到启蒙主义的影响，丹麦确立绝对王权后制定了统一法典
《克里斯蒂安五世丹麦法》就是最重大的事件。这部法典并非优秀之作，但是
其存在本身对罗马法相关方面就产生了不少影响。

　　第五，19世纪的法发展时期，在法国、德国以《法国民法典》《德国民
法典》为代表的重要的法典编纂相继出现，而丹麦并没有进行大规模的法典
编纂。虽然丹麦也受到罗马法的影响，但是范围有限。同时，丹麦也没有出
现英国法这种发达的判例法。如此，丹麦法在欧洲法中就有了其独特性。

　　第六，20世纪前期这一时代也延续了丹麦法的这种特征，对现代丹麦法
学影响很大。换言之，理解丹麦法的独特性对理解现在丹麦法而言非常重要。

　　要记述丹麦刑法的发展过程，就必须掌握包含刑法在内的法律体系整体
的发展情况，因此在论述中有相当一部分内容是在说明丹麦法律整体的发展
过程，另外，考虑到在日本要正确了解丹麦历史极其困难的情况，[27]也就不 –21–
过多说明所涉及的重要历史事实。

一、古代至中世纪初期（1000年以前）

　　丹麦历史从丹麦人（斯堪的纳维亚人）[28]在现在丹麦这片土地上生活开
始。大概是冰河开始融化的纪元前1200年前后。这个时代人类过着追捕熊、
驯鹿等动物的狩猎生活。[29]在纪元前1000年前后形成了所谓的社会或共同
体，在纪元前5000年前后，冰河也融化了，基本形成了形状与现在基本相同
的日德兰半岛及各个岛屿。

---

　　〔27〕　在日本关于丹麦历史的书极少。第一本关于丹麦历史的专著是赫尔格·塞德林·雅各布森
著，村井诚人监修，高远直树译：《丹麦历史》（ビネバレ1995年版），翻译自 Helge Seidelin Jacobsen, An
Outline History of Denmark, Copenhagen, 1986.

　　〔28〕　当时，现在的丹麦人、挪威人、瑞典人没有区别，都属于说古北欧语（oldnordisk）的民族
（斯堪的纳维亚人）。

　　〔29〕　前注27，Jacobsen, An Outline History of Denmark, p.7；译书，前注27，雅各布森：《丹麦
历史》，第13页（以下注释会明确原著与译著的页码）。

在这个时期，丹麦与其他斯堪的纳维亚各国的分离还不明显，也很难说有丹麦法。这是所谓的古斯堪的纳维亚法时代。虽然已难以接触到古斯堪的纳维亚法的相关内容，但是通过调查古冰岛法一定程度上能够推测出当时的法律生活。[30]这是因为，斯堪的纳维亚各国中冰岛最多且最优秀地传承了历史。

-22-

斯堪的纳维亚人是继承日耳曼人血统的民族。因此，古斯堪的纳维亚法属于古日耳曼法的一个分支，与其他日耳曼法相同，都是口口相传的习惯法。

关于这个时代的斯堪的纳维亚刑法（准确来说相当于现在被称为刑法的部分），奥勒·丰格尔（Ole Fenger）[31]列举了几个现在已无从考证的事实。根据丰格尔的论述，古斯堪的纳维亚被认为有针对社会的犯罪和针对个人的犯罪。例如，近亲通奸、同性恋等，与宗教相关，被认为是针对社会的犯罪；盗窃、杀人、伤害、毁弃婚约等被视为针对个人的犯罪。[32]笔者对毁弃婚约为犯罪这一点颇有兴趣，这可能是因为在当时的社会，毁弃婚约意味着女性的食物供给被切断。

丹麦在公元 800 年前后进入维京人时代。[33]公元 793 年 6 月 3 日，位于苏格兰东南海岸上的林迪斯法恩小岛上的修道院，历史上首次遭到维京人的掠夺、放火。此后，在丹麦、挪威、瑞典不断涌现维京人，西欧各国遭到持续的侵略。侵略的巅峰是丹麦人创设了横跨丹麦、挪威、英国的大帝国——北海帝国。该帝国的建立者丹麦国王克努特大帝（Knud den store；Canute the

---

〔30〕 日本熊野听的著作《从传奇到历史：社会形成及其故事》（東海大学出版会 1994 年版），是在冰岛获得的古斯堪的纳维亚法及古斯堪的纳维亚社会的研究成果。

〔31〕 Ole Fenger, *Gammeldansk ret*, Viborg, 1983, ss. 39-52. [《古丹麦法》的作者奥勒·丰格尔是丹麦奥胡斯大学法制史教授、法学博士（dr. jur.），历史学硕士] 此外，克尔斯滕·哈斯托普编《北欧社会的基础与构造 第三卷·北欧的特性》（东海大学出版会 1994 年版）收录了奥勒·丰格尔关于古代法的论文。（奥勒·丰格尔、熊野听译：《暴力与权力》《权力与名誉》《权力与法律》）

〔32〕 前注 31, Fenger, Gammeldansk ret, s. 41, 42.

〔33〕 维京人的基本情况，可以参见荒正人：《维京人》（中央公论社 1968 年版）；弗雷德里克·迪兰著，久野浩、日置雅子译：《维京人》（白水社 1980 年版）；伊夫·柯尔著，谷口幸男监修：《维京人——海之王及其神话》（创元社 1993 年版）等。英文文献可参考，Holger Arbman, *The Vikings*, London, 1961；丹麦语文献 Else Roesdahl, *Vikingernes verden*, Copenhagen, 1987（《维京人的世界》）也很有参考意义。关于维京人时代的法律，可以参考前注 31, Fenger, *Gammeldansk ret*, ss. 53-64.

Great，在位 1018 年—1035 年）〔34〕去世前都被称为所谓的维京人时代。

维京人发起最初袭击时，丹麦已经形成了应称为国家的体制。虽然不明确是否建立起可以称为统一国家的坚固体制，但是到了 10 世纪，丹麦已形成统一王朝，有很多历史学家认为这是现在丹麦王室〔35〕的发端，也就是高姆老王（Gorm den Gamle，在位？—ca. 940 年）〔36〕创始的耶林王朝。〔37〕

-23-

在维京人时代，丹麦建立了横跨北海广阔的国家。高姆的继位者哈拉尔蓝牙王（Harald Blatand，在位 ca. 940 年—986 年）〔38〕征服了挪威，他的儿子斯凡八胡子王（Svend Tveskag，在位 986 年—1014 年）在 9 世纪后半期甚至还征服了维京人长期殖民的英格兰，〔39〕1013 年获得英格兰王位。斯凡的儿子英格兰国王克努特王一世，在其兄长丹麦王哈拉尔二世（Harald Ⅱ，在位 1014 年—1018 年）于 1018 年死后兼任丹麦国王，1028 年还获得挪威王位，完成了横跨丹麦、挪威、冰岛的"北海帝国"的建设。

在西欧人看来，维京人的侵略是迫在眉睫的巨大威胁，他们必须尽快找到对策。他们没有求助远在天边的国王或皇帝，而是寻求地方上有势力者的保护。这些有势力者要求以土地支配权为保护对价，这里就出现了封建制的萌芽。

在维京人之外还有马扎尔人等外敌入侵，新地中海势力伊斯兰势力的崛

〔34〕 克努特大帝，1014 年成为冰岛国王、1018 年成为丹麦国王、1028 年开始兼任挪威国王。

〔35〕 在此期间，丹麦虽然也出现过分家继承王位的情况，但是从未有过像瑞典那样迎来法国人作为国王的历史，丹麦王室被认为是现存欧洲最古老的王室（丹麦是欧洲最古老的王国）。

〔36〕 高姆是丹麦法区的首长之一，前注 27，Jacobsen, An Outline History of Denmark, p. 14；译书，前注 27，雅各布森：《丹麦历史》，第 29 页。

〔37〕 虽然高姆老王之前，赫格里克（Hugleik）、哈尔夫丹（Halvdan）、罗尔（Roar）、赫利格（Helige）、罗夫（Rolf）等也称丹麦王，但是他们是丹麦国王还是地方的族长并不明确。参见前注 27，Jacobsen, An Outline History of Denmark, p. 11；译书，前注 27，雅各布森：《丹麦历史》，第 23 页。此外，高梵国王（Godfred）与法国的卡尔大帝相战，于公元 810 年被杀害。

〔38〕 哈拉尔受基督教洗礼后，着手丹麦的基督教化。相传，哈拉尔是为了避免与法国的仁慈王路德维希一世（卡尔大帝的儿子）相战而接受洗礼，后者以北欧的基督教化为目标。由此可见，丹麦人现实主义的思考。实际上，哈拉尔认为国民是否洗礼可以任意为之（参见前注 31，Fenger, Gammeldansk ret, s. 56.）。

〔39〕 公元 870 年前后，英格兰北部和东部、约克郡北部到泰晤士河一带都在丹麦人的统治下（参见前注 27，Jacobsen, An Outline History of Denmark, p. 13；译书，前注 27，雅各布森：《丹麦历史》，第 25 页，前注 33，柯尔：《维京人》，第 60 页）。

起，西欧商业、贸易衰退，生活方式也随之转向自给自足的农耕等种种影响
之下，西欧的封建制在 11 世纪大体确立。这里必须注意的是，维京人只是产
生封建制的原因，因此距离封建制是最远的。实际上，以丹麦为代表的斯堪
的纳维亚各国自始至终也未能确立起中世纪西欧的封建制度。这对中世纪丹
麦法的发展具有重大意义。

　　维京人时代的丹麦法依然是口口相传的习惯法，但是为了适应构成国家
体制的政治权力，逐渐出现与其他斯堪的纳维亚法不同之处，对外也发挥着
重要的作用。这个时期的丹麦法随着维京人的远征对殖民地的法律产生了影响。

　　尤其是在丹麦人进行大量殖民，而后被丹麦征服的英格兰，[40]丹麦法对
英国法产生了较大的影响。从后来丹麦法与英国法（盎格鲁－撒克逊法）的关
系来看，这是不可忽视的事实。在英国法的历史中，维京人时代，斯堪的纳
维亚殖民者支配地的法体系，受到斯堪的纳维亚法的影响或被斯堪的纳维亚
法取代，这一事实经常被指出。[41]

　　丹麦法的影响是通过支配丹麦法区[42]（Danelag；Danelaw）实现。丹麦
法区的意思是根据丹麦法进行生活的地域，[43]从 9 世纪后半期开始，作为殖
民者的丹麦人根据丹麦法统治的区域后来也被称丹麦法区。[44]

　　丹麦法区何时确立虽然已难以明确知晓，[45]但是 9 世纪后半期，英格兰
相当大的领土内施行了丹麦法。

　　关于丹麦法区刑法（更准确地说是相当于现在刑法的部分）的影响，看
韦塞克斯王国国王阿尔弗雷德大帝（Alfred den store；Alfred the great，在位公

---

〔40〕　关于这个征服过程，可以详细参见前注 33，荒正人：《维京人》，第 61 页以下。

〔41〕　Ole Fenger, The Danelaw and the Danish Law: Anglo-Scandinavian Legal Relations During the Vi-
king Period, Scandinavian Studies in Law, vol. 16, Uppsala, 1972, p. 85.

〔42〕　顺便提一下，英语中的 law 这个单词被认为源于当时处于支配地位的丹麦语中的 lov（法律
的意思）。实际上盎格鲁－撒克逊的法律用语中随处可见斯堪的纳维亚语的影响，参见 Felix Libermann,
Die Gesetze der Angelsachsen, vol. 2, Wörerbuch Rechts und Sachglossar, 1912.

〔43〕　前注 31, Fenger, Gammeldansk ret, s. 58, 丹麦法区中运行丹麦法即也有属于丹麦领地的意思。

〔44〕　通常认为是在克努特大帝之后的时代（前注 41, Fenger, The Danelaw and the Danish Law,
p. 85）。

〔45〕　有文献认为丹麦法区设定于公元 835 年（前注 33，柯尔：《维京人》，第 182 页），也有文
献认为丹麦法区的边界确定于公元 878 年（Torben W. Langer red. Lademanns Lekisikon 4, Copenhagen,
1971, p. 29.）。

元 871 年—899 年）死后[46]的刑法更为清楚。即在英格兰，用更注重威吓效　　–25–
果而非改善罪犯或保护社会的强力刑法取代了温和到甚至可以说软弱的、实
际不执行死刑的 9 世纪刑法。[47]

　　虽然丹麦法在刑法领域内的影响在现在英国法中已基本可以无视，但是
并不能完全忽视丹麦法在其他领域的影响。例如，石渡利康列举"第一，个
人自由的概念；[48]第二，通过丹麦税[49]有了中央赋税的概念；第三，形成英
国习惯法的三大法源即丹麦法区法（the Dane Law）、麦西亚法（the Mercian
Law）、西撒克逊法（the West Saxon Law）中直接列出了丹麦法；第四，使陪
审制度的确立变得容易了，等等"。[50]

　　再者，维京人民主主义的特征、[51]平等主义的特征，[52]至今流传着很多
轶事。现在以丹麦为代表的斯堪的纳维亚各国仍然非常重视民主主义、平等
主义，很难说这些特征对之后的英国社会没有任何影响。当时已被斯堪的纳
维亚人（尤其是挪威人）殖民的冰岛，1075 年前后就有"冰岛上没有国王只
有法律"的记载。[53]

　　此后，克努特大帝的北海帝国瓦解，丹麦人在冰岛的影响力逐渐消失，
但是丹麦法区仍在存续。换言之，克努特大帝统治冰岛时，整个冰岛可以分
为韦塞克斯、麦西亚、丹麦法区（丹麦法区）三个法域，这种划分甚至到征服
王威廉（William the Conqueror，在位 1066 年—1087 年）时代仍然存在。[54]　　–26–
这不久便成为英国法习惯法的法源。

---

　　[46]　阿尔弗雷德大帝夺回了被维京人侵占的伦敦，解放了英格兰南部的大部分地区，但是其死
后，维京人再次征服了英格兰。

　　[47]　根据丹麦法学者、历史学者 Johannes C. H. R. Steenstrup 的论述（前注 41，Fenger，The
Danelaw and the Danish Law，p. 90.）。

　　[48]　关于维京人对个人尊严很敏锐的相关内容，可以参见前注 33，迪兰：《维京人》，第 112 页。

　　[49]　也称丹麦法区税。丹麦语是 danske skat，古丹麦语是 danegæld。

　　[50]　前注 13，石渡：《斯堪的纳维亚法体系》，第 185 页。

　　[51]　这从全民集会（ting）中的民主决议方法可以看出。此外，丹麦现在也将国会称为议会
（folketing）。

　　[52]　比较有名的轶事是，当问及维京人是否为远征地的首长时，他们回答"没有称为首长的人，
我们都是平等的"。

　　[53]　参见前注 33，柯尔：《维京人》，第 99 页。

　　[54]　前注 41，Fenger，The Danelaw and the Danish Law，p. 85. 整个 12 世纪，立法者所称的丹麦
法区是指从约克郡到米德尔塞克斯郡的区域。

二、中世纪盛期至中时期后期（1000 年—1450 年）

（一）中世纪盛期——西欧封建制的萌芽与确立期

欧洲中世纪盛期是封建制确立期，大概是 11 世纪至 13 世纪。

进入中世纪，因为维京人和马扎尔人入侵西欧，伊斯兰势力活动范围扩大，西欧的商业、贸易衰弱，整个社会朝着农业社会的方向发展。同时，为寻求异族入侵时的保护，人们将自己的土地交给地方上有势力者，这些有势力者组成了骑士团并逐渐独立为一方诸侯。封建制的开端身份制形成了，即将人分为神职人员、贵族（诸侯、骑士）、农民三种不同的身份。

封建制的成立导致国王的地位没落。虽仍有国王，但只不过是地方上有势力者之一，并没有统帅各方诸侯的压倒性实力。西欧也如曾经的西罗马帝国那样，不可能由国王发起进行法典编纂。

例如，中世纪盛期最引人注目的法源禁止复仇条例（Landfrieden）就不是国王的命令，而是采取诸侯契约的形式。[55]该条例否定传统的自力救济原则，担任肩负维护国家和平重任的角色，是中世纪最早的刑事制定法。

另外，以丹麦为代表的斯堪的纳维亚各国作为远征西欧的维京人，没有遭受外敌的袭击，也就缺乏人们寄希望于地方上有势力者的前提，因此有势力者没有组成骑士团，也没有独立为诸侯。

此外，与其他欧洲各国提高教会的地位、确立神职人员身份相对的是，丹麦 1104 年才首次在隆德[56]设置大主教职位，[57]教会制度可以说才刚刚开始（丹麦基督教化很晚，与其处于欧洲最北部的地理位置有很大关系，之后丹麦特殊的罗马法继受也与这一地理位置有关）。

换言之，在中世纪的丹麦，"在自耕农同时也是士兵的农民之上，只有有势力者、国王和家臣"[58]，始终未见丹麦确立封建制。这意味着与其他欧洲

－30－

---

〔55〕 参见前注 25，岩村、三成（贤）、三成（美）：《法制史入门》，第 90 页。

〔56〕 现在是瑞典领土，此地有瑞典规模最大的隆德大学（当时是苏格兰的一个城市，属于丹麦领土）。

〔57〕 Erik Anners, Den europeiske rettenshistorie, Oslo, 1983, s. 156. （作者为挪威历史学家）在此之前，发生有关教会问题时，都必须派使者到德国的不来梅。

〔58〕 石渡：《斯堪的纳维亚的国民统治的历史展开——从原始国民统治到独立》，《斯堪的纳维亚法论集》，八千代 1980 年版，第 137 页。

各国不同，丹麦有了孕育强大王权的基础。实际上，在丹麦，13 世纪获得强大王权的国王瓦尔德马二世胜利王（Valdemar Ⅱ Sejr，在位 1202 年—1214年）就进行了国家层面的法典编撰，具体而言也就是 1241 年的日德兰法。

在说明瓦尔德马胜利王制定的日德兰法之前，先看看 1036 年克努特大帝死后，丹麦的社会和法律状况。

克努特大帝死后，丹麦对英格兰的统治权弱化，诺曼底国王征服王威廉发动了所谓的诺曼底征服后，丹麦完全丧失了对英格兰的统治权（不过，挪威仍在丹麦的统治下）。

伟人逝去时局动荡乃常有之事，此后的一段时间，丹麦政局非常动荡。　　 −31−
克努特二世圣王（Knud Ⅱ den Hellige，在位 1080 年—1086 年）〔59〕在欧登塞被反乱分子暗杀，王位继承纷争不止。这样的混乱状况持续了一个世纪，直到 1157 年瓦尔德马一世大帝（Valdemar Ⅰ den Store，在位 1157 年—1182 年）废止人民选举国王的制度强化了王权，〔60〕丹麦才进入稳定期。这个时期，丹麦各地习惯法开始逐渐成文化。〔61〕

当时，丹麦大致分为三块区域（land），即斯堪尼亚、格陵兰岛、日德兰。〔62〕这些地方有着不同的习惯法，在瓦尔德马大帝的继位者克努特四世

---

　　〔59〕　克努特二世圣王施行了敕令（kongelige forordning）。［Ole Fenger & Stig Jørgensen, Grundrids af den danske retshistorie—påskandinavisk baggrund，1988，Aahus，s. 12.《丹麦法史纲要——在斯堪的纳维亚背景下》的作者之一奥勒·丰格尔的情况，可以参见前注 31，另一个作者埃德·约根森原是奥胡斯大学法哲学教授，法学博士（dr. jur.）］。这里所说的 kongelige forordning 意思是"国王施行的法"，丹麦语是 edictum regale。特别是涉及教会或基督教的内容，在罗马天主教会的《圣人传》（Helgen-biografien）中有所记载。克努特圣王因慷慨地向教会捐献，被后人称为圣人。他被认为是为和平、教会、王权施行法律。敕令的内容涉及例如基督教的节假日禁止劳动等，以及对违反者处以刑罚的规定。（前注 57，Anners，Den europeiske rettenshistorie，s. 155.）

　　〔60〕　为了王权教会化，瓦尔德马大帝起誓臣服于当时的德国皇帝腓特烈·巴巴罗萨，成为封建的臣子。这乍一看与德国的诸侯相似，但是当时的丹麦并没有封建制不可缺少的农奴制，在这一点上有所不同。

　　〔61〕　当时，在巴黎学习神学、哲学、罗马法、教会法的阿布萨隆大主教（ærkebiskop Absalon）也被认为是记述日德兰习惯法的先驱（前注 59，Fenger & Jørgensen，Grundrids af den danske retshistorie，s. 13.）。此外，阿布萨隆有力协助德马隆大帝，后来建设哥本哈根也很有名。

　　〔62〕　丹麦现在也被分为三块区域，其中菲英认为包含了当时的日德兰。此外，位于日德兰南部的石勒苏益格（Slesvig）（德语是 Schleswig）也包含在日德兰内，以波恩霍姆岛为首的诸岛屿包含在斯科纳内（详细内容，参见前注 13，石渡论文，第 180 页）。

（也常称六世，在位 1182 年—1202 年）的时代，完成了斯堪尼亚法（Skåneske Lov）、格陵兰岛法（Sjællandske Lov）。但是，这些法律的制定者并不清楚，[63] 基本可以确定应该不是国王制定的。

斯堪尼亚法和格陵兰法只是将以往的习惯法成文化，并没有特别新的内容。这些法典被称为地方法（landskabslov）。[64]

这些地方法可以说继受了日耳曼法的一般性特征。将个人复仇、赎罪金（罚金）制度规定为私刑罚的情况很多，并没有完全确立公刑罚制度。这里的个人复仇和赎罪金只能选择其一，接受赎罪金又进行个人复仇的人，会被科处所谓的平和丧失（fredløshed）。虽然区分了故意犯和过失犯，但是无过失也包含在过失范围内等，也可以看到结果责任主义的内容。进一步来看，也有些规定反映出中世纪对女性的蔑视。例如，通奸罪与损坏器物一样科处罚金或平和丧失，妻子被视为丈夫的物品，奸淫他人妻子与损坏器物进行相同的评价。此外，还存在允许丈夫杀害通奸的妻子，反之则不允许，这样差别化的规定。[65]

古努特四世的继位者瓦尔德马二世胜利王（Valdemar Ⅱ Sejr，在位 1202 年—1214 年）时代，国王权力已稳固。丹麦已从前王克努特时代臣服于神圣罗马帝国的状态脱离，借助皇帝的威望保持国内稳定成为可能，到了瓦尔德马胜利王时代国力更加强大，克努特时代除了新获领土梅克伦堡、波美拉梅亚，还占领了爱沙尼亚，最终掌握波罗的海霸权。就这样，丹麦成长为与曾经的克努特大帝时期相匹敌的海洋大国。

瓦尔德马胜利王致力于内政，将以德国封地制（fiefdom）为范本的封建

------

〔63〕 前注 13，石渡论文，第 180 页提到 "不难想象是由立法者做的"。所谓立法者（lovmand）是通过口头传承法律的人。这些地方法中虽然存在称为 "埃里克格陵兰法" 或 "瓦尔德马格陵兰法" 之类的内容，但是这些恐怕都是后世的误称（前注 57，Anners，Den europeiske rettenshistorie，s. 157）。

〔64〕 关于地方法的一般情况，日文文献中详细可以参见石渡：《斯堪的纳维亚的国民统治之历史展开——从原始国民统治至独立》，《斯堪的纳维亚法论集》八千代 1980 年版，同《北欧共同体研究》高文堂 1986 年版，第 1 页以下。关于地方法的丹麦语文献有，Paul Johs. Jørgensen，Dansk retshistorie，3. oplag.，1965，Copenhagen，s. 44ff. 可参照其中记载的文献。[《丹麦法史》的作者保罗·约翰内斯·约根森原是哥本哈根大学法制史教授，法学博士（dr. jur.）。]

〔65〕 关于地方法的内容，参见 Ditliv Tamn，Retshistorie Bind 1：Dansk Retshistorie，Copenhagen，s. 33 f. [《法制度·第一卷：丹麦法制史》作者迪特利夫·塔姆是哥本哈根大学法制史教授，法学博士（dr. jur.）。]

制体系也导入丹麦。拥有土地的农民被分为仅从事军务的"贵族"与仅承担税务的"农民"，以确保稳定的武力与收入。[66]

瓦尔德马胜利王在内政方面的作为还涉及立法，作为国王发起制定丹麦第一部制定法，在 1241 年制定了日德兰法（Jyske lov）。

日德兰法被视为当时的发达法典。该法典前文中出现了法支配的观点，值得注意。原文是"必须通过法律建设王国"。[67]

此外，各个条文中可见限制私力制裁的意图。刑罚仍然过于残酷，例如仅 　－33－　盗窃半马克就被科处绞刑，[68]不过绞刑执行只能由监察专员（ombudsmand）[69]进行，被害人自己是不能执行的。这些监察专员是为了正义和国王而非复仇执行刑罚。

从刑事法的角度来看日德兰法，可以说这是丹麦犯罪处置从纯粹的私权问题向刑罚制度问题转变的重要一步。不过，这并没有在每个规定中都得到充分实现。此外，正如前文所述，废除复仇观念是日德兰法的重要意图，但仅看盗窃的有关规定就知道其并没有完全成功。

日德兰法从 1326 年开始在丹麦全国施行，1683 年《克里斯蒂安五世丹麦法》施行之前一直发挥着基本法典的效力。[70]有意思的是，其他西欧各国过了很久才出现丹麦这种全国性的法律。这当然不意味着丹麦在法律方面是欧洲最先进的，日德兰法的内容有很多不完善之处，未必比其他西欧国家的法律优秀。但是，国王制定全国性的法律这一事实，在之后罗马法真正传播时

---

〔66〕　百濑宏、熊野聪、村井诚人：《北欧史》，山川 1998 年版，第 62 页（熊野聪执笔部分）。这个系统在瓦尔德马四世他日王（Valdemar Ⅳ Atterdag，1340 年—1375 年）时代已经消失，在丹麦封建制并没有扎根，这一点可以得到再次确认。

〔67〕　这个法谚现在还能在哥本哈根市法院入口处看到（Med lov skal man land bygge），经常被引用，非常有名（日德兰法的前文，可参考前注 65，Ditliv Tamn，Retshistorie Bind 1：Dansk Retshistorie）。

〔68〕　现在丹麦流通的货币是克朗，当时是马克。丹麦在 1813 年宣告国家财政破产，流通货币制度也随之更新。

〔69〕　这里所说的监察专员与现在的监察专员完全不同。北欧语里的监察专员是"应该再次询问的人"的意思，但此处的意思是由共同体选举出的人［W. E von Eyben，Juridisk ordbog，7. udg.，Copenhagen，1989，p. 172.《法律用语辞典》的作者威廉·埃德勒·冯·艾本原是哥本哈根大学教授，法学博士（dr. jur.）］。

〔70〕　在日德兰南部的石勒苏益格，日德兰法在 1900 年被普鲁士法取代之前被作为基本的法律使用。

有其相应的意义。换言之，15、16世纪西欧法的发展是在"罗马法"VS"当地法"这样的阵势下推进的，罗马法在很多地方获胜（罗马法对当地法产生很多影响，最终罗马法被吸收进当地法，也可以说是取代了当地法），但是，在丹麦，国王制定的日德兰法颇有权威，加之丹麦没有出现德国那种典型意义上的学识型法律工作者阶级，日德兰法本身就成了阻挡罗马法入侵的壁垒。关于丹麦继受罗马法的特殊性，后文还将进行讨论。

（二）中世纪后期——大学的创设

到了14世纪，欧洲也进入了所谓的中世纪后期这一时代。一般认为欧洲中世纪后期是危机四伏、混乱不堪的时代，罗马教皇因阿维尼翁之囚而权威扫地、英法百年战争、英国的报复战、大空位时代神圣罗马帝国的帝权没落等，现有的权力没落，持续战乱。这个时期还因鼠疫流行导致欧洲人口锐减。

斯堪的纳维亚也处于相同的混乱中，但是丹麦想方设法跨越了这一混乱，[71]除了一直统治的挪威还成功将瑞典纳入了统治范围。丹麦玛格丽特一世（Margrethe Ⅰ，1375年—1412年）达到了巅峰，即成立了卡尔马联盟（Kalmarunion）。[72]卡尔马联盟成立后，几经波折，持续了约150年，1523年瑞典贵族古斯塔夫·瓦萨成为瑞典国王时破裂。[73]

另外，危机与混乱持续的中世纪后期也被称为"法学世纪"。事实上，这个时代诞生的西欧法学直接延续至现在的法学（虽然古希腊或罗马帝国也有法学，但是与现在的法学并没有直接的知识连续性）。与其他很多学科不同，西欧法学诞生地很明确只有意大利博洛尼亚一处。

---

〔71〕 瓦尔德马胜利王以后约100年，丹麦再次进入混乱时代。持续借款担保领土的时代还在继续，王国陷入濒临分裂的绝境，但到了瓦尔德马四世e日王（也有翻译为再兴王）时代再次复兴。

〔72〕 卡尔马联盟与当时在北德国新锐势力吕贝克为首的汉萨同盟相对抗，意图守护北欧权益。但实际上该系统以丹麦一国利益为中心，最终引发挪威、瑞典的反叛。尤其是玛格丽特的继位者埃里克七世（Erik Ⅶ，在位1397年—1439年）因对挪威、瑞典征收重税而臭名远扬。瑞典的反叛持续不断，终于在1520年丹麦国王克里斯蒂安二世（Christian Ⅱ，在位1513年—1523年）在斯德哥尔摩斩杀瑞典有势力的贵族80人，引发了所谓的斯德哥尔摩惨案。虽然克里斯蒂安以此镇压了瑞典的反叛，但是此后不久瑞典贵族古斯塔夫·瓦萨发起反叛，1523年被拥护为瑞典国王，至此卡尔马联盟解体。克里斯蒂安二世在这样的困境中还尝试编纂法典。法典的内容包括统一度量衡、调整邮政制度、处理城市废弃物、提高学校教师资质、禁止重罚等。但是，最终没有施行（关于这一法典，参见前注27，Jacobsen, An Outline History of Denmark, p. 41；译书前注27，雅各布森：《丹麦历史》，第84、85页）。

〔73〕 挪威依然处于丹麦的统治下，直至1814年的《基尔条约》丹麦将挪威割让给瑞典为止。

发端于博洛尼亚大学的中世纪法学院，完全沿袭博洛尼亚的研究方法，15　-35-
世纪末几乎扩张至整个欧洲。[74] 这在丹麦表现为 1479 年哥本哈根大学的设立。

博洛尼亚大学的历史可以追溯至中世纪初期。1060 年前后，研究比萨人
带来的罗马法最古老文献为开端的罗马法研究，以博洛尼亚为中心逐渐兴盛，
12 世纪出现了名为博洛尼亚大学的组织。

中世纪博洛尼亚大学的法学研究分为罗马法学和教会法学两部分，罗马
法学率先发达起来。

博洛尼亚大学的罗马法学被认为开始于文法教师伊尔内留斯（Irnerius，
c. 1055 年—c. 1130 年）[75] 注释《国法大全》（Corpus Juris Civilis）中的专业
用语。

《国法大全》也被称为《罗马法大全》（也称《民法大全》《查士丁尼法
典》，译者注），原本是 6 世纪东罗马帝国皇帝查士丁尼将以往的罗马法以汇
编的形式编撰成法典，而博洛尼亚的法学家们将该法典绝对地视为"书写的
理性"，并以完美地还原或解释该法典为目标。

在伊尔内留斯之后，法典的注释工作由他的弟子"四博士"即布尔加鲁
斯（Bulgarus）、马尔提努斯高塞（Martinus）、乌戈（Hugo）、雅各布斯（Ja-
cobs），以及著有《敕法汇编·法学提要集成》（Summa Codicis et Institutionum）
的阿佐（Azo，c. 1150 年—1230 年）继续推进，以阿佐的弟子阿库修斯（Ac-
cursius，1182 年—c. 1260 年）所著的《标准注释》（Glossa ordinaria）宣告
完成。

1140 年前后，格拉提安（Gratianus，生平年份不详）将庞大的教会教令　-36-
体系性进行选择、汇编，完成了《教令集》（Decretum Gratiani）。《教令集》
采取了与罗马法相同的注释方法，由此教会法学诞生了。

博洛尼亚大学中的法学家们，以大学教授、法学家的再生产为目的，主
要对神职人员讲授罗马法和宗教法。博洛尼亚大学的研究方法与授课形式，
13 世纪首先在欧洲西南迅速普及。这些大学按照博洛尼亚大学完全相同的体

---

〔74〕　关于这一过程，可以参见赫尔穆特·科恩著，上山安敏监译：《欧洲法文化的潮流》，东京
大学出版会 1983 年版，第 26 页以下；川上伦逸：《法学的形成与学识法律人阶级的社会发展》，上山
安敏编：《近代欧猪法社会史》，ミネルヴァ书房 1987 年版，第 11 页以下；等等。

〔75〕　伊尔内留斯是文献学家、文法学家、逻辑学家，被认为是文法教师（前注 74，川上：《法
学的形成与学识法律界阶级的社会发展》，第 6 页）。

系进行法学教育，授予完全相同的学位（教授资格）。同以博洛尼亚大学为范本的法学院在意大利的帕多瓦、那不勒斯，法国，西班牙一个接一个地出现。14 世纪，欧洲中部的德国、波兰也相继设立大学，这股潮流 15 世纪到达北欧的丹麦、瑞典。

　　丹麦国王克里斯蒂安（Christian Ⅰ，在位 1448 年—1481 年）在 1475 年 6 月晋见了罗马教皇。此时，丹麦获得了教皇给予的大学设立许可以及大学授予学位的权限，在 1479 年 6 月 1 日设立了哥本哈根大学。[76] 哥本哈根大学隶属于教会，是典型的中世纪大学，有神学、法学、医学、教育学（语言、自然科学）四个学院。[77]

　　哥本哈根大学是丹麦首个法学研究、教育机构。根据教皇的命令，该校以意大利博洛尼亚大学为模型，将教会法和罗马法作为重要科目。特别是教会法，因为受梵蒂冈基督教统治的政策，或考虑当时主要是天主教主教学习法学，被视为最重要的科目。另外，该校在实际的大学运营等方面参照德国凯恩大学，在设立大学时就把教师委托给凯恩大学。

　　哥本哈根大学法学院的教师队伍有段时间基本都是德国人。虽然后来也有丹麦教师，但是仍然以德国教师为主。与此相对，哥本哈根大学的学生中丹麦人占大半，基本没有来自其他欧洲国家的留学生。哥本哈根大学设立后，也有很多丹麦学生不喜欢哥本哈根大学转而选择德国的大学留学，由此可以推测出当时丹麦法学研究、法学教育的状况。

　　总之，在丹麦也诞生了以博洛尼亚大学相同形式教授罗马法、宗教法的大学。就这样，丹麦也具备了罗马法影响当地法（丹麦法）的基础。

-37-

-38-

---

　　〔76〕 几乎同时期，瑞典设立了乌普萨拉大学。乌普萨拉大学设立于 1477 年，在哥本哈根大学设立两年前开校，被视为北欧最古老的大学。不过，这被认为是瑞典知晓哥本哈根大学的设立许可后，出于阻止神职人员或官员前往哥本哈根接受教育的目的而为之（前注 27，Jacobsen，An Outline History of Denmark，p. 37；译书前注 27，雅各布森：《丹麦历史》，第 76、77 页）。

　　〔77〕 关于哥本哈根大学的历史，Svend Ellehøj，Leif Grane og Kai Hørby red.，Københavns universiter 1479-1979，Bind 1，Almindelige historie 1479-1788，Copenhagen，1991. 该书所总结的内容提供了非常详细的资料（《哥本哈根大学 1479-1979·第一卷，总史，1479-1788》，本书是纪念哥本哈根大学创立 500 年系类丛书之一。关于法学院历史的部分 2001 年已刊行。编者均为哥本哈根大学人文学院教授）。此外，还可参见 Ditliv Tamm，Retsvidenskaben i Danmark，1992，s. 13ff.（《丹麦法学》）

三、中世纪末期至近代过渡期（1450 年—1650 年）

（一）西欧罗马法影响的扩大与丹麦法

中世纪末期，随着皇帝、教皇权力的没落，贵族阶级也开始没落，其对立面的市民阶级进入上升期。这个时代也被称为"市民世纪"，从法学方面来看，这也是大学影响力增大的时期。

在丹麦哥本哈根大学设立之时，北欧以外的西欧各国大学数量激增，也开始出现学习法学的学识型法学家群体。这些学识型法学家除从事罗马法及教会法的研究外，也有的成为法院法官、政府官员，或者在有势力者的诉讼中担任顾问，在解释或者补充当地法律中灵活地运用自己研究的罗马法知识。这一倾向肇始于意大利，在法国、西班牙等欧洲全境也可见，而使这一倾向更明显、引发了所谓的"罗马法继受"即罗马法大规模的导入，应归功于丹麦的邻国德国。

在德国，学识型法学家在这个时期惊人地活跃。"德国人从德国设立法学校之前就开始前往法国、意大利各地的大学学习法学。12 世纪，博洛尼亚已经有一个德国学生团体。13 世纪，特别是帕多瓦、蒙彼利埃、奥利安德大学已出现德国人"[78]，随着德国设立自办大学，学识型法学家的数量也进一步加速增加。

这些学识型法学家多数深入德国的裁判实务。他们先在教会法院占据一定的位置，1495 年，皇家法院规定法官必须有半数学习罗马法的法律工作者，由此也广泛地进入世俗法院。

罗马法也就当然地成为法院解释的指针。由于当地法只是古老习惯法的总结，很难应对复杂的案件，罗马法经常被作为解决策略，开始超越解释成为当地法的补充。这种补充被确立为整个德国通行的新普通法，此后又超越补充领域直接取代了当地法律。最后，产生了被称为"罗马法继受"的现象。

另外，在丹麦，并没有产生被称为"罗马法继受"的现象。而且一直以来，特别是在比较法领域，罗马法对以丹麦为代表的斯堪的纳维亚区域的影响极小。结果就有了第三法系的说法，即认为"斯堪的纳维亚法虽然

_-42-_

_-43-_

---

〔78〕　前注 24，科英：《近代法的发展》，第 70 页。

也受到两大法系（大陆法系、英美法系）的影响，但是实际上属于另一个法体系"。[79]

例如，以图瓦格特、凯茨为代表的很多权威比较法学者指出这一点，日本学者中石渡利康也提到第三法系论，[80]指出"可以承认'斯堪的纳维亚法'是大陆法系与普通法系之类的法体系"[81]。实际上，在丹麦本国直到20世纪60年代都存在强调斯堪的纳维亚法独特性的倾向。

的确，事实上丹麦吸收罗马法的方式与德国或南欧各国相当不同，有充分的理由指出其特殊性。主张第三法系说法的根据由此可见（不过，笔者不支持第三法系的说法，理由后文将进行论述）。

丹麦没有受罗马法强烈影响有多个原因，以下两点最为重要：①与德国相比，丹麦学识型法学家的数量及从事法律实务的学识型法学家的数量太少；②当时的丹麦缺乏封建制的根基。

在丹麦，与德国相同的学识型法学家也带来了罗马法。13世纪，博洛尼亚大学、巴黎大学、[82]德国国内的大学设立，在海德堡、埃胡尔特、莱比锡、罗斯堡、格拉夫斯瓦尔德的各所大学都有丹麦人学习罗马法或教会法的记录。[83]

但是，这些人在丹麦裁判实务中只是极少数派。从当时丹麦的学生或大学毕业生的记录来看，一定程度上可以了解学识型法学家的数量或活跃状况。例如，根据当时哥本哈根大学法学院在读生、毕业生的记录，法学院只有一

-44-

---

〔79〕 F. H. 罗森著，小堀宪助、真田芳宪、长内了译：《英美法与欧洲大陆法》，日本比较法研究所1971年版，第5页。

〔80〕 前注13，石渡：《斯堪的纳维亚法体系》，第175页。

〔81〕 石渡对此说明道，"丹麦自古就没有沦为罗马帝国的一部分。这意味着罗马法没有在丹麦内施行过。因此，丹麦没有受到罗马法的直接影响，仅仅能看到一些分散性的影响"（前注13，石渡：《斯堪的纳维亚法体系》，第183页），但是这并没有太大的说服力。按照其所说的，有可能会产生这样的矛盾，例如法国或西班牙尽管也从没有被神圣罗马帝国统治过却受到罗马法的强烈影响（这里的罗马帝国，不是公元前后的古罗马帝国，而指继受了在博洛尼亚复活的学识型罗马法的神圣罗马帝国）。

〔82〕 关于巴黎大学中北欧留学生的状况，参见 Ellen Jørgensen, Nordiske Studierejser i Middelalderen, Historisk Tidskrift, 8. række, Copenhagen, 1915, s. 331-282.（艾伦·约根森，中世纪北欧人的留学，收录于杂志《历史时报》）阿布萨隆大主教也在巴黎学习过法学，参见前注61。

〔83〕 德国各大学中北欧留学生状况，参见 Ellen Jørgensen, Bemærkninger on danske studerende ved Tysklands Universiteter I Middelalderen, Historisk Tidskrift, 8. række, Copenhagen, 1916, s. 197-214.（中世纪德国大学中丹麦学生的考察，收录于杂志《历史时报》。）

名这样的教授，一年只有几名学生。即使他们全部从事实务工作，影响力也微乎其微。拿到学士或硕士学位的人，全部专业（神学、医学等）加起来一年也就十余人。

这些学识型法学家虽然在教会法院有一定影响力，但是在世俗法院中几乎没有占据法官的地位。与此大不相同的是，德国的学识型法学家，以 1495 年皇家法院规定半数必须是学习罗马法的学识型法学家为契机，大举迈进世俗法院（丹麦的学识型法学家进入世俗法院则一直等到 18 世纪哥本哈根大学法学院导入毕业考试即硕士资格考试）。

此外，当时丹麦与德国的社会背景有很大差异。德国发生罗马法继受的原因，是其"分裂成实质上的独立国——邻邦国家，神圣的罗马帝国仅有空名，以习惯法为中心的法律统一已无希望，因此只能继受罗马法"[84]，而丹麦完全不存在这种情况。换言之，丹麦虽然也有相当于德语 Lehen 的 Len 这一词语，也有类似德国封建制的现象，但是仅在瓦尔德马胜利王分给儿子们及 –45– 近亲属土地之后的很短时间，而瓦尔德马他日王致力于废止封建制度，削减所有的封建领土。[85] 如此，在丹麦即使程度不同但是一直持续着基本的中央集权倾向，此外，由于制定了当时的"日德兰法"，后来的《克里斯蒂安五世丹麦法》（后文将论述该法典的内容），仅在极其有限的领域有继受罗马法的必要性。[86]

从上述各项内容来看，认为丹麦法属于不同于大陆法、英美法的北欧法圈的想法并不奇怪。但是，即使承认上述内容，也不能说斯堪的纳维亚法就是第三法系。这很大程度上得益于 20 世纪 70 年代关于中世纪斯堪的纳维亚受罗马法影响的研究。特别是，关于丹麦，欧莱·芬格的研究很重要。

---

〔84〕 五十岚清：《法学入门》，一粒社 1979 年版，第 189 页。

〔85〕 前注 64，石渡：《斯堪的纳维亚的国民统治的历史展开》，第 137 页。

〔86〕 茨威格特（Zweigert Konrad）、科兹（Kotz Hein）认为"罗马法在北上的过程中，终于在 17 世纪到达斯堪的纳维亚各国，这个时点，传统的法律制度早作为地方法或城市法被固定下来，且在已完整建构的审判制度中适用。因此，罗马法的影响仅限于中世纪风格各法典尤其是欠缺规范的领域。大体上是契约法、与信用担保法并列的公司法及破产法这些领域"（茨威格特、科兹著，大木雅夫译：《比较法概论·原论 下》，东京大学出版会 1974 年版，第 583 页）。需要注意的是，该书属于前述芬格指出的中世纪丹麦法受罗马法影响之前的书籍。正如前述，这里所谓的"地方法或城市法""中世纪风格各法典"已经包含罗马法的影响，而"继受"仅限于茨威格特、科兹所指出的领域。

芬格有很多关于罗马法的研究，其中一编日本学者塙浩已部分翻译。塙浩在翻译中对芬格的研究评论道："颇为重要的一点是，打破了北欧法包括现行法都与罗马法无缘或近乎如此，因此是不同于欧洲大陆的大陆法系，但是另一方面也不同于英国的普通法的第三法系等本世纪60年代前半期之前的观点。"[87]

-46-

根据芬格的论述可知，罗马法主要通过影响教会法影响丹麦。[88]他在论著中，特别列举了一些事例，指出从丹麦法中可以看到中世纪教会法院中教会法的影响，这从学识型法学家中应成为法学研究者的人数少但存在也得到了证实。这个时期著名的法学研究者可以举出克努德·米克尔森（Knud Mikkelsen，？—1482年）[89]以及哥本哈根大学建校后的尼尔斯·海明森（Nils Hemmingsen，1513年—1800年）。[90]这些大学内外研修法学的学识型法学家在一些教会法院占据一定地位（前述的米克尔森在维堡就任法官），在所从事的行政官员工作中还会灵活地运用自己的知识解释丹麦的习惯法。米克尔森运用罗马法知识解释当地法律日德兰法、通过罗马法填补日德兰法欠缺就有明确的记载。[91]

将瑞典、挪威（进一步还有冰岛、芬兰）的法律视为北欧法的话，第三法系论面临更大的问题。因为同属北欧法圈的瑞典比丹麦早受到罗马法的强烈影响。20世纪70年代，瑞典人隆德贝利在其公开发表的论文[92]中对此已

---

〔87〕 欧莱·芬格尔（芬格，笔者注）著，塙浩译：《中世纪斯堪的纳维亚罗马法的影响》，《西洋诸国法史·下（塙浩著作集10）》，信山社1992年版，第588、589页。此外，芬格夫人还将芬格论文翻译成法文。

〔88〕 参见 Ole Fenger, Romerret I Norden, 1975, Copenhagen.《北欧罗马法》的作者芬格前文已述。

〔89〕 当时丹麦法学的水平并不高。几乎没有可以称为学术的法学研究的思想。日德兰半岛的维堡主教克努德·米克尔森是哥本哈根大学开校前的著名研究者。他在德国的罗斯托克、埃胡尔特大学学习过，研究日德兰法、对罗马法与丹麦法进行比较研究等。此后还担任过埃胡尔特大学的校长。

〔90〕 尼尔斯·海明森是神学院的教授，在国际上也是大名鼎鼎。前注77，Tamm, Retsvidenskaben i Danmark, s. 17f.

〔91〕 米克尔森著有《日德兰法评论》，其中可以看到运用罗马法知识对日德兰法规定进行补充的内容。

〔92〕 Jakob W. F. Sundberg, Civil Law, Common Law and the Scandinavians, Scandinavian Studies in Law, vol 31, Uppsala, 1969, pp. 181~205. 节选翻译参见，雅各布 W. F. 桑德伯格著，塙浩译：《大陆法、普通法与斯堪的纳维亚群众》，《神户法学杂志》38卷4号（1989年），第955~961页。

有详细说明，[93]实际上，在此之前，科恩库在所著书中也已指出，"继受（罗马法）的几个世纪正是逐步形成近代官僚国家的时期。继受完成时出现了大部分官僚由学识型法律工作者组成的状况。这在最后发生继受的国家即北欧的瑞典身上最为显著。在瑞典，瓦萨王朝治理国家的发展与继受同步开始"。[94]关于职业法官也如此，在丹麦直到 19 世纪学识型法学家才开始在法院中占多数位置，与此相对，瑞典法院在 17 世纪已有采用一定数量的学识型法学家的义务。学识型法学家大量进入行政、司法部门也清楚地证明罗马法对瑞典法的影响，不得不说，第三法圈论这种观点的妥当性极其值得怀疑。[95] –47-

作为结论：丹麦法中确实存在罗马法的影响，但是一直以来所说的，所谓第三法系、第三法圈的情况并不存在（在本章开头提到，虽然丹麦法有其特殊性，但是可以理解为大陆法的一个变种，理由也在于此），现在丹麦法的框架以制定法为中心与大陆法的特征一致。[96]

但是，丹麦并没有像德国那样全面继受罗马法，也没有形成学识型法学家（学识型法律工作者）阶级，因而欠缺发展"学术法、学识法"的基础。在这一点上，丹麦法并不具备德国法那样典型可见的大陆法的体系性、学术性——茨威格特、科兹说道"没有引发构成德国继受本质极广泛的法学理论和法适用的'科学化'"（"Verwissenschaftlichung"）[97]——即使同在大陆法中其也有着特殊性。

这个特殊性从 17 世纪制定的《克里斯蒂安五世丹麦法》也能看出。这部法 –48-

---

〔93〕　在这篇论文中，作者桑德伯格的结论是，"毫无疑问斯堪的纳维亚法属于大陆法圈"（前注92，原著，第 204 页），在日本据此篇论文有评价提到，"北欧法系并不属于第三种类型，虽有其特殊性，但还是能得出归属为大陆法体系的结果"。（塙：《中世纪及近代斯堪的纳维亚法史与罗马法·编译者前言》，《西洋诸国法史·下（塙浩著作集 10）》，信山社 1992 年版，第 589 页）详细可以参见论文。

〔94〕　前注 74，科英：《欧洲法文化的潮流》，第 32、33 页。

〔95〕　这种第三法圈理论是如何在丹麦法制学家间广泛流传的呢？这也涉及芬格指出的内容，还因为 19 世纪至 20 世纪初期的斯堪的纳维亚史学家，对当时威胁到丹麦的德国充满恐惧，对其夺走石勒苏益格、荷尔斯泰因怀有怨恨，强调本国法律制度的固有特征，"人们对强调罗马、德国法重要性的各种理念……都面有愁容、怀恨在心"。（前注 87，芬格：《中世纪斯堪的纳维亚罗马法的影响》，第 600 页）（当时，由于石勒苏益格、荷尔斯泰因被侵占，丹麦对德国文化的关注度急剧下降，这在本章开头已经提及。）

〔96〕　此外，丹麦法中判例的处理方法（也就是先例拘束力的问题），与大陆法没有很大的差异（可以参见本章后文的内容）。

〔97〕　前注 86，茨威格特、科兹：《比较法概论·原论 下》，第 538 页。

典虽是全国统一法典但并不体系，而且包含了很多习惯法的内容（后文将述）。

（二）宗教改革与丹麦法

中世纪末期至近代的欧洲处于"市民世纪"，市民阶级对以往权威最大的反叛是宗教改革。宗教改革在欧洲各地都引发过流血惨案，对法制度、法学的影响也很大。

在丹麦，宗教改革没有引发太大的混乱。支持路德派新教的克里斯蒂安三世（Christian Ⅲ，在位1534年—1559年）在1534年将路德派新教定为国教，一扫旧天主教势力，不流血、一口气就结束了宗教改革。

但是，因为宗教改革，司法实践、法学研究变得相当混乱。混乱的中心在法律实务中当属教会法院，在法学研究中则是以研究教会法为中心的法学院。

在以天主教势力为中心的教会中，出现了教会法院管辖权大幅度缩小的情况。当时的法院制度将法院分为教会法院和世俗法院，正如众所周知的各法院所管辖的事件相分离。教会法院管辖与神职人员或宗教有关的事件，世俗法院以管辖一般社会纠纷为原则。但是，实际上，"主教区法院管辖权非常广泛，除解决①神职人员间的纷争，②与教会财产和权利相关的纠纷以外还涉及，③神职人员与一般人的纷争，④寡妇、孤儿、贫民等需要保护者的诉讼，⑤婚姻问题等，还涉及⑥贷款这样所谓'罪恶深重'的商业行为，⑦违反房租行为的诉讼，如果当事人希望的话，也受理⑧一般人之间关于金钱、土地问题的诉讼"。[98] 教会法院拥有如此广泛的管辖权，因而在中世纪的法律生活中发挥着极其重要的作用，但是这样的权威一下子就丧失了。

在哥本哈根大学，伴随着天主教的衰退，神学院当然也包括以教会法研究为中心的法学院都处于停滞状态。天主教时代的资料很多被废弃，可以预想到该时期废弃的资料中包含很多大学初建时的重要资料，这对研究哥本哈根大学历史而言无疑是损失惨重的，1530年以后，短短数年，哥本哈根大学的官方资料就所剩无几了。[99] 1536年，新教成为国教，大学作为路德派丹麦国教会的思想中心进行了重组，引入了新制度。

---

〔98〕 前注25，岩村、三成（贤）、三成（美）：《法制史入门》，第102、103页。

〔99〕 前注77，Tamm，Retsvidenskaben i Danmark，s. 25.

在新大学，教会法被彻底排除。[100]教会法仅是维持天主教会内部秩序的规则，在现实社会中成为问题的是罗马法，这一点被确认。就这样，罗马法替代教会法成为大学里最重要的科目。

虽然教会法衰退，但是宗教改革后刑法的宗教色彩却变浓了。这与新教意图回归天主教原点有关。在已排除教会法的丹麦，与此相关的是，《旧约·圣经》变得重要。特别是在刑法思想中，摩西十诫或摩西五经得到重视。这在当时被扩充、补充的当地法内容中可见。例如，重罚强奸、同性恋、近亲通奸、兽奸，在任何杀人情形中都维持着"杀人偿命"的同害刑思想。极残酷的魔女狩猎也出现在这个时代。此外，国王代替神科处刑罚的思想变得很强，还产生了国王科处重罚会触怒神的观点。不过，对贵族不适用死刑等不平等的方面也有很多。[101]

-50-

此后，丹麦在克里斯蒂安四世（Christian Ⅳ，1588 年—1648 年）的统治下经历了大繁荣与没落。这是丹麦历史上最动荡的时代，但也是法律制度剧烈变动的时代。在法律制度方面，两代之后的《克里斯蒂安五世丹麦法》引发了变革。

-51-

四、启蒙主义时代——绝对王权的确立与崩溃（1650 年—1800 年）

（一）《克里斯蒂安五世丹麦法》

中世纪结束后，进入近代的欧洲各国都确立了绝对的王权。这个时期，法国的波旁王朝、英国的斯图尔特王朝、俄罗斯的罗曼诺夫王朝等获得绝对的权力，丹麦也从弗雷德里克三世（Frederik Ⅲ，在位 1648 年—1670 年）时代开始进入绝对的王权统治。[102]

1660 年成为专制君主的弗雷德里克，为了改善地方法律繁多、各地裁判

---

〔100〕　也被认为受到马丁·路德 1520 年 5 月 10 日教会法焚书的影响。前注 65，Tamm，Retshistorie Bind 1，s. 80.

〔101〕　到了弗雷德里克二世（Frederik Ⅱ，1559 年—1588 年）的时代，刑法才得到平等适用。此外，刑法是否平等适用的问题，并不限于中世纪。关于刑法适用的平等问题对刑法的机能性考察的重要性，参见平野：《刑法机能的考察》，《刑事法研究第一卷·刑法机能性考察》，有斐阁 1984 年版，第 12 页以下。

〔102〕　虽然在与瑞典的战争中弗雷德里克被困哥本哈根等情况下，丹麦陷入濒临亡国的危机，但是其善于内政，削弱了贵族势力，完成了绝对的王权统治。

状况各异的情况，计划编纂统一的法典，在 1661 年快速成立了委员会。但是他在世期间并没有实现这个计划，[103] 而是到了他儿子克里斯蒂安五世（Christian V，在位 1670 年—1699 年）的时代，日德兰法以来最大的法典才被制定、实施。这一法典于 1683 年 4 月 15 日公布，3 个月后生效，被冠以制定者国王的名字，称《克里斯蒂安五世丹麦法》（Christian Ⅴs danske lov）[104]［1678 年，当时挪威还在丹麦的统治下，《丹麦法》也被视为《克里斯蒂安五世挪威法》（Christian Ⅴs norske lov）。这对挪威的立法、实务、法学产生了很大的影响，此后，丹麦法与挪威法形成了非常紧密的关系]。

在这部法典的编纂过程中，最初遇到的问题是将罗马法的内容作为以往丹麦地方法的补充形成全新法律作为方针，还是将统一总结的以往地方法作为方针。

如前所述，在当时的丹麦，大学内的研究与实务没有太多的交集。适用于宗教法院的教会法在宗教改革之后大幅失势，世俗法院的法官基本是地方上的有势力者等而非法学家。进一步而言，由于实际负责起草的委员基本是没有接受过法学教育的实务者，丹麦王室或丹麦政府以不臣服于神圣罗马帝国的支配而自豪，因而对原样引入神圣罗马帝国的法律（德国继受的罗马法）充满抵触感等原因，实际上不得不以后者为方针推进法典编纂工作。因此，《丹麦法》基本上是将以往的法律习惯或地方法规范直接"法典化"（kodifikation；codification），在这个阶段罗马法的影响极其有限。[105]

主持法典编纂工作的主要是枢密院议长彼得·施马赫（Peder Schmacher），之后是格里芬费尔德伯爵（Griffenfeld），法案制作者是哥本哈根大学希腊语和历史学教授拉斯穆斯·文丁（Rasmus Vinding，1615 年—1684 年），其属于 1666 年成立的第三委员会 [106] 的一员。在法案制定的过程中，除了文丁的法

---

〔103〕 关于这一经过，参见前注 13，石渡：《斯堪的纳维亚法体系》，第 181 页，详细的内容还可以参见前注 65，Tamm，Retsehisstorie，Bind 1，s. 116ff.

〔104〕 在日本关于《丹麦法》的文献有，前注 86，茨威格格特、科兹：《比较法概论·原论 下》，东京大学出版会 1974 年版，第 528 页以下；石渡：《丹麦法哲学——以弗雷德里克·文丁·克鲁斯（Frederik Vinding Kruse）为中心》，八千代 1980 年版，第 5 页以下。此外还可参见，Tamm，The Danish Code of 1683. An Early European Code in an International Context，Scandinavian Studies in Law. vol. 28，Uppsala，1984.

〔105〕 前注 65，Tamm，Retsehisstorie，Bind 1，s. 127. 也参考了前注 86。

〔106〕 第一委员会成立于 1661 年，第二委员会成立于 1662 年。

案，彼得·拉森（Peder Lassen，1606 年—1681 年）的法案也是候补，但最   −55−
终采用了文丁的法案。[107]

虽然文丁也担任过丹麦最高法院的法官，但是并没有受过专门的法学教育。因此，他提出的是实务性、现实主义法案。相反，拉森提出的是理论性、体系性法案。后来的丹麦法史学界对拉森的法案是不是在法学、立法技术方面更为优越也有过讨论，[108]如果当时采用拉森的法案，丹麦法学现实主义的倾向就会与现在大不相同。在此意义上，可以说采用文丁的法案对之后丹麦法学的存在方式产生了不少影响。

对于《克里斯蒂安五世丹麦法》可能有各种各样的评价，其中有不少积极性的评价。例如，杰瑞·边沁（Jeremy Bentham）评论道，在所列举的若干古老的统一法典中，丹麦法是"缺陷最少的法典"[109]，当时的英国大使罗伯特·莫尔斯沃思（Robert Molesworth）也说道，"丹麦法比英国法更公正"[110]。此外，普鲁士、俄罗斯、波兰等国家此后的立法也参考了《丹麦法》。[111]

虽然有很多人认为《丹麦法》通过将古老的习惯法"法典化"的手段制成了比较成功的法典，但是暂且不论边沁这样支持法典化的学者，该类观点未必与提倡重视立法中社会改革的力量，基于新知识体系制定法典的想法一致。[112]

的确，《丹麦法》是统一法典，但是与 18 世纪至 19 世纪间在欧洲登场的真正的统一法典即《拿破仑法典》或 BGB（《德国民法典》）完全不能相提并论。   −56−
《丹麦法》基本上就是习惯法的集合（前文已述）。而《拿破仑法典》或 BGB 是以覆盖以往习惯法的社会改革为目的制定的法律，实际上为社会改革注入了很大的力量，这与《丹麦法》完全不同。因此，《丹麦法》的高评价仅仅停留在统一法典这一点，也得不出丹麦在法律方面先行于德国的结论。

---

〔107〕 格里芬费尔德与文丁的朋友关系也有作用。这个过程的详细内容，可参见前注 65，Tamm，Retsehisstorie，Bind 1，s. 132f，前注 104，石渡：《丹麦法哲学》，第 5 页。

〔108〕 前注 65，Tamm，Retsehisstorie，Bind 1，s. 132.

〔109〕 John Bowring ed.，The Works of Jeremy Bentham，vol. 3，P. 206.（关于这个参见 Tamm，The Danish Code of 1683，p. 168.）

〔110〕 Robert Molesworth，An Account of Denmark as It Was in the Year 1692，London 1694，p. 232.（同样参见 Tamm，The Danish Code of 1683，p. 168.）

〔111〕 前注 65，Tamm，Retsehisstorie，Bind 1，s. 130.

〔112〕 例如，萨维尼（Friedrich Carl v. Savigny，1779 年—1861 年）等批判法典化。

不过，应该承认的事实是，当时罗马法继受的浪潮从德国波及丹麦时，《丹麦法》起到了类似防波堤的作用。虽说不充分，但统一法典的存在的确让德国法（已继受罗马法）"入侵"丹麦变得困难。

简单了解一下《丹麦法》的内容。这部巨大的法典整体分为六编。[113] 第一编"法院及法官"（诉讼法·司法），第二编"宗教及神职"（神职人员的身份），第三编"一般社会及家族关系"（世俗的身份），第四编"海洋法"（海洋法律），第五编"请求权及财产"（财产法及继承法），第六编"犯罪行为"（刑法）。不过，还有很多重要的法律并没有包含在这六编中。例如，以行政法为代表的公法规定、商法、税法等被单独制定为法律。

刑法规定在第六编"犯罪行为"（Om Misgieringer）。这部刑法典应该说是丹麦最早的体系性刑法典。但现在看来这部法典相当不完备。具体而言，《丹麦法》没有规定归责、量刑的一般原则，个别犯罪的刑罚规定很粗略，基于摩西十诫进行体系化，在戒律影响下刑罚过于残酷，维持着私人追诉或被害人从犯罪者取得罚金这样行使私权式的古老制度。进入 18 世纪后，这些缺陷才随着启蒙思想影响的增强而依次被改正。

（二）法院的改革、启蒙思想的影响

克里斯蒂安五世的《丹麦法》施行后，丹麦的绝对王政进一步发展，但是作为绝对王政常有之事这并没有带来好结果。重视血缘或亲属关系的倾向甚至波及法院法官的人事安排。

随着绝对王权的推进，以往第一审法官由有能力的农民或商人担任的状况转变为以地方领主或国王给予特权的人为中心。这种人事安排一般会带来保护领主特权、肃清反抗领主势力的结果。实际上，这些人往往欠缺行使审判权的职业和道德素养。民众在民事、刑事诉讼中的不满频发，是理所当然的。民众

---

〔113〕 这六编结构对之后的丹麦法及丹麦法学影响很大。特别是第一编将刑事诉讼法与民事诉讼法一起作为"诉讼法"加以规定很重要。因此，丹麦现在也如此，刑法研究者与"诉讼法"的研究者清楚分离，很少有学者同时研究刑法和刑事诉讼法［不过，后述的刑法学者斯蒂芬·赫维茨（Stephan Hurwitz），在担任诉讼法教授后，因转任刑法教授，出版了刑法和诉讼法的体系书］。这从哥本哈根大学设立的研究所也能看出。法学研究所 D 馆，旧称（到 1996 年为止）"刑法、犯罪学研究所"，聚集了刑法相关研究者，而刑事诉讼法研究者属于与民事法关系更多的法学研究所 A 馆。此外，奥胡斯大学虽然有"刑法、犯罪学、诉讼法研究所"，但是民事诉讼法研究者也属于这里，由此可见确实存在独特的区分。

对过去值得信赖的第一审法院产生了很大不满，开始提倡法院改革的必要性。

正好同一时期，哥本哈根大学也完成了向近代大学的转变。到此为止，以培养法学教授与法学博士为中心的中世纪大学，在 1736 年引入了正式的毕业考试（获得硕士称号的考试），[114] 转变为也关注培养法律实务工作者的大学。对以往法官的不满衍生出对取得法学硕士称号者的期待。这种期待逐渐高涨，在 1821年，以法官为代表的上级公务员开始以取得大学中的硕士称号为任职条件。这种情形反作用于大学教育的内容，由此萌生出丹麦法学的研究、教育的必要性。　　–58–

就这样，虽然在丹麦有点晚，但是学习以罗马法为中心的学识法的学识型法学家得以真正进入地方法院。

17 世纪中期至 18 世纪中期，启蒙主义的影响也波及丹麦。哥本哈根大学中也盛行着源于启蒙主义的自然法论。[115] 这一时期，有很多在丹麦影响广泛的思想家，例如雨果·格劳修斯（Hugo Grotius，1583 年—1645 年）、塞缪尔·普芬多夫（Samuel Pufendorf，1632 年—1694 年）、克里斯蒂安·沃尔夫（Christian Wolf，1673 年—1754 年）等。[116] 其中，塞缪尔·普芬多夫在 1668年被任命为瑞典隆德大学教授，这可是北欧法学的特大事件。

这种重视自然法的倾向进一步加速，最终自然法超越了罗马法，成为哥本哈根大学法学院最重要的科目。换言之，当时的学识型法学家们的法学基本素质已从罗马法转向自然法。

丹麦立法是通过将古日耳曼习惯法法典化发展起来的，因此并非收罗无遗，具体适用方面的规范欠缺不少。当时的法典《克里斯蒂安五世丹麦法》也不例外。于是，丹麦的法学硕士们借助自然法补充《克里斯蒂安五世丹麦法》。德国通过罗马法补充习惯法，而丹麦通过自然法进行补充。　　–59–

这种倾向促进了丹麦独特法学的产生与发展，还与《丹麦法》的修订运动有关。[117] 长期以来获得信赖的《丹麦法》到了 18 世纪后半期也因有很多缺

---

〔114〕　现在，考试合格就能获得在丹麦从事法律工作的资格。这个学位相当于日本的硕士。

〔115〕　关于这个时代的丹麦法学研究者，参见前注 104，石渡：《丹麦法哲学》，第 5 页以下。

〔116〕　Hans Gammeltoft-Hansen, Bernhard Gomard & Allan Philip ed., Danish Law, Copenhagen, 1982, p. 28,（Ditliv Tamm）.

〔117〕　严格上，与其说是修订，更应该说是通过制定新法使《丹麦法》的规定无效。反之，在无新法的部分，《丹麦法》的规定至今仍有效。例如，民事不法行为中监督者的责任问题至今适用《丹麦法》的规定。

陷备受关注。[118]

在刑法领域，盗窃相关规定被修订。规定盗窃科处鞭打刑或死刑的《丹麦法》，受到强烈批判，当时掌握政权的约翰·弗里德里希·斯特伦塞（Johan Friedlich Struensee，1737 年—1772 年）[119]发布公告在 1771 年废除了重盗窃罪的死刑，1789 年制定了新《盗窃法》（Tyveriforordnug）。

-60-

五、19 世纪的法发展

进入 19 世纪后，整个欧洲都加速了这样的新潮流。在很多情况下，这是各国独有的法学发展，丹麦也是如此。被认为在丹麦法学史上留下了最广泛、最重要成就的安德斯·桑德·奥斯特（Anders Sandoe Ørsted，1788 年—1860 年）的登场迎来了丹麦法学最大的转型期。

奥斯特被称为"丹麦和挪威法学的创始人"[120]，对近代丹麦法学有着压倒性影响。他原本是律师，1810 年担任最高法院法官，1825 年至 1848 年一直从事立法工作。

-62-

奥斯特不仅通过很多立法活动影响丹麦法，还有很多著作、论文。与法国革命基本同时期出生的他，受到启蒙思想的强烈影响，通过著作对丹麦启蒙思想的发展产生了很大影响。

此外，因为他对法学的态度极富经验主义，有人将之视为丹麦现实主义法学的开端。[121]他"被认为着眼于法的运用与理论如何相互作用的问题，对

---

〔118〕 此期间，1737 年、1759 年设立了以全面修订为目的的修订委员会，但结果是两次都没有修订。特别是，第二次委员会的研究持续到 1788 年，最后毫无结果。前注 65，Tamm, Retsehisstorie Bind 1，s. 129f.

〔119〕 当时的丹麦国王克里斯蒂安七世（Christian Ⅶ，1766 年—1808 年）患有精神病，德国人施特鲁恩泽是他的御用医生，其因成为王后的情人，在 1771 年夺得政治实权。施特鲁恩泽是受启蒙思想影响的知识分子，断然对丹麦社会进行激进的改革，比法国大革命还早了 20 年，这次改革因过于激进招致很多反抗，他最后因发生政变被处刑。

〔120〕 前注 104，石渡论文，第 7 页，Ditliv Tamm, Ander Sandoe Ørsted and the Influence from Civil Law upon Danish Private Law at the Beginning of the 19th Century, Scandinavian Studies in Law vol. 22, Uppsala, 1978, p. 243, Stig Jørgensen, Scandinavian Legal Philosophy, Aahus University Social Science Series 17 Reason and Reality, Aahus, 1986, p. 82.

〔121〕 丹麦法哲学家奥胡斯大学教授斯蒂格·约根森（Stig Jørgensen）认为丹麦现实主义法哲学——约根森将其命名为北欧现实主义（Nordic Realism）——可以追溯到奥斯特。（前注 120，Jørgensen, Scandinavian Legal Philosophy, p. 82ff.）关于此内容，还可以参见出水：《当代北欧法学的特征——基于两种

之后的丹麦法学方法论产生了决定性作用"，[122]这也是能从 20 世纪丹麦法哲学的代表人物阿尔夫·罗斯（Alf Ross）的理论中看到的问题意识。[123]不过，康德是他理论的出发点，尽管之后受到启蒙思想家费希特（Johann Gottlieb Fichte，1762 年—1814 年）的影响很大，但其终生坚持康德的逻辑学。

奥斯特的成就涉面很广，被认为对刑法的发展产生了特别巨大的影响。实际上他也经常被称为"近代丹麦刑法之父"。这是因为他在对《克里斯蒂安五世丹麦法》进行部分修订的四大刑法典（后文将述）的制定中实际上发挥了指导性作用，就如同亲生父母一般，他通晓欧洲各国特别是德国刑法学，发表了很多包括刑事诉讼法在内的刑事法方面的著作、论文，在学术界也颇有影响。[124]他所展开的刑法学理论最大特色是，强调以费尔巴哈的心理强制说为基础的一般预防论和罪刑法定主义，此外还有极度主观性的未遂论规定等，不少内容被今日的丹麦刑法所继受。

下面简单介绍，与奥斯特相关的，在 1833 年至 1841 年期间施行的四大刑法典（Straffelove i årerne1833–41）的内容。[125]这些刑法典，形式上是丹麦刑法修订后的规则（forordnung），现在一般称奥斯特刑法典（De ørstedske straffelove），这里直接称刑法典。

-63-

1833 年 10 月 4 日的刑法，规定了关于伤害身体与监禁犯罪。这些犯罪在《丹麦法》中，与一直以来的倾向有所不同，例如对比较严重的情况也仅规定罚金作为法定刑等，虽然不能充分处罚，但是在这部法典中规定了这些犯罪的可罚性。此外，还包含了与未遂、共犯相关的总则规定。

1840 年 4 月 11 日的刑法，规定了关于盗窃、欺诈、伪造及其他关联的犯罪。这替代了前面提到的 1789 年《盗窃法》。该刑法规定了各种各样不同的财产犯罪类型。

（接上页）现实主义的发展》，《名城法学》36 卷 1 号（1986 年），第 11 页以下。关于北欧现实主义将在第三章进行论述。

　〔122〕　前注 104，石渡论文，第 8 页。

　〔123〕　罗斯在考虑法运用与理论相互作用的同时，高度关注现实妥当的法或有拘束力的法（他称之 valid law），这与奥斯特所关心的问题基本重合。关于 valid law 将在第三章进行论述。

　〔124〕　结合从康德出发，受费尔巴哈的影响展开刑法学理论这一历程，可以说奥斯特是受平野所说的德国刑法学"前期旧派"思考方法影响的学者（关于前期旧派，参见前注 19，平野：《刑法总论 I》，第 5 页以下）。

　〔125〕　关于此内容，可以参见前注 65，Tamm, Retshistorie, s. 262.

1840 年 4 月 15 日的刑法，规定了诬告罪，1841 年 3 月 26 日的刑法包含了放火罪的规定。

通过这些立法，奥斯特间接影响了 1866 年制定的刑法典。一般认为，在奥斯特活跃的 19 世纪前半期（丹麦的）刑法学理论有了引人注目的发展。此外，1806 年，随着神圣罗马帝国的灭亡，荷尔斯泰的回归，丹麦迎来了高度关注德国文化的时期。[126] 在法律领域中也如此，德国刑法学理论对丹麦刑法的影响力很强，有必要先注意这一点。[127]

《克里斯蒂安五世丹麦法》施行至 19 世纪前半期，丹麦进入艰难时代。这个时期丹麦内外交困，丹麦联合俄罗斯、波兰，在与瑞典所谓的大北方战争中大败，在与法国的拿破仑战争中战败，哥本哈根遭到英国海军炮击被毁，1813 年国家财政破产，围绕日德兰半岛国境内的石勒苏益格的领土权与普鲁士发生战争（第一次石勒苏益格战争），等等。1848 年 3 月，在哥本哈根发生了追求自由主义的市民运动。以此为契机，丹麦的绝对王权统治在不流血的情况下结束了。1849 年，丹麦制定了基于自由主义的宪法，确立了自由主义体制，为丹麦成为近代国家奠定了基础。

随着自由宪法的生效，修订刑法也变得必要，1866 年，丹麦制定了新刑法，全面修订了《丹麦法》第六编。[128] 从这部刑法开始，丹麦刑法有了近代色彩。从以下三点来看，1866 年刑法典与过去的丹麦刑法典完全不同：①明文规定罪刑法定主义；②改变过去每个犯罪单一法定刑的规定，赋予法官裁量的范围；③受德国刑法的影响分别规定总则与分则。

这部刑法典的制定以弗雷德里克·克里斯蒂安·博内曼（Frederik Christian Borneman，1810 年—1861 年）为中心进行着。博内曼也是活跃于法哲学领域的学者，是反对奥斯特现实主义立场的代表人物，在理想主义法学理论中很有名。

在制定 1866 年刑法的过程中，博内曼参考了德国法。前述的丹麦对德国文化的关注持续着，在各个领域德国法的影响都很大，博内曼就是一个例子。

---

〔126〕 参见 Palle Lauring, A History of Denmark, 3. ed., Copenhagen, 1995, p.239.

〔127〕 前注 116, Danish Law, s.352, (Knud Waaben).

〔128〕 法典制定于 1866 年 2 月 10 日，7 月 1 日生效。这部法典是一般市民刑法（borgelig straffelov），不包含军事刑法。此后的 1930 年刑法典（现行刑法典）也如此。

当时的德国正逢优秀的法哲学家、刑法学家人才辈出的时代，理论刑法学的发展令人瞠目而视。博内曼立志于形而上学式的法学理论，正好能够参考德国刑法优秀的理论体系。可以说，1866 年刑法是在当时德国法普遍影响的基础上融合博内曼个人特性的产物。[129]

-66-

六、20 世纪前期——依据近代法学派的刑法典制定

1905 年，当时的左翼党政府（venstre regirung）、[130]司法大臣为了筹备新刑法成立了刑法委员会（Straffelovskommisionen），哥本哈根大学教授卡尔·古斯（Carl Goos，1835 年—1917 年）[131]担任委员长，启动了全面修订 1866 年刑法的工作。

委员长古斯虽是哥本哈根大学的刑法教授，但在法哲学领域也颇有建树。他是采取现实主义思考的奥斯特与采取理想主义思考的博内曼的直属后辈，尝试架起奥斯特现实主义与博内曼理想主义的桥梁。他在违法行为理论中，维持着康德的定言命令与 J. S. 边沁的功利主义两者的要素，努力构建行为自由界限的一般理论。[132]此处可见，他在当时最前沿的德国法学或德国观念论哲学的强烈影响、奥斯特确立的传统现实主义丹麦法学以及英国功利主义的影响之间苦心经营的痕迹。

-67-

此外，他在刑法学理论中确立了古典学派的立场。如果考虑他的生平，可以说这是理所当然的。他比确立近代学派刑法的李斯特（Franz v. List，1851 年—1919 年）年长约二十岁，与古典学派刑法学者默克尔（Adolf Merkel，1836 年—1896 年）、巴鲁（Karl Ludwig v. Bar，1836 年—1913 年）、宾丁

---

〔129〕 虽然制定者的个性决定着法典特征看似牵强，但是丹麦刑法受制定者个性影响并不少见。《克里斯蒂安五世刑法》受文丁的影响甚大，后来的 1930 年刑法（现行刑法典）受特鲁普个性的影响也非常大。第二世界大战后的数次刑法修订中，文丁的意见产生了很大的影响。在丹麦，因为国民数量较少、对有能者的信赖感很强等，至今在各种各样的场合中还可以看到这种倾向。

〔130〕 该党成立于 1870 年。最近，该党在 1982 年至 1993 年期间一直是联合政权的一部分。与其党名给人的印象不同，该党属于比较保守的政党（关于丹麦政党，参见前注 21）。

〔131〕 法学博士（dr. jur.）。1861 年博内曼死后，继任哥本哈根大学讲师，次年成为教授。1891 年退出教授职位，担任文部大臣（1894 年止），1900 年至 1901 年担任法务大臣。关于刑法的主要著作有 Den danske strafferet Ⅰ-Ⅱ，Copenhagen，1875-78（《丹麦刑法Ⅰ、Ⅱ》），关于法哲学、法理学的著作有 Den Almindelige Restslare Ⅰ-Ⅱ，Copenhagen，1885-92（《法理学Ⅰ、Ⅱ》）。

〔132〕 前注 120，Jørgensen，Scandinavian Legal Philosophy，p. 84.

（Karl Binding，1841 年—1920 年），创设犯罪人类学派的龙勃罗梭（Cesare Lombroso，1838 年—1909 年）同一时代。艾本和塔姆指出，古斯对当时欧洲出现的近代学派刑法学持怀疑态度。[133]

不过，古斯的理论与当时德国有力的以黑格尔或宾丁为代表的后期旧派理论有着相当不同的色彩。[134]不同于后期旧派理论国家主义、权威主义的倾向，古斯的理论根源可以追溯到重视人类个人伦理价值为背景的启蒙主义思想，是基于自由主义法治国家思想构建的理论。[135]

总之，古斯从这一古典学派的立场着手进行刑法修订活动。委员会成员中也有很多人持保守观点，古斯的主张反映在草案中。刑法委员会于 1912 年公布了法案［所谓的第一法案（UⅠ）[136]］。

古斯担任刑法委员会委员长的时代是第一次世界大战前夕。丹麦没有参加这次战争，表明自身中立的立场，但这被认为是受到了与其接壤于南日德兰德国的压力。丹麦在 1864 年第二次石勒苏益格战争中，被普鲁士夺走了北部的石勒苏益格，南边大国德国在所有方面的影响力都很大。同时也必须注意的是，存在暗中反抗的情况。法学方面即是如此。

1912 年草案较之前并无全新的观点。为了取得修订成果，当时的急进党政府（radikal regirung），[137]在古斯之后选任哥本哈根大学刑法教授卡尔·特鲁普（Carl Torp，1855 年—1925 年）[138]研究刑法委员会草案。

特鲁普与古斯差异鲜明。其一，他与前任的博内曼或古斯不同，不是法哲学学者。他对抽象理论毫无兴趣，经常关注现实问题。按照丹麦流派的说法，他是实践者（praktiker）。其二，他受到德国近代学派的强烈影响。德国

－68－

---

〔133〕　前注 65，Tamm，Retshistorie，s. 265.

〔134〕　关于后期旧派，可以参见前注 19，平野：《刑法总论Ⅰ》，第 11 页以下。

〔135〕　前注 65，Tamm，Retshistorie，s. 265.

〔136〕　UI 是 Udkast til almindelige borgerlige straffelov Ⅰ（一般市民刑法第一草案）的缩略名（在丹麦比较普遍地称为第一草案，本书也采取此说法）。

〔137〕　该党成立于 1905 年。正式名称是急进左翼党（Det radikale venstre）。2000 年与社会民主党组成联合内阁。

〔138〕　哥本哈根大学法学博士（dr. jur.）。1886 年就任哥本哈根大学财产法教授，古斯退休后于 1891 年转任刑法学教授。主要著作中关于物权法的有 Den danske tingsret，Copenhagen，1892.（《丹麦物权法》）关于刑法的是 Den danske strafferets almindelige del，Copenhagen，1905.（《丹麦刑法总论》）

近代学派的泰斗李斯特的思想也被认为是通过特鲁普的著作引入丹麦的。[139]
他真正着手刑法学研究是在 1891 年，也就是李斯特的马尔堡大学纲领开始后
九年，以近代学派学者为中心设立的国际刑事学协会（Den Internationale
Kriminalistforening；Internationale kriminalistische Vereigung）[140] 设立后两年，当
时近代学派理论正处于发展期。进行现实主义思考的特鲁普对近代学派的实
证研究态度产生了共鸣。

特鲁普研究了古斯的第一草案。1917 年发布了所谓的第二草案（UⅡ）。
与此同时，特鲁普指出如果有必要制定适当的刑法典，就必须设立有实务刑
法代表者加入的委员会。[141] 在这一提议下，刑法委员会新召集了很多实务家，
特鲁普自己也作为委员加入其中，1923 年，新委员会完成了草案［所谓的第
三草案（UⅢ）］。以这部草案为中心，加上第一、第二草案及其他资料，经
过六年的审议，1930 年 4 月制定了新刑法，并于 1933 年开始施行。

1930 年刑法典可以说受到实践性的特鲁普理论以及他所支持的近代学派
刑法学压倒性的影响。一言以蔽之，法官的裁量幅度变宽，有更大实质解释
的余地。这部法典有以下三点特征。

第一，关于法定刑，法院的裁量范围极大扩张，能够选择的刑罚种类也
大幅度增加。据此，就能够科处与各犯罪人的个性或社会状况相适应的刑罚
了。这成为后来研究判断何种犯罪人科处何种刑罚是适当的犯罪学、法社会
学的发展基础。刑罚的种类变多也奠定了后来世界知名的各种先进刑事政策
的基础。

第二，一定程度上包括了 1866 年刑法中各种各样的犯罪类型。例如，
1866 年刑法区别预谋谋杀（overlagt mord）与其他杀人行为，前者规定了绝对
的死刑，但 1930 年刑法将这些行为一并作为普通杀人罪，[142] 法定刑为无期或
者 5 年以上（16 年以下）自由刑。[143] 这可以说与第一点互为表里。因为裁量

-69-

---

〔139〕　前注 77，Tamm，Retsvidenskaben i Danmark，s. 221.

〔140〕　也有人翻译为国际刑法学会（括号内后者为德语）。1899 年，国际刑法学协会丹麦分会由
特鲁普与实务家奥古斯特·高尔（August Goll）设立（前注 77，Tamm，Retsvidenskaben i Danmark，
s. 221）。

〔141〕　前注 65，Tamm，Retshistorie，s. 245.

〔142〕　丹麦刑法第 237 条规定，"杀人者构成杀人罪判处无期或五年以上自由刑"。

〔143〕　丹麦刑法第 33 条第 1 项设定有期徒刑的上限为 16 年。

幅度扩大，不包括一定程度的犯罪类型是不合适的。

第三，部分缓和了罪刑法定主义，设立了容许类推的规定。[144]丹麦刑法第 1 条前半段规定"只有根据制定法处罚的行为或者可以完全比照的行为可以处罚"。在日本近代学派中，以牧野英一为代表，也有论者主张要消解罪刑法定主义，所以有人认为这是近代学派刑法学理论的归结，但在这里还不如说，一方面承认有实质解释余地，另一方面应强调禁止无限制类推的实践性侧面。[145]不要忘记，为特鲁普刑法学理论提供基础的李斯特很重视罪刑法定主义。[146]

从 1930 年刑法典的具体规定中，可以举出几个受当时近代学派影响的主观主义规定。

首先，关于未遂犯，《丹麦刑法》第 21 条第 1 项规定"以引起或实行犯罪为目的开始的行为，未完成犯罪的，作为未遂犯处罚"。根据这个规定，进入日本所谓预备行为的阶段就可以作为未遂犯处罚，可以说是极其主观主义的规定。关于未遂犯的处罚，第 21 条第 2 项规定"可以对未遂犯减轻处罚。尤其是在能够证明没有强化犯意的情况下"。所谓的任意减刑也体现出主观主义。

关于不能犯的处罚没有明确规定，但判例、通说认为第 21 条规定"以引起或实行犯罪为目的开始的行为"是未遂犯，不能犯既然有犯罪目的原则上也应受处罚。这也是主观主义的内容。

其次，关于共犯，丹麦刑法采用所谓概括的正犯（umfassender Täterbegriff）的概念。[147]该观点主张，为犯罪提供条件者不论其形态，所有人都作为正犯处理，属于典型的主观性共犯理论。这个概念因被意大利刑法采用而闻名，也被同为斯堪的纳维亚的挪威刑法采用。《丹麦刑法》第 23 条第 1 项规定"适用于某一犯罪行为的刑罚规定，适用于煽动、从旁指点或者通过犯罪行为该当犯罪的所有人"。因此，不存在日本所谓狭义共犯与正犯的区别。丹麦共犯规定只有这一条，具体适用交由法院进行。

–70–

–71–

---

〔144〕 现在，世界范围内刑法中规定容许类推的，除丹麦刑法之外，还有格陵兰岛刑法、冰岛刑法。

〔145〕 关于丹麦刑法的罪刑法定主义与容许类推，本书第四章第一节"一""（一）"中有详细论述。

〔146〕 本书所述事项之外，1930 年刑法的特征还有，明文废除死刑［丹麦 1892 年开始不执行一般的死刑，处于事实废除的状态。不过，军事刑法（Militær atraffelov）中的死刑一直保留至 1987 年〕。

〔147〕 也被称为单一的正犯概念（einheitlicher Täterbegriff）。

刑罚相关规定中也贯穿了主观主义（如后文所述，现在已被修订）。尤其是从①少年拘禁制度，②针对职业性、常习性犯罪者的保安拘禁、保安关押、劳动所收容处分，③针对精神障碍类犯罪者的特别拘禁及关押处分，④针对酒精中毒者的特别处置等，可以看到新刑事政策上的尝试。[148]还设置了立足于所谓改善、教育刑论思想的规定。

另外，日本明治40年（1907年）刑法典也是法定刑幅度宽泛、犯罪类型全面、没有明文规定罪刑法定主义等，与丹麦刑法有很多相似之处。很容易看出，两者有很多规定都学习了当时德国的近代学派。[149]

看看特鲁普起草第二草案，召集新刑法委员会当时的时代背景。这恰好是两次世界大战的间隙。这个阶段，丹麦社会或文化全部的关注已从德国转向英国。丹麦19世纪前半期对德国的关注，因再次与普鲁士的石勒苏益格发生战争变弱，随着与英国贸易关系的强化，英国文化、思想的影响变大。[150] 法学方面也如此。以丹麦为代表的斯堪的纳维亚各国开始对德国法学的概念论持怀疑态度。[151]即使仅限于刑法领域，尽管德国近代学派的影响很大，但是特鲁普本人始终致力于实践性研究，不进行德国刑法学派体系性的讨论。此外，1930年刑法分则规定所覆盖的领域，也可以说基本与英国法相当。[152]

−72−

这个时期丹麦社会背景中还有一项内容不能忘记，即1924年社会民主党首次成为执政党，向现在的福祉国家丹麦迈出了第一步。[153]这个时期之后，以丹麦为代表的斯堪的纳维亚各国，开始步入各方面不同于其他西欧国家的道路。

---

〔148〕　关于此内容详细参见加藤久雄：《丹麦犯罪处遇》，《治疗·改善处分的研究》，庆应通信1981年版，第273页以下。

〔149〕　不过，即使两者的出发点相同，但在law in action方面的发展完全不同。将在第四章对两者进行相关比较。

〔150〕　参见前注126，Lauring，A History of Denmark，p. 239. 对德国的关注下降后，一度将注意力转向法国。

〔151〕　前注116，Danish Law，s. 352（Knud Waaben）。

〔152〕　Knud Waaben ed.，The Danish Penal Code，1958，p. 7.

〔153〕　1933年引入了很多以保护农民为目的的保护主义政策，拥护劳动者阶级的改革，在失业、疾病、年老、身体损伤等情况下得到公共补助成为公民的权利（前注27，Jacobsen，An Outline History of Denmark，p. 106；译书同前注27，雅各布森：《丹麦历史》，第217页）。当时社会权或福祉国家的概念还不明确，这可以说是划时代的事件。

1930 年刑法典包含很多基于当时刑法学新思潮的新内容，因此有必要比较紧急地构建新理论。[154]本来这个任务应该由法典的"生身父母"特鲁普进行，但是他于 1925 年逝世，当时国会还没有通过这部刑法典。因此，这个任务就由特鲁普之后就任哥本哈根大学教授的奥卢夫·克拉贝（Oluf H. Krabbe，1872 年—1951 年）[155]进行。为了三年后的法典施行做准备，他在制定法典的次年就出版了最早的法典评论，法典施行后频繁地推出修订版。这部法典评论较当时一般的评论更广泛且详细，[156]对新刑法的引入发挥了很大的作用。

1941 年，克拉贝从哥本哈根大学退休，斯蒂芬·赫维茨（Stephan Hurwitz，1901 年—1981 年）[157]接棒。赫维茨最初是诉讼法学者，也已出版了刑事诉讼法详细的体系书，[158]最为有趣的是他接任刑法教授后，[159]着手研究当时丹麦很薄弱的犯罪学，出版了大作《犯罪学》，[160]还就只有评论的 1930 年刑法典，依次写了综合性、详细的体系书《丹麦刑法总论》[161]《丹麦刑法各论》。[162]

他的刑法学理论继受了特鲁普、克拉贝的传统，极富现实主义。因果关系中的相当因果关系理论、肯定主观的违法要素等可见当时德国理论的影响，但对违法本质论、行为本质论等又几乎没有表示出任何兴趣。这可以说与责任论相关，因为归结于规范的责任论的期待可能性理论在丹麦刑事裁判中没有出现，最终也没有纳入他的理论。

-73-

---

〔154〕　前注 77，Tamm，Retsvidenskaben i Danmark，s. 223.

〔155〕　他原本是法官，参加了 1917 年召集的以特鲁普为中心的新刑法委员会，在制定新刑法中发挥了重要作用。法学博士（dr. jur.）。主要著作有新刑法评论 Borgelig Straffelov，4. udg.，Copenhagen，1947〔《市民刑法》（第四版）〕，最早版本在刑法典施行前的 1931 年出版。

〔156〕　前注 77，Tamm，Retsvidenskaben i Danmark，s. 223.

〔157〕　1935 年，担任哥本哈根大学诉讼法教授，克拉贝退休后，转任为自己最感兴趣的刑法教授。法学博士（dr. jur.）。博士学位是刑法学。1950 年担任刑法委员会委员长。1955 年开始成为丹麦第一批国会工作人员。瓦本记载了赫维茨的功绩与为人的相关内容。Knud Waaben，Stephan Hurwitz 20. juni 1901-22 januar 1981，Kriminalistisk institut Å rsberetning 1982，Copenhagen，s. 22-40〔《斯蒂芬·赫维茨（1901 年 6 月—1981 年 1 月）》〕。

〔158〕　Hurwitz，Den danske Strafferetspleje，Copenhagen，1937-1940.（《丹麦刑事诉讼法》）

〔159〕　前注 69，Eyben，Juridisk ordbog，p. 107.

〔160〕　Hurwitz，Kriminologi，Copenhagen，1948.

〔161〕　Hurwitz，Den danske Kriminologi almindelig del，Copenhagen，1950-1952.（《丹麦刑法总论》）

〔162〕　Hurwitz，Den danske Kriminologi speciel del，Copenhagen，1955.（《丹麦刑法各论》）

　　赫维茨执笔《丹麦刑法总论》时，在德国以威尔哲尔为中心的目的行为论也才开始真正展开。虽说德国刑法学的影响在丹麦逐渐衰弱，但赫维茨并非完全不关心对德国刑法学提出大问题的目的行为论。他写过威尔哲尔体系书第三版的书评。[163]但结论是目的行为论及其带来的很多结果都不可能被赫维茨采纳，因为赫维茨的理论受到了英美刑法学的强烈影响。

　　赫维茨1957年为了竞选丹麦第一批国会工作人员，辞去大学职位。克努德·瓦本（Knud Waaben，1921年—）[164]接任赫维茨，在1957年成为哥本哈根大学刑法学教授。瓦本成为教授之后，丹麦刑法迎来了又一大转变期（关于此内容，将在本书第四章讨论）。　　–74-

---

　　[163]　Stephan Hurwitz, Hans Welzel：Dan deutsche Strafrecht. 3. Auflage. , Nordisk tidsskrift for kriminalvidenskab, 42. årgang, 1954, s. 278-284. （汉斯·威尔哲尔：《德国刑法》（第3版），《北欧刑事法学杂志》收入。）

　　[164]　法学博士（dr. jur.）。博士论文是 Det kriminelle forsæt, Copenhagen, 1957（《刑事故意》），著作颇丰。

第三章　丹麦刑法学的法学理论基础

　　刑法学一方面与实定刑法、刑事程序或审判组织等相关，另一方面也受制于各种各样的社会、文化因素，处于历史发展中。基于这样的认识，上一章已对丹麦刑法的历史、刑事司法制度等背景情况进行了讨论，与此同时，也明确了刑法学与其他法学，特别是法哲学有着很深的关系。[1]

　　在丹麦，法哲学者、刑法学者安德斯·奥斯特在 19 世纪就展开了现实主义、机能主义的法哲学，20 世纪伊始，丹麦法学整体上也受到瑞典阿克塞尔·黑格斯特罗姆首倡的"斯堪的纳维亚现实主义"法哲学的强烈影响。这些现实主义法哲学错综复杂，强烈影响着现在的丹麦刑法学。

　　"北欧现实主义法学"[2]的特征是丹麦刑法学方法论的背景，在明确这些的基础上，讨论在丹麦刑法学中具有很强影响力的阿尔夫·罗斯的法学理论，考察他的法学理论与现代丹麦刑法学方法论上的关联，特别是与克努德·瓦本刑法学的交错。此时，也会对稍早于罗斯理论发展起来的美国现实主义法学、与罗斯理论方向相近的英国经验主义法学及其所包含的差异和关联性进行研究。

　　虽然与第一部分的宗旨有所脱离，但是也会稍微涉及罗斯以后的现代丹麦法哲学的动向及其对丹麦刑法学的影响。因为虽然一直以来日本从 20 世纪60 年代以后，通过自觉地展开受英美影响的经验主义法学，也积累了一些关于斯堪的纳维亚法哲学的研究，但是考虑现在斯堪的纳维亚法哲学的内容远远超出日本（同时也是其他国家）所想的复杂、多样，在日本有很多未充分

---

　　〔1〕　例如，贝卡里亚、费尔巴哈、拉德布鲁赫、H. L. A. 哈特等身为法哲学家的优秀刑法学者（刑法思想家）很多。在丹麦也如此。丹麦最早可以被称为法哲学家的安德斯·奥斯特就是优秀的刑法学者，此后支撑丹麦法哲学的博内曼和古斯也是刑法学者（参见第二章第二节"五"）。

　　〔2〕　所谓"北欧现实主义法学"，此处指瑞典所称的斯堪的纳维亚现实主义和丹麦展开的现实主义法哲学。不过，这些概念相当混乱（后文将述）。

传达之处。[3]而且，这些内容补充了日本关于现代丹麦法哲学知识的同时，也是第二部分研究的前提。 -108-

第一节　北欧现实主义法学

一、概述

北欧斯堪的纳维亚各国的法哲学在传统上是极其现实主义的。这种现实主义法哲学的存在被日本等各国熟知。

斯堪的纳维亚法哲学真正引起各国关注，是通过 20 世纪初瑞典乌普萨拉大学法哲学教授阿克塞尔·黑格斯特罗姆首倡的乌普萨拉学派（Uppsala School of Law）的理论。瑞典的阿克塞尔·黑格斯特罗姆（Axel Hägerström，1868 年—1939 年）、维尔赫姆·隆德斯特（Vilhelm Lundstedt，1882 年—1955年）、卡尔·奥利维克罗纳（Karl Olivecrona，1897 年—1980 年）、丹麦的阿尔夫·罗斯（Alf Ross，1899 年—1980 年）的著作在 1950 年前后首次以英文出版，乌普萨拉学派的理论开始为人所知。[4]乌普萨拉学派法哲学经常被称为"斯堪的纳维亚现实主义"，[5]一般也会将丹麦的罗斯作为该学派的一员予以说明。

但是，对此说明也有很多异议。有意见提出，罗斯虽师从黑格斯特罗姆，但在丹麦发展出独立的法哲学，事实上应该与乌普萨拉学派相提并论。此外，还能经常听到这样的批判，在斯堪的纳维亚各国，严格上不属于乌普萨拉学派的法哲学家中，也有很多学者表现出现实主义倾向，仅承认乌普萨拉学派， -109- 无视或轻视他们了。

考虑这一点，墨西哥法学家锡切斯、丹麦法哲学家约根森整理了至今很

---

〔3〕　在日本，关于 1970 年以后的斯堪的纳维亚法哲学，除丹麦法哲学者斯蒂格·约根森的理论以外就几乎没有了解。这是因为在日本除出水忠胜介绍约根森研究之外，基本没有关于北欧法哲学现状的介绍。活跃于现代丹麦法哲学主要舞台上的彼得·布鲁姆、亨里克·萨勒、约根·达尔伯格·拉森等名字在日本都不为人所知（本章第三节"二""三"将对这些人进行介绍）。

〔4〕　佐藤节子：《S. 约根森——面向新现实主义法学》，《法学セミナー》378 号（1986 年），第 72 页。

〔5〕　关于此内容，参见出水忠胜：《乌普萨拉学派的现实主义》，第 76 页注（13）。出水指出，使用这个名称的目的是与英语圈中的美国现实主义比较，将乌普萨拉学派法哲学称为乌普萨拉现实主义或者瑞典式现实主义是妥当的。

少提及的北欧法哲学者的研究或学术倾向，与斯堪的纳维亚现实主义比较，总结出几个学派，尝试新的分类方法。[6]笔者虽知道这样的批评、意见，但此处仅打算详细讨论属于乌普萨拉学派、斯堪的纳维亚现实主义的几位瑞典学者（具体是阿克塞尔·黑格斯特罗姆和卡尔·奥利维克罗纳），以及属于斯堪的纳维亚现实主义法学家的阿尔夫·罗斯的理论。

---

〔6〕 例如，墨西哥法学者锡切斯（Luis Recasens Sidhes）将其分为以下四类：①瑞典展开的乌普萨拉学派，②从此分离的以罗斯等为代表的哥本哈根学派，③挪威的奥斯陆学派，④芬兰学派（关于这个分类，参见石渡利康：《丹麦法哲学——以 Frederk Vinding Kruse 为中心》，《斯堪的纳维亚法论集》，八千代 1980 年版，第 16 页）。但是，这个分类将丹麦法哲学大部分视为乌普萨拉学派的支流受到批评（石渡，同论文，第 17 页）。的确，锡切斯在 20 世纪 60 年代进行该分类存在的缺陷是，没有考虑持否定斯堪的纳维亚现实主义立场的弗雷德里克·文丁·克鲁斯（Frederik Vinding Kruse，1880 年—1963 年）或在奥胡斯大学展开与罗斯不同的现实主义法哲学的克努德·伊卢姆（Knud Illum，1906 年—1983 年），现在看来，不可能把后述的丹麦法哲学界复杂的状况归入"哥本哈根学派"名下。丹麦奥胡斯大学教授斯蒂格·约根森（Stig Jørgensen，1927 年—）将北欧现实主义法学整理分为：①斯堪的纳维亚现实主义，②北欧现实主义。根据约根森的观点，丹麦法哲学中现实主义思考应该追溯至奥斯特，无需等待乌普萨拉学派的影响。关于奥斯特现实主义思考方式第二章第二节"五"已有论述，此处省略，此后维戈·本松（Viggo Benzon，1861 年—1937 年）、克努德·伊卢姆继受了约根森的理解。约根森把这个流派与 20 世纪初期之后在瑞典展开的斯堪的纳维亚现实主义（乌普萨拉学派）比较，将其命名为北欧现实主义（Nordic Realism）。此外，约根森认为通常将罗斯列入斯堪的纳维亚现实主义系谱并不正确 [出水：《现代北欧法学与现实主义——斯蒂格·约根森》，大桥智之辅、田中成明、深田三德编：《现代法思想》（1985 年）第 443、445 页。关于约根森区分斯堪的纳维亚现实主义与北欧现实主义的讨论，详细参见 Stig Jørgensen，Scandinavian Legal Philosophy，Aarhus University Social Science Series 17，Reason and Reality，Aarhus，1986，pp. 80～95.]。斯堪的纳维亚现实主义通过纯理论且哲学性路径展开，与此相对，北欧现实主义直视法现实，以构建与此对应的法学理论为目标（出水忠胜：《现代北欧法学的特质——以两大现实主义的展开为原则》，《名城法学》三六卷一号，第 37 页），该分类着眼于历史、方法论差异，但是在日本，出水忠胜基本是遵循约根森的立场分析北欧现实主义法学。约根森的理解是，在丹麦展开的现实主义法哲学并非受瑞典的乌普萨拉学派影响而成立，从历史性观点得到启示这一点很有意义。但现实地说，罗斯的理论接近斯堪的纳维亚现实主义，不同于奥胡斯大学的伊卢姆或约根森的理论，如此认为的话，将丹麦法哲学整体纳入北欧现实主义名下是有问题的。将其命名为丹麦现实主义也改变不了什么 [参见出水：《丹麦法哲学相关的若干考察》，《名城大学创立四十周年纪念论文集》（1990 年），第 176 页注]。实际上，在哥本哈根大学一般不接受约根森所说的北欧现实主义学派的分类。法哲学教授普雷本·斯图尔·劳瑞森（Preben Stuer Lauridsen，1940 年—）根据传统的理解在斯堪的纳维亚流派中说明罗斯（Hans Gammeltoft-Hansen，Bernhard Gomard &Allan Philip ed. ，Danish Law，1982，Copenhagen，p. 9.），其他学者将罗斯作为斯堪的纳维亚现实主义进行说明也很普遍。此外，约根森将包括其自身在内的新现实主义动向命名为新现实主义（Neo Realism），其中包含斯图尔·劳瑞森，也得不到哥本哈根大学各学者的认可。

后文将说明罗斯属于乌普萨拉学派的理由，由于当前丹麦法学以讨论乌普萨拉学派和罗斯为前提展开，因此这里仅详细论述乌普萨拉学派和罗斯。可以稍微夸张地说，不理解他们的讨论也就不能真正理解丹麦法学。

当然，罗斯死后近二十年，新丹麦法哲学、法学方法论也在进一步展开。其中也不乏对部分实定法解释论产生很大影响的内容，但可以明确的是，在刑法学方法方面，罗斯的方法至今仍具有最重要、最显著的影响力。详细研究罗斯的法学理论才是理解丹麦刑法学方法论的出发点。

-110-

二、斯堪的纳维亚现实主义

通常被称为斯堪的纳维亚现实主义的乌普萨拉学派是指，1893 年乌普萨拉大学哲学教授黑格斯特罗姆创始的学派。他就任乌普萨拉大学教授时，瑞典法学主要受康德的观念论支配。在当时的乌普萨拉大学，克里斯托弗·雅各布·博斯特伦（Christpher Jacob Boström，1799 年—1866 年）的理想主义（Idealism）占支配地位，黑格斯特罗姆在初期也是根据康德哲学构建自己的理论。但是不久他就否定所谓的形而上学，[7]开始构建独立的现实主义哲学。[8]

黑格斯特罗姆理论的出发点是，一个事物同时属于个别的实在，这欠缺逻辑一贯性，要说存在什么，那就必须属于时间、空间的世界（时空世界）。黑格斯特罗姆从此基本立场出发，首先尝试分析权利、义务的概念。

根据黑格斯特罗姆的观点，所有的概念都必须有与之对应的事实。因为没有对应事实的概念是没有客观实体、形而上学的概念。如果从这种观点来看，权利、义务就是在现实世界中没有对应物、形而上学的概念。由此会得出"权利及义务不存在，这仅是迷信"[9]的结论。但是，权利、义务的概念，在现实社会中具有心理力，能够带来一定的效果。黑格斯特罗姆认为，在时空世界不存在的权利、义务的概念，在现实世界却有效果，存在逻辑矛

---

〔7〕　黑格斯特罗姆说"尽管如此，我深信，必须摧毁形而上学"以此表达自己的立场。参见佐藤：《法律行为中权利义务概念的分析——以 A. 黑格斯特罗姆说为根据》，《法哲学年报 1984 年度·权利论》，第 51 页注（1）。

〔8〕　要整体了解黑格斯特罗姆理论，可以参见前注 6，出水：《现代北欧法学的特质》第 36、47页；前注 4，佐藤：《S. 约根森》，第 73 页。

〔9〕　参见前注 5，出水：《乌普萨拉学派的现实主义》，第 73 页。

盾，这种情况就是"施咒"。[10]

-113-　　进一步，黑格斯特罗姆批评作为形而上学的自然法论的同时，也批评了标榜反自然法、反形而上学的旧法实证主义理论。他将法实证主义理论看作潜移默化地以自然法教义为前提的形而上学。

　　黑格斯特罗姆的理论由其弟子奥利维克罗纳继承、发展。[11]奥利维克罗纳承认黑格斯特罗姆提出的权利、义务概念是形而上学的概念，没有现实对应物的结论，但从不能将这些概念从法律中驱逐，如何纳入法学的观点出发构建出宏大的理论。[12]

　　他把黑格斯特罗姆所说的"施咒"换成权利、义务不具有"语义上的所指"（semantic referemce）这一精练的说法，缓和了对以往法学的反对，[13]同时对权利概念进行了再研究。根据奥利维克罗纳的观点，权利这个概念在语义上确实没有所指，但是权利这个词语会影响人们的内心和行动，具有指引方向的重要机能。因此，用这个符号有很大的意义。[14]

　　他进一步跟随黑格斯特罗姆，不仅是自然法，将法实证主义也冠以理想主义的幌子，彻底批判了"法是事实也是规范"的二元论。换言之，他认为排除法的"当为"性质，克服二元论的思考，由此才能得到具有逻辑一贯性真正的现实主义。至此，所谓法都是事实，产生了"作为事实的法"这一有名的说法。

---

　　〔10〕　关于黑格斯特罗姆权利概念的分析更详细的内容，可以参见前注7，佐藤：《法律行为中权利义务概念的分析》；同《关于权利这个词的机能——以斯堪的纳维亚现实主义法学为中心》，川岛武宜编：《经验法学的研究》，岩波书店1966年版，第100页以下；等等。

　　〔11〕　奥利维克罗纳1933年至1964年期间是伦敦大学的诉讼法教授。主要著作有 Rätt och Dom, 1960, Stockholm（权利与判决），Rättsordningen, 1966, Lund（法秩序），Law as Fact, 1. ed., 1939, London, and 2. ed., 1971, London. 此外，Law as Fact 的翻译，第1版，碧海纯、太田知行、佐藤节之译：《作为事实的法》（1969年）；第2版，阿部滨男译：《法秩序的构造——作为经验法学》（1973年）（此外，Law as Fact, 2. ed. 用瑞典语书写的 Rttsordningen 的英语版，与第1版内容存在差异）。石渡：《权利与判决——卡尔·奥利维克罗纳》，《斯堪的纳维亚法论集》，八千代1980年版，第47页以下有介绍、研究 Rätt och Dom 的论文。

　　〔12〕　要整体了解奥利维克罗纳理论，可以参见出水：《Realism？Idealism？》，《法哲学年报1987年度·日本的法哲学Ⅰ》，第213页以下。

　　〔13〕　黑格斯特罗姆辛辣、挑战性的表达，招致现有法学家们的强烈抗拒。参见前注6，出水：《现代北欧法学的特质》，第4、5页；前注4，佐藤：《S. 约根森》，第73页。

　　〔14〕　前注12，出水：《Realism？Idealism？》，第218页。

一般认为，乌普萨拉学派现实主义的特征是从法拘束力的心理侧面进行　　-114-
分析。该学派虽然否定权利、义务形而上学的概念，但是注意权利、义务在
现实社会中带来的心理力，直截了当地将此作为事实。

这种思考方法，不局限于瑞典的法哲学，也影响了哥本哈根大学法哲学
教授罗斯的理论。他曾师从黑格斯特罗姆，自然会受到乌普萨拉学派的显著
影响。[15]特别是，在早期的著作中，罗斯非常关注对旧法实证主义的批判或
对自然法论的批判、对事实与规范二元论的批判等，[16]很清楚地体现出乌普
萨拉学派的影响。

但是，后来罗斯不再关注乌普萨拉学派的问题，提倡所谓"valid law"
（可译为"有效法"，本书中均保留英文表达，最大限度尊重作者原意，译者
注）的概念（后文将述），尝试从何为实际妥当的法、现实上有效力（拘束
力）的法的观点出发，从科学的立场分析包含法解释的法学。这一点是罗斯
关心的问题，与奥利维克罗纳从黑格斯特罗姆处继承的"乌普萨拉学派直系"
不同，[17]是对丹麦（后来的北欧）法学整体产生影响的罗斯法学理论的
精髓。

不过，就此认为罗斯采取的现实主义立场不同于乌普萨拉学派（所谓的
北欧现实主义）还为时过早。罗斯关注的问题，的确偏离了"直系"，但可以
说其讨论的终点仍处于乌普萨拉学派所主张的理论延长线上。英国分析法理
学者 H. L. A. 哈特认为，必须说在斯堪的纳维亚现实主义文脉中处理罗斯的
法哲学是妥当的。

以下，在新的一节中以"valid law"为轴，详细论述罗斯的法学方法论，　　-115-
通过此研究，可以看出罗斯的出发点及到达点在斯堪的纳维亚现实主义上。　　-116-

---

〔15〕　此外，也被指出受到纯粹法学领域著名的汉斯·凯尔森（Hans Kelsen）、丹麦现实主义法哲
学家维戈·本松（Viggon Benzon）的影响（后文将论述本松相关内容）。参见前注 6，出水：《现代北
欧法学的特质》，第 25 页注 60；石渡：《丹麦法哲学》，第 22 页。

〔16〕　特别是，Alf Ross, Towards a Realistic Jurisprudence——A Criticism of the Dualism in Law, Co-
penhagen, 1946.

〔17〕　前注 11，石渡：《权利与判决》，第 47 页。

第二节　阿尔夫·罗斯的法学理论

一、valid law、法解释学、法政策——概观罗斯理论

罗斯在法哲学的众多领域都留下了功绩，[18]但是此处讨论的对象限于"valid law"的概念与预测说（Prognoseseori）以及他提出的"法解释（Retsdogmatik）与法政策（Retspolitik）的分离"。[19]以"valid law"的概念为轴，分离"法解释学"与"法政策"的法学方法论，正是罗斯到达的终点，也提供了现在丹麦刑法解释学的方法论基础。[20]实际上，与丹麦法学者或法学院学生讨论一下就能明白，如果只提"罗斯的见解"或"罗斯的理论"的话，一般指的就是以所谓"valid law"的概念为基础的预测说。

所谓"valid law"，丹麦语是"gældenderet"。Gælden 是一个极普通的丹麦词语，是"现在有效"或"现行的"的意思。Gældenderet 原本没有特别的意思。罗斯之前出版的丹麦法学文献也能看到 gældenderet 这个词，单纯指"现行法"。与这个词对应的德语词 geltendes Recht，一般也是现行法的意思（关于与德国 geltendes Recht 的差异参见本书第六章）。

罗斯赋予了 gældenderet 新内涵。他所说的 gældenderet 不再是现行法的意思，而意指"实际妥当的法、有效力的法"，与英语"valid"也有些许不同。罗斯本人论述道，与 H. L. A. 哈特的争论相关，是"valid law"这个译词被误解的原因，本来丹麦语所说的 gælden 就是"in force"或"effective"的意思。[21]罗斯以这个词为媒介对法学、法学理论的特性进行了敏锐分析，在丹麦法学

-117-

---

[18]　罗斯的见解随着时代变化着，关于这个变化，参见前注 6，石渡：《丹麦法哲学》，第 24、25 页。

[19]　的确，valid law 的概念只不过是罗斯理论的一面，仅研究这个很难了解罗斯法律思想的全貌，但是根据本书的关注点，不得不限于罗斯所说的"法解释学"（Retsdogmatik）相关的研究。此外，不考虑本书的关注点，可以说 valid law 的概念也是罗斯理论中非常重要的组成部分。

[20]　罗斯对法哲学的各种各样问题，法的概念、正义论、自然法与法实证主义等都有研究，但与实定法解释学、刑法解释相关联，这一点最为重要，目前相关研究也很充分。

[21]　参见 H. L. A. Hart, Essays in Jurisprudence and Philosophy, 193, Oxford, p. 169. 但是，考虑到 valid law 这个译词在丹麦已经固定下来，很多日本学者不理解 geltendes Recht 这个词，因此在本书中使用 valid law 这个译词。

上，赋予了"gældenderet"特别的内涵。

不过，罗斯之前，也有很多丹麦法哲学家关注"实际妥当的法、有效力的法"。有观点就指出维戈·本松在"法源论"中对此进行了详细分析，[22]也能看到安德斯·奥斯特对此内容的关注。[23]现在丹麦对法源的关注度也很高，与其他国家相比，以《法源论》为题的书籍异常多。[24]在此背景下，也许可以说罗斯是使用斯堪的纳维亚现实主义这把刀切开了丹麦法学长久关注的问题进行观察。

罗斯在《法与正义》（Om ret og retsfærdighed）这本书中最为体系地展开了 valid law 的概念。[25]本书被评价为"（在丹麦）本世纪最具影响力的法律书籍之一，多年来几乎完全支配丹麦（法学）"[26]。最终所谓罗斯产生的"影响"就是借助 valid law 的法分析及基于此的法学方法论。 –118–

罗斯的理论开始于斯堪的纳维亚现实主义的延长线上。斯堪的纳维亚现实主义（特别是以奥利维克罗纳为代表），将现实世界没有对应物的概念，作为缺乏语义上的所指、形而上学的概念予以排斥，希望把法学比作科学。如此思考，法学就是与自然科学一样具有客观性的"科学"，也就必须说明法学作为客观存在物相关的事实。

罗斯尝试将以往阐述法律的言明，即法之言明（retlige udsagen），区分为叙述事实的言明和不叙述事实的言明。如果从斯堪的纳维亚现实主义的基本观点出发，可知事实之言明才是本来意义上与作为科学的法学相关的言明。罗斯从这种立场将阐述法律的言明分为两种。即前者（叙述事实的言明）作为法解释学之言明或称法教义学之言明（retsdogmatisk udsagen；de lege lata），后

〔22〕　Viggo Benzon, Retskilderne, 1991–1907, Copenhagen.（《法源》）

〔23〕　根据前注 6，出水：《现代北欧法学的特质》，第 7 页，可以说北欧现实主义一直在关注 valid law。的确，丹麦法哲学这种倾向很强，但前文已提到将之冠名为北欧现实主义是存在异议的。

〔24〕　作为其代表的有，Willian. E. von Eyben, Juridisk Grundbog Bind 1 Retskilderne, 5. udg.，Copenhagen, 1991.（《法学基本述第一卷·法源》）Ruth Nielsen, Retskilderen, 5. udg.，Copenhagen, 1997.（《法源》）

〔25〕　Alf Ross, Om ret og retsfærdighed, Copenhagen, 1953. Ross, On Law and Justice, Copenhagen, 1974.（《法与正义》）

〔26〕　Peter Blume, Retssystemet og dets kilder, Peter Blume red.，Introduktion til jura, 1995, Copenhagen, s. 17.（《法体系与法源》，《法学入门》收录。）

者（不叙述事实的言明）作为法政策之言明（retspolitiske udsagen）[27]，进一步分为面向立法者的建言（de lege ferenda）和面向法官的建言（de sententia ferenda）。在罗斯的理论中，事实的、客观的法律言明与评价的、主观的法律言明处于对立的位置。罗斯就这样构思出完全事实的、客观的法学。

完全事实的、客观的法学听起来很新颖，但在罗斯之前也有学者以这种法学为志向。例如，凯尔森的纯粹法学就是一个。凯尔森将实体法理解为规范体系，通过拒绝自然科学的、社会学的考察，提高法学的纯粹性、科学性。

但是，罗斯在学习凯尔森的理论的同时，选择了与之不同的方法。罗斯计算法在现实社会中的实效性，通过这种方法提高法学的科学性。罗斯从凯尔森处学到了事实的、科学的法学的志向，从黑格斯特罗姆和奥利维克罗纳处学到了概念必须在现实社会中有对应物的思想，从本松处学到了对实际妥当法的关注，试图从何为实效法的问题中找出法学的科学性。[28]

于是，罗斯用实际妥当法（valid law）与"叙述事实的言明"对应。[29]因此，罗斯所谓的法解释学之言明，概括起来就是"何为实际妥当法的分析、记述"，成为关于客观存在物的事实性记述。

为了正确理解罗斯的理论，应先注意以下三点：

首先，罗斯所说的法解释学与我们日常使用的法解释学意思相当不同。换言之，虽然法解释学在语言结构上与丹麦语 retsdogmatik、德语 Rechtsdogmatik 完全相同，但是内容却完全不同。

在德国或日本，一般认为，刑法解释学以现行法或"某法律"为对象，不同于以"某应然法"为对象（因此不以现行法为对象）的刑事政策（Kriminal Pokitik）。根据这种观点，刑法解释学的范围，包括现行法的实际运用状况自不用说，也包括对此的建言。这是因为现行法运用状况的说明、现行法的建言都是以现行法为对象。因此，在德国或日本的刑法解释学中当然包含以文字记载的法典、现行法为对象的学说的展开。

另外，在罗斯看来，法解释学就是记述 valid law，即实际妥当的法、现实上有事实效力（事实上的拘束力）的法。对此发表意见或建言是法政策的任

---

〔27〕 此外，面向立法者的建言，通常是日本所说的"立法论"。

〔28〕 关于这几者对罗斯的影响，参见前注15。

〔29〕 前注25，Ross, Om ret og retsfærdighed, s. 170.

务。因此，丹麦的法解释学不仅仅是以法典本身的文字记载，还将具体的判决、仍在进行中的裁判、法官的思想意识作为其理论对象。作为法解释被记述的结论，不是像日本进行的那样，是论者的意见或提案的表明或自己学说的展开，而是对实际妥当法的客观说明。

如果从一直以来的日本法解释的表达来看，法学家现实进行的活动中有相当多属于法政策。学说的作用是对判例、实务提出建言，进行正确方向的指导，这样常见的表达马上会浮现在脑子里。但是，根据罗斯的想法，这些都是法政策，不是严格意义上的法学。[30]或者，用日本过去的说法，也可以说它不是"作为科学的法学"。

当然，罗斯认为法学家应做的工作是仅与客观记述何为"valid law"这一事实相关的"法解释学"，此外并不否定表明法学家个人主观见解，向立法、裁判提出建言的法政策，但是他认为这对法学而言是次要的。与自然科学一样称为科学的法学，仅限于与 valid law 相关的法解释学，这才是实定法解释学者应做的本职工作。[31] −121−

其次，这里所说的法解释学（retsdogmatik）与法解释（lovfortolkning）不同。看丹麦语就能够明白，法解释学是 retsdogmatik，法解释是 lovfortolkning，用了两个完全不同的词语（在德语中，前者为 Rechtsdogmatik，后者为 Auslegung）。而必须再次注意的是，在日本没有能巧妙区别两者的用语。

"法解释学"如字面所示也被翻译为"法教义学"，所谓的 dogmatik 意思

〔30〕　此外，罗斯本人认为，某应然法（retten, som den bør være）相关的法学是应用科学（anvendt videnskab）或者是技术科学（teknisk videnskab）（前注 25，Ross，Om ret og retsfærdighed, ss. 31−34.）。在此意义上，罗斯所说的"法政策"依然在"法学"的范围内。不过，维持不了"法解释学"意义上的科学性。此外，可能会有这样的疑问，即使将规范性判断从法解释学中排除，从法政策上加以考虑（犹如目的行为论将行为概念限定在目的行为的同时，实际上用"行态"的概念涵括其他内容），难道没有实现法学科学化的意图吗？能清楚区分价值判断活动与不活动的情况（前者是法解释学，后者是法政策），这本身就可以被评价为提高法学科学性的努力。

〔31〕　这种观点，至今在丹麦法学（特别是实证法解释论）中仍被广泛接受。例如，法哲学家斯文德·格拉姆·詹森（Svend Gram Jensen，1930 年—）以自己的论文为例，七章中有六章的内容关于 valid law，仅最后一章包含法政策的建言，没有这一章论文的意义基本不变，这说明最后一章并不重要（源于 1997 年 7 月拜访格拉姆·詹森时得到的指点）。如果是在日本，展开自己的学说应该是最重要的，与这一点正好相反，耐人寻味。此外，彼得·布鲁姆在面向一般的法学院学生的入门书中也说道，"（对法学而言）本质性活动毫无疑问是（罗斯所说的意义上）法解释"（前注 26，Blume，Retssystemet og dets kilder, s. 16.）。

是构建作为学术的体系性法学理论体系。因此，其主体主要是学者、研究者（实务家在执笔学术论文时也属于该类主体）。另外，"法解释"是解释每一个制定法的意思，所谓个别的 interpretion。对制定法用语的语义进行适当解释的"解释"就是这个意义上的"解释"。

因此，用"法解释学"来表达 valid law 这一与事实认识相关的言明、作为事实记述的活动，可能会让人觉得很奇怪，但是希望大家理解此处存在这样的背景。此外，法官面向实际案件进行的活动是"法解释"，也请注意法官本人并不能发现 valid law。

因此，在说服法官的"法政策"中，学者有时也会以制定法的"法解释"的形式说服法官，因为这是"法解释"而非"法解释学"，包含在法政策之内也没有什么不合适。

当然，通常认为将"法解释学"翻译成"法教义学"能将此混乱控制在最小范围内，但是"法教义学"这一用语极其特别，一般不太使用，因此本书采取"法解释学""法解释"这样不同的表达。

最后，罗斯所说的法解释学是"关于法的事实性言明"，与"关于法的事实性言明"相同地位的"法社会学之言明"或"法史学之言明"都不包括在法解释学中。

在日本，追求法学的科学性时，存在一种倾向，即试图将关于法的事实性、客观性分析全部纳入以往的法学中。例如，将社会学的、经验科学的事实用于自己学说论证的社会学的法解释学，例如从马克思主义中引出价值的层次性使自己学说的论证客观化，基于价值客观说的法解释学就是这样的例子。

但是，罗斯并没有考虑这种内容。罗斯始终将研究对象局限于"实际妥当的法"，通过以此为分析对象实现法学科学化的目标。当然，为了分析"实际妥当的法"，会用到经验科学的调查方法，但是没有将经验科学的事实用于自己学说的正当化（这不是法解释学而是法政策的课题）。与日本的法解释学不同，在罗斯所说的法解释学中没有混入自己学说的余地。反之也可以说，罗斯就是为了在法解释学中没有混入自己学说的余地，区分法解释学与法政策的。

虽然在日本也出现过很多作为科学的法学范式，但是罗斯的想法与至今为止日本出现的任何一种作为科学的法学范式都不同。[32]

关于罗斯的理论，接下来的问题是何为"实际妥当的法"，何为 valid law。在现在的丹麦，以承认罗斯所说的法解释学与法政策的区别为前提，关于何为 valid law 存在各种各样的争论。[33]

这里难以详细展开该问题，而且有一些内容也超出了本书第一部分的课题（与此相关，包括丹麦刑法学及机能主义刑法学理论的未来蓝图在内的内容将在本书最后一章中详细论述），因此这里仅介绍罗斯的结论及最有力的对立观点。

既然罗斯所说的法解释学是客观的，那么 valid law 也必须是客观的记述。这是讨论的出发点。作为法解释学的结果导出的结论就是，必须有可能在与自然科学相同的意义上，客观地判断真伪（sande eller falske）。

关于这一点，罗斯认为"所谓 valid law 是法官的思想意识"。因此，所谓法解释学就成为分析法官的思想意识（ideology）、预测将来裁判的活动。[34]

如果法解释学的任务是预测将来的判决，作为法解释所示的结论是，与后来出现的判决不同的话，这个法解释（裁判预测）就是错误的。也就是说，能够客观地判断真伪。

–124–

罗斯的这个理论在丹麦一般被称为"预测说"（Prognoseteorien）。[35]

"预测说"中罗斯的意图是，完全排除以往的法源论即从奥斯特到本松为止法源论的规范性讨论。奥斯特和本松在丹麦都被称为现实主义者，其现实主义的思考方法非常著名，但是罗斯认为仍不够彻底。

罗斯之前的丹麦法学所认为的"实际妥当的法即 valid law"，打个比方，就像是法规、判例、法官的思考、辩护人或检察官的意见、学说等小支流汇聚而成的巨大水库，泉中涌出的支流是"法源"，水库是"实际有效的法"，从

---

[32]　在日本，与罗斯的理论最类似的是川岛武宜的市民实用法学（或称预见法学），但是两者存在相当大的不同。关于川岛理论与罗斯理论的差异，本书将在第六章第一节"一""（一）"进行详细论述。

[33]　格拉姆·詹森说这个是"现在丹麦法哲学的中心问题（hoved problem af dansk retsfilosofi）"（与前注 31 一样，受到格拉姆·詹森的指点）。

[34]　请注意，这与美国的实用主义（pragmatism）法学，特别是霍姆斯法官的见解非常接近。关于美国实用主义与斯堪的纳维亚法学的关系，将在下一节进行论述。

[35]　前注 26，Blume, Retssystemet og dets kilder, s. 17.

中流出的水是"判决"。[36]水库中混杂着各种各样的东西，各自发挥何种机能，在罗斯之前的丹麦法学中并不清楚。进一步，（奥斯特或本松并不知道这种情况）也不能否定有可能会有"自然法"或"某应然规范"这样的模糊之物作为支流（法源）流入水库（实际妥当的法）。[37]最重要的是，罗斯之前的丹麦法学有讨论什么样的支流流入水库，但是并未设想水库本身存在于何处。结果，决定水库所在地的是讨论法源论的学者，是论文、教科书。

但是，罗斯想在客观之处寻找水库所在。其想法是，在某个地方存在一座可以客观检验的水库，分析这个水库内水的成分，就能判明所有的"实际妥当的法"的成分。罗斯认为，这个水库就是法官的思考。形象地说，罗斯认为法官的脑袋中存在名叫"法源"的巨大水库。

于是，以往丹麦法学认为只不过是构成"实际有效的法"支流之一的法官的思考，被罗斯赋予了水库的作用。也就是说，法官边参照法规、判例、辩护人或检察官的意见、学说等，边对具体案件作出判决，这个法官的思考（ideology）就是"实际有效的法（valid law）"。

罗斯如此思考的理由从其作为现实主义者的思考来看是很清楚的。因为正是法官作出的判决在现实社会中具有决定性力量。例如，即使有法条的规定，如果法官不那样说的话，法条也没有现实的力量。法官的思考即"实际有效的法（valid law）"，在现实社会中以判决的方式出现，统制现实社会。此外，即使是没有以具体判决形式出现的法官的思考也能通过人们（一般的市民、专家学者）对这种案件会作出这种判决的预测，具有统制现实社会的机能。[38]就这样，罗斯的预测说作为首尾一贯的理论得以完成。

按照罗斯的说法，valid law 是实际有效的法，是法官的思考，对此加以说明是丹麦法解释学的主要任务，有疑问的是还要进行所谓的"判例法""判例理论""普通法"等过去与此相似的法学吗？

─────────────

[36] 这个水库的例子是笔者 1999 年 6 月拜访奥胡斯大学法社会学、法哲学教授约根·达尔伯格·拉森（Jørgen Dalberg Larsen）时受到的启发。

[37] 文丁·克鲁斯也有这样的倾向（后述）。

[38] 罗斯的这种思考与"法就是权力"的说法相近。实际上，罗斯的这一点受到后现代主义者的严厉批评。但是，看看现实社会，罗斯所说的难道不对吗？假设即使存在自然法，现实社会中也不会适用。推动现实社会的，归根结底是一种"权力"，如果不努力控制它，只提倡理念什么也不会改变（这是笔者的价值判断，关于这个问题参见本书第七章）。

首先，valid law 不是将判例体系化的"判例法"，也不是由从判例中提炼 　　－126－
理论构成的"判例理论"。因为判例法或判例理论的构成仅着眼于法院所作出
的判断，而 valid law 则体现法官思考中包含的"实际妥当的法"。因此，法官
的思考中共通存在的"理论"，不直接出现在判例的文字中，也可以成为 valid
law。关于此内容，可以参考刑法学者瓦本在研究故意概念时的论述："……
将判决本身视为 valid law 是错误的……此处，valid law 中关于故意概念的内
容，比在判决中出现的要广泛得多，而且还参照了潜在的基础。"[39]

其次，valid law 与英美法中的普通法也不同。普通法是判例法的同时也是
一种自然法。威廉·盖尔达特（William Geldart）的论述说明了这一点，即
"普通法与其说是被制作，还不如说是自然产生的。普通法从何时开始，不能
指出确切的时期。无论追溯英国的判决到何种程度，法官都认为存在不受立
法者控制的普通法"。[40]但是，valid law 不是自然法。可以明确的是，提倡
valid law 概念的罗斯原本就不是自然法论者，基于此，valid law 不是由自然法 　　－127－
这样的模糊存在所确定，而是由法官的思想意识这一事实存在予以确定。[41]

二、美国法学的影响与斯堪的纳维亚现实主义的独特性

以上罗斯的理论，让人想起美国实用主义法学，特别是奥利弗·温德
尔·霍姆斯（Olive Wendell Holms，1841 年—1935 年）所说的"法律是法官 　　－130－
行动的预测"这句话。在这一点上，对于罗斯的理论，有时也会被认为"与
美国现实主义法学的主张有共同的一面"，[42]一般都承认其影响。

---

〔39〕　Kund Waaben, Det kriminelle forsæt, 1957. Copenhagen, s. 44. 此外，刑法学中瓦本展开的
valid law，其本身采取了与判例法、判例理论非常不同的表现形式。即在判例法或判例理论中，提出抽
象的规范命题，在具体适用时采取把案件与之对应的形式，而瓦本所示的 valid law 并不是那样整齐地
整理出来的。虽然可以追求一般化、抽象化，但是这个内容比起以所谓判例法之名总结出来的内容更
个别、具体，在适用中也是"开放的结构"［第六章第一节"一""（二）"，同章第一节"二"将进
行详细论述］。

〔40〕　威廉·格尔达特著，末延三次、木下毅译：《英国法原理》（原书第 8 版），东京大学出版
会 1981 年版，第 2 页。

〔41〕　关于 valid law 的内容，在本书第六章第一节"一""（一）"，同章第一节"三"将进行详
细论述。

〔42〕　佐藤：《北欧》，川岛武宜编：《法社会学讲座第 10 卷·历史·文化与法 2》，岩波书店 1973
年版，第 54 页。

的确，罗斯不断巩固其基础理论的 20 世纪 30 年代至 40 年代期间，正好与实用主义、现实主义的发展期重合，这与丹麦法自身在第二次世界大战之后向英美法学不断倾斜也有关系（第二章已述此经过），即使认为罗斯理论在引入美国法学的基础上略加改良也没什么不可思议的。实际上，在罗斯身上能明显看出霍姆斯、卡多佐（Cardozo）的影响，因而有可能进一步推动这种观点。

美国法学，在第二次世界大战后，以"法与社会"学会（Law and Society Association）为代表的社会学法学得到发展，作为经验主义法学、机能主义法学的发源，产生了世界性的广泛影响。联邦制的国家自不用说，在日本，加藤一郎的利益衡量论对二战后民法学中所谓的法解释争论产生影响，刑法学中平野龙一的机能主义打下了"刑法的机能性考察"的法学理论基础。看到这种世界性的法学发展趋势，也许会产生这样的看法，丹麦法学难道不也是在引入美国法学的基础上，进一步发展其现实主义法学的吗？

但是，这种看法并不妥当。理由有好几个，以下依次进行论述。

首先，从历史的角度来看，有必要注意到，作为罗斯理论前提的斯堪的纳维亚现实主义在初期，有着与美国实用主义、现实主义不同的问题意识、产生背景。

工业革命后资本主义迅猛发展，这是美国实用主义法学（法社会学法学）产生的社会背景。适用以前的法学基本理念，例如被称为近代私法三大原则的私法自治原则、所有权绝对原则、契约自由原则难以解决的问题相继出现，伴随着社会变化，法学家也有必要调整一直以来的理念以适应实际社会。为这一调整提供思想基础的是，以皮尔斯（Peirce）、詹姆斯（James）、杜威（Dewey）为代表的实用主义思想。再加上，英国传入的分析法理学、经验主义、普通法的传统，由霍姆斯法官、卡多佐法官、博闻强识的学者庞德（Pound）发展出美国独特的实用主义法学。在此意义上，美国实用主义确实是因源于社会必要性而具有优越的实践性特征。

其次，斯堪的纳维亚现实主义产生的社会背景与美国有很大不同。虽然也受到工业革命的影响，但是斯堪的纳维亚位于欧洲边境，没有遭受经济上的社会大变动。相反，在历史上，与普鲁士的战争中丹麦大败，瑞士承认了挪威的独立等，此时丹麦处于对外收缩的时期，国民的目光面向国内。实际上，丹麦社会对法学变化的要求并没有美国那么大。

　　反倒可以说，斯堪的纳维亚现实主义以极其个人化的思想为出发点。极
端地说，哲学家黑格斯特罗姆的个人影响就很大。瑞典法学直到黑格斯特罗
姆登场都受观念论的支配（前述）。在丹麦，因在与普鲁士的战争中大败，奥
斯特以来的现实主义传统中也有对德国式、观念论思想的反抗，但是如果没
有黑格斯特罗姆就不会产生现在这种形式的斯堪的纳维亚现实主义。　　－132－

　　黑格斯特罗姆的思想在当时的瑞典属于异端邪说，本不该成为主流。但
是，正逢幸时。当时流行的逻辑实证主义引发了欧洲法学界的大变动。举着
否定形而上学旗帜的乌普萨拉学派的理论，与逻辑实证主义的基本方向相同，
但也有所超越。在斯堪的纳维亚现实主义中，相继出现奥利维克罗纳、隆德
斯特、丹麦的罗斯等优秀的后继者，成为斯堪的纳维亚法哲学的主流。

　　与美国法学出身不同的斯堪的纳维亚现实主义法学，到了罗斯的时代，
受到美国法学直接的影响。不能否定罗斯的主张与霍姆斯的观点类似。但与
霍姆斯不同的是，罗斯将从乌普萨拉学派的精辟逻辑和逻辑实证主义中学到
的思想加以提炼，以自然科学为模型，作为科学的法解释方法论完成了霍姆
斯朴素阐述的"法律是法官行动的预测"。

　　佐藤节子清楚地描述了两者的差异。即，"罗斯将自己的立场称为现实主
义时，也赋予了同一名称不同的内容（美国现实主义，笔者注）"。其一，美
国现实主义，无论程度如何，对法规范在司法过程中所起的作用是怀疑的，
甚至是否定的。对此，罗斯承认法规范的抽象理念内容有作为解释公式的机
能。要预测具有社会实效性的法院判决结果，必须将法律规范体系作为解释　　－133－
公式，再加上其他各种因素才有可能。反言之，某一法规范作为法院判决的
基础相当确定时，才认为它是有效力的。其二，预测判决像美国现实主义那
样仅仅从外部观察法官反应的规律性是不够的。的确，也许经过很长时间法
官可能会表现出某种类型的反应。但也有可能会突然转变态度。这种行为的
变化刺激了法官，寻求为其行动提供动机的思想意识与何相关的假设。不以
法官的行为为基础分析这一侧面，仅从过去法官的判决本身进行的预测不能
充分说明法的效力。罗斯自认为他的预测理论建立在这两方面的综合之上，
有其优势。[43]

　　这里所说的法官心理方面的分析经常被认为是斯堪的纳维亚现实主义特

------

　　[43]　佐藤节子：《权利义务·法的拘束力》，成文堂 1997 年版，第 225 页。

有的观点，佐藤指出这是罗斯的独特性，无疑直击问题的核心。

此外，佐藤对这里所说的"法官行动的动机"表示疑问，即"他在法官的 physical behavior（外在侧面）加上法官的 feeling 或 emotion（内在侧面）这样的心理经验，提出什么新内容了吗"，[44] 但是在瓦本将罗斯的方法论应用于刑法时，这个"动机"的观点极为鲜明地表现出了其独特含义。[45]

罗斯的理论完成于 20 世纪 50 年代。在当时的美国，实用主义法学衰弱，而且源于此的现实主义法学［稳健立场的卢埃林（Llewellyn）、极端立场的 J. 富兰克（Frank）等都是其代表］也因得不到多数支持而停滞不前。实用主义法学与现实主义法学的思想并不是一成不变的，而是在法社会学的发展及其影响下结出了具有法社会学性质的法解释的果实（前述的"法与社会"学会的发展就是典型例子）。另外，在丹麦，法社会学也发展了，但说起来与罗斯无关，因为罗斯的理论作为法解释学中科学的方法论，已确立了稳固的地位。

此外，仅看发达国家或被称为主要国家的法学是不会明白的，罗斯的理论在发展中国家特别是拉丁美洲国家法学具有压倒性的影响力。尤其是在阿根廷，甚至将罗斯与凯尔森、哈特并列评价为 20 世纪最伟大的法哲学家，[46] 对布宜诺斯艾利斯学派（the Buenos Aires school）的分析方法论的发展产生了很大作用等，对其法学的影响也很大。

再者，在西班牙或意大利，对罗斯的关注度也非常高，除了有很多相关文献之外，也可以看出意大利展开的现实主义法学（其中心是热那亚和博洛

-134-

---

〔44〕 前注 43，佐藤：《权利义务·法的拘束力》，第 226、227 页。此外，佐藤列举出对罗斯预测说的三个疑问：①该文中引用的内容。②"预测主体所谓的'我们'范围到底如何，到底指哪些类型的人呢？"（第 226 页）③"按照罗斯的做法，将规范或法效力的 ought - proposition 还原为 is - proposition，在此基础上验证它的科学性对所有的规范发言是可能的吗？"（第 227 页）关于疑问②，考虑第一是学者、第二是进行法解释的所有主体。因此，在展开 valid law 时，法官本身也包含在"我们"中。虽然未必确定其真意，但是罗斯并不是把所有的规范发言当作问题（仅将法官的规范发言作为问题），可能是对疑问③的一种回应。

〔45〕 关于此内容，将在本书第六章详细论述，添加"证明"问题的解释论可以说是一大成果。

〔46〕 例如，布宜诺斯艾利斯大学教授布雷金说道"汉斯·凯尔森、阿尔夫·罗斯、H. L. A. 哈特恐怕是本世纪最应该特写的三名法哲学家"（Eugenio Bulygin, Valid Law and Law in Force, in the paper of Alf Ross's 100 Years Birthday Conference in Copenhagen, 1999, p. 33. 即使除去这篇论文作为罗斯诞辰 100 周年纪念国际会议的资料提出的内容，应该说这也是破格的待遇）。

尼亚）受到了相当大的影响。[47]应该特别提到的是，这些国家最近对罗斯的关注更高了。虽然20世纪60年代，罗斯因与哈特的争论而全球知名，但是在远离那个时代的现在，作为脚踏实地的现实主义，罗斯的理论对这些国家法学产生了影响，这一点非常耐人寻味。

　　另外，也应该注意到，在日本，除了过去盖格（T. Geiger，后述）的法社会学成为话题，最近继承斯堪的纳维亚现实主义流派的挪威人埃克霍夫（T. Eckhoff）所著《法体系》被翻译成日文等，[48]斯堪的纳维亚机能主义法学作为与美国不同的机能主义备受关注。　　　　　　　　　　　　　　　－135－

　　根据上述内容可知，斯堪的纳维亚现实主义及罗斯的理论是与美国法学出身不同、关注问题不同的机能主义，实际上在拉丁美洲各国，其被视为与美国不同的机能主义、现实主义法学的源头，这一点是很清楚的。

　　说起经验主义、机能主义法学，美国之外还有一个强有力的源头，那就是英国。在日本，英国法学经常与美国法学被作为一体加以理解，被称为"英美法学"，也没有多少人能理解两者的差异。但是，如果从法解释学方法论的观点来看，两者差异显著。不同点就在于学说对判例、实务的作用。

　　通常认为，"美国与英国同为判例法国家，但在传统上美国学说的地位相对更高"。[49]英国的学说是被称为古代权威典籍的一系列著作，无论如何对现在的实务基本没有影响力。[50]一言以蔽之，美国法学推动判例的意识很强，而看看英国法学，从始至终整理判例的倾向非常强。[51]按照本书的术语（参

〔47〕　关于罗斯对拉丁美洲及意大利、西班牙的影响，参见 Carla Farrali, The Reception of Ssandinavian Legal Realism in the Latin World, in the paper of Alf Ross's 100 Years Birthday Conferrence in Copenhagen, 1999, pp. 151~178. 作者是意大利人。特别是，论文的末尾附上了很长的参考文献清单，表现出拉丁圈各国极大关注罗斯及斯堪的纳维亚现实主义。

〔48〕　T. 埃克霍夫（Torstein Eckhoff）、N. K. 松德比（Nils Kristian Sundby）著，都筑广巳、野崎和义、服部高宏、松村格译：《法体系》，ミネルヴァ书房1997年版。作者埃克霍夫是挪威法社会学家，其独创性的理论在斯堪的纳维亚各国都很有影响力（松德比是挪威法学理论家，是笔者的朋友）。

〔49〕　伊藤正己、木下毅：《新版美国法入门》，日本评论社1984年版，第241页。

〔50〕　这可以认为是在英国产生不同于法哲学的所谓法理学（jurisprudence）的理由之一。法理学脱离现实的实务，旨在研究作为纯理论的法律性质、存在方式，在学者对实务的影响力有限的情况下，因某种无力感，学术理论朝着这种方向发展，也不是没有原因的。在日本刑法学中，主张原创性的学说之所以致力于独特理论的构成，在某种程度上也是源于某种学说的无力。

〔51〕　例如，平野龙一、田宫裕的解释论表现出极其尊重判例立场的同时，也可见推动判例的强烈意识。这是不是因为平野、田宫学习了很多美国法学的内容呢？

见第一章），可以说英国法学是经验主义法学，美国法学是机能主义法学。[52]

　　转过来看看丹麦法学，可以说罗斯所说的"法解释学"是英国型，"法政策"是美国型。法解释学是 valid law 的体系化，"法政策"是面向法官及立法者的建言，这也可以看出英美两国法学的特征很好地适用于丹麦的法学。换言之，在丹麦法学中（至少按照罗斯的说法），前者（法解释学）是学者的本来任务，因此也许可以说更接近英国型。[53]

三、罗斯理论的刑法学适用——瓦本的刑法学

　　罗斯的方法论很快就被丹麦刑法学的中心人物克努德·瓦本作为实体法学的方法论采用。在罗斯写完前述大作《法与正义》数年后，瓦本运用罗斯的方法论（记述 valid law 的法解释学），写了长篇巨幅的学位论文《刑事故意》，[54]决定了此后丹麦刑法学的方向。

　　瓦本这位学者基本上属于丹麦语所说的实践者（praktiker）[55]，也可以称所谓的实用主义者。除了作为研究者展开解释论，他还长年担任刑法委员会即刑法修正问题咨询机关的委员长，深入参与立法。约恩·维斯特加德（Jørn vestergaard）也说道"瓦本是一位伟大的刑法学家，但不是费尔巴哈（Feuerbach）、H. L. A. 哈特那样的刑法思想家"。[56]可以说，他以罗斯的法学方法论为基础，展开了自己的刑法学。

　　然而，因为罗斯的方法论是通过把握法官的思想意识明确 valid law，考察其具体方法并非易事。而且，看罗斯的理论就可以明白，与其说罗斯本人是为了实定法的解释论构建自己的理论，还不如说他在追求法学的科学性问题、现实法的拘束力问题等法学理论过程中形成了这样的理论。因此，将这个方法用作实体法学的解释论必须下足功夫，而且在刑法领域中还必须考虑刑法

---

　　〔52〕　关于经验主义、机能主义的用法，参见第一章。

　　〔53〕　笔者与哥本哈根大学的博士生聊天时，经常听到这样的话"英国的学者比我们能做的事情还少，为了给判例和实务带来变化，我们能做的事情比英国的学者要多得多"。此外，还会指出的一点是，在丹麦的"法政策"中，对立法者的建言比重大于对法官的建言。

　　〔54〕　Waaben, Kriminelle forsæt, 1997, Copenhagen. 瓦本的博士学位（dr. jur.）论文。

　　〔55〕　也有实务家的意思，这里的意思是比起理论，更重视实践的人。与此相对的词语是理论家或将重点置于理论的人，也就是理论者（teoretiker）。

　　〔56〕　受到哥本哈根大学准教授（刑法）约恩·维斯特加德的指点。

的特殊性。

关于这个方法论的具体展开，可以参考作为前述学位论文方法论，研究罗斯方法在刑法中适用方法的部分，[57] 以及其后展开的瓦本的具体解释论。按照瓦本自己的说法，他作为法解释学者进行的研究是，将罗斯的法解释学贯穿于整个刑法总论、分论，即记述丹麦刑法中的 valid law。于是，我们在瓦本的刑法解释论中，也就能充分看到罗斯方法论的具体展开（其具体的内容在本书第六章中进行详细论述）。[58]　　　　　　　　　　　　　　　　　　　　　　－139－

那么，对瓦本而言，罗斯所说的法政策是什么呢？关于此内容，他作为刑法委员会委员长具体实现了法政策的内容。刑法委员会是丹麦国会关于刑法修正问题的咨询机关，古斯、特鲁普曾经担任过该委员会的委员长，也是全面修订刑法的委员会（关于这个经过，参见本书第二章）。瓦本在很长一段时间内担任刑法委员会委员长，在几乎所有二战后的刑法修正（虽是个别规定的修正）中发挥了指导性作用。与瓦本刑法相关的（法政策意义上的）思想，体现在被称为《贝坦宁》（Betænkning）的刑法委员会报告书中。

瓦本学习罗斯方法论的同时，比罗斯更彻底地忠实于 valid law 的方法，从瓦本刑法解释论的相关论述中可以体会这一点。

罗斯在从哥本哈根大学法哲学教授职位上退休后的最后时期，出版了题为《犯罪与刑罚——对刑法总论的分析和改革的贡献》[59]这本富有争议的著作。从书名也能知道，这是一本对以往丹麦的刑法解释学，特别是刑法总论的解释论提出大问题的书。具体而言，关于故意、未遂、共犯等基本问题，对一直以来以瓦本为中心进行的各个刑法解释论的内容进行再研究迫在眉睫。

受到这本书直接批判的瓦本借书评的形式发表了长篇反论。[60]这引起了　－140－一场也可称为罗斯、瓦本之争的争论，但是这场争论因为罗斯之死，没有太

---

〔57〕　Juridisk forskning og undervisning, Festskrift til professor dr. jur. W. E. von Eyben, 1982, Copenhagen.（《法学的研究与教育》,《冯·艾本古稀祝贺论文集》）这篇论文内容很有趣，因为重点在记述自己的法学教育经历，所以与普通的方法论文献有所不同。

〔58〕　1997 年 8 月、9 月得到多次向瓦本请教的机会。以下瓦本的发言正是当时受其指点的内容。

〔59〕　Alf Ross, Forbrydelse og straf——Analytiske og reformatoriske bidrag till kriminalrettens almindelige del, Copenhagen, 1974.

〔60〕　Knud Waaben, Almindelige ansvarsbegreber i strafferetten, Ugeskrift for retsvæsen B, 1974, s. 1-26.（《刑法中一般归责的概念》,收录于杂志《司法机关周刊志 B 编》。)

大的结果也就结束了。

瓦本回想起与罗斯的争论说道："罗斯将一直以来法学进行的工作分为'法解释学'与'法政策学'，道破法解释学才是法学本来的任务，这一点确实很优秀。这个观点为丹麦的实定法解释学带来了有益的成果，我本人至今都相信这是最有效的法学方法论。但是，他自己在展开实定法解释论（刑法解释论）时，却混入了法政策性的建言，歪曲了法解释学客观说明 valid law 的本质。"瓦本的这个指责是正当的。实际上，罗斯的讨论在之后的丹麦刑法学、刑法实务中并不被大多数人接受，而瓦本的观点至今仍在丹麦占支配地位。

-141-

第三节　现代丹麦的法学理论
——罗斯理论的修正、批判与后罗斯的构思

以上，以阿尔夫·罗斯为中心探讨了丹麦刑法学的法学理论基础。罗斯的预测说风靡于二战后的丹麦法学界，在 20 世纪 60 年代丹麦法学中具有压倒性的影响力，但是丹麦的法学理论、法哲学在罗斯之后分为多种流派。

客观地看丹麦法哲学界的现状，实际上罗斯发挥着巨大水库的作用。罗斯在截留以往丹麦法哲学之流的同时也吸收了斯堪的纳维亚现实主义之流，建立起了丹麦本国的现实主义法哲学。

活跃于罗斯同时代或后一时代的盖格、克鲁斯、伊卢姆、约根森，并没有罗斯这么大的影响力。他们作为罗斯同时代的支流，对现在的丹麦法哲学影响微小。

现在丹麦的法哲学从罗斯这一巨大水库出发分为以下两大支流：①基本继受罗斯的观点加以发展（后罗斯派）；②受最近在欧洲或美国正成为法律思想潮流的后现代法学的影响，虽使用以罗斯为代表的现实主义法哲学的框架，但否定和脱离以往现实主义法哲学（后现代派）。[61]

-142-

这些罗斯后续时代的法哲学家们的议论弥补了罗斯欠缺的观点，此外，也尖锐地指出了罗斯的矛盾点，列出这些内容，对以后日本机能主义刑法学方法论的研究也会有帮助。

---

〔61〕 这个划分受到了维斯特加德的指点。

关于从奥斯特到本松的丹麦法哲学，因为第二章已经论述，这里只选取20世纪中期、第二次世界大战以后丹麦法哲学情况的相关介绍。此外，重申一下，作为奥斯特以后第二次世界大战前的潮流，出现了立足于理想主义（Idealism）的克里斯蒂安·博内曼；卡尔·古斯试图在博内曼和奥斯特的立场上架起桥梁；博内曼和古斯都是刑法学者，特别是古斯受到了古典学派很强的影响；维戈·本松恢复了奥斯特的立场。[62]

我们先从稍早于罗斯的阶段开始，依次讨论罗斯同时代者、修正罗斯的继受者（后罗斯派）、以后现代法学为基础真正批判罗斯者（后现代法学）。

一、罗斯同时代的丹麦法哲学

首先，罗斯同时代重要的法哲学家，必须提到奥胡斯大学的克努德·伊卢姆（Knud Illum）。虽然伊卢姆原本是诉讼法学者，但是也有很多关于法哲学的著作。按照约根森的说法，伊卢姆以最突出的方式发展了北欧现实主义。[63]

伊卢姆理论的特征是，立足罗斯现实主义法学的同时，认为 valid law 的内容不仅是法官的思想意识，而且还包含律师、检察官的思想意识。 −143−

判例有作为具体立法的机能，既然是法官作出判例，毋庸置疑作为 valid law 的要因，法官的思想意识是决定性的，但是律师、检察官也是审判的参与者，他们在法庭上的攻防通过法官得以实现这一点也的确很重要。在此意义上，伊卢姆的主张也有一定的说服力。

但是，伊卢姆的主张并没有凌驾于罗斯之上。罗斯彻底贯彻现实主义的立场，其浩瀚的著作吸引了很多法学家，最终伊卢姆的主张被排斥。

继伊卢姆后，奥胡斯大学斯蒂格·约根森（Stig Jørgensen）自认为是丹麦法哲学家的正统。他的理论多元论法学（pluralis juris）经出水忠胜等人的介绍在日本很有名，[64]但是在丹麦却意外地不为人知，影响力也不大。

---

〔62〕　前注 6，出水：《现代北欧法学的特质》，第 13、14 页。

〔63〕　前注 6，出水：《现代北欧法学的特质》，第 14 页。

〔64〕　关于多元论法学的内容，参见前注 6，出水：《现代北欧法学的特质》，第 17 页以下。基本内容是法律有各种各样的侧面，有不同的理解方式，不能以具有单一性质之物予以表现，必须用多种说明方法进行说明（译者注）。

作为法社会学家，在日本也很有名的西奥多·盖格（Theodor Geiger，1891 年—1952 年）[65] 因为纳粹的迫害从德国逃往丹麦，在奥胡斯大学执教。在日本就有东京大学盖格研究会这样的组织，川岛武宜基本遵从盖格的规范理论构建法律模型，[66] 可见盖格的影响力及其理论的超群性。但是，在现在的丹麦却近乎被遗忘。

当时的哥本哈根大学有弗雷德里克·文丁·克鲁斯（Frederik Vinding Kruse）。关于他的理论，当时"在北欧……获得与罗斯相同或更高的评价"，也得到"本世纪丹麦诞生的最伟大法学家"[67] 这样的评价，但是现在的影响力远不及罗斯。克鲁斯的法学理论具有自然主义的功利主义与伦理的理想主义的特征。[68] 因此，遭到罗斯的严厉批判，可以说他的法学理论今日也被罗斯打破了。

此外，在专业不同的学者中，也有人在法学理论方面获得了很多的成就。这在学者绝对数量少的斯堪的纳维亚并不稀奇。本松是海商法教授，奥利维克罗纳是诉讼法教授。其中，威廉·埃德勒·冯·艾本（William Edler v. Eyben，1912 年—2000 年），[69] 伯恩哈德·戈玛德（Bernhard Gomard，1926 年—）[70] 等虽有重要成就，但并未超越罗斯。

正如上文所述，罗斯同时代者因罗斯过于耀眼而显得平凡。

二、后罗斯派

但是，以压倒性影响力为傲的罗斯理论，在下一代也受到各种各样的批

---

[65]　日本关于盖格的文献很多，例如，东京大学盖格研究会：《法学的经验科学基础：西奥多·盖格著〈法社会学的准备研究〉的介绍》，《法学セミナー》160 号开始连载 12 回（1964、1965 年）；太田知行：《盖格》，川岛武宜编：《法社会学讲座第一卷·法社会学的形成》，岩波书店 1972 年版，第 188 页；前注 42，佐藤：《北欧》，第 43 页以下；六本佳平：《法社会学》，有斐阁 1986 年，第 118 页以下；等等。

[66]　前注 65，六本：《法社会学》，第 118 页。

[67]　前注 6，石渡：《丹麦法哲学》，第 2 页。

[68]　Stig Jørgensen, On Legal Teory in Denmark, Enrico pattaro ed. , Legal Philosophy Library—Denmark, p. 29.

[69]　哥本哈根大学法学博士（dr. jur.），民事法学专业。主要著作是 Juridisk Grundbog 1-3，1989-1991，Copenhagen（《法学基本书》）。

[70]　哥本哈根大学法学博士（dr. jur.），诉讼法学专业。主要著作是 Studier i danske straffeproces，1969，Copenhagen（《丹麦刑事诉讼的研究》），Civilprocessen，1990，Copenhagen（《民事诉讼》）。

判。虽然批判面向罗斯理论的各个方面，但是因为难以涉及所有议论，且也超出了本书的研究课题即机能主义刑法解释学的方法论。这里仅关注罗斯以后的丹麦法哲学对罗斯的预测说持何种态度这一点，概观其过程。因为在实定法解释学中提到罗斯理论就是预测说，所以对此的批判才是这里的要点。

罗斯的理论首先面临的问题是，是否具有判定 valid law 真伪的客观可能性。

在罗斯之后担任法哲学教授的普雷本·斯图尔·劳瑞森（Preben Stuer　–146–
Lauridsen）对此给出了最初的解答。他基本上属于现实主义法学者，继承了罗斯的衣钵（关于他后来放弃现实主义的内容，后文将述），也能看到独特的理论展开。他以战胜罗斯的预测说为目标，主张"同意说"（Kohærensteori）。[71]

普雷本·斯图尔·劳瑞森的"同意说"以不存在与事实一致的唯一言明这一理解为出发点。换言之，与事实一致的言明可能有多个，最终要经过研究者间的议论、批判，根据最终是否得到同意决定是否被认为是真实的。该观点根据研究者之间是否同意来判定罗斯想要科学地判定真伪之物，批判罗斯单纯地将自然科学的方法论搬进法学的观点。

这一点，罗斯认为因为 valid law 是预测将来的判决，在作出判决的时刻能判断这个预测是真是伪。预测将来的结果，测定其实际的结果，结合预测与结果，确认预测是否正确，这是典型的自然科学的方法，罗斯这里所说的也就是这个意思。这在语言上完全合乎逻辑，没有什么矛盾。但问题是，现实中判决预测与判决是否立足于这种关系？判决作出一次就可以说是正确的吗？仅作一次，将来变更的话会怎么样？持续几次就可以了吗？关于成为问题的预测，判决一直没有作出的话，就难言这个预测是正确的还是错误的吗？这些问题有很多与自然科学模型不一致的地方。关于此内容，罗斯本人说道，真伪判断有一定程度，表明其意识到了这个问题，但是并未充分给予回答。不得不说，这里斯图尔·劳瑞森指出的问题极其正当。

然而，斯图尔·劳瑞森自己也承认作为法学的基本框架，学者的作用　–147–

---

　〔71〕 斯图尔·劳瑞森在日本可以说几乎无人知晓，但是在 20 世纪 70 年代至 80 年代的丹麦，是继罗斯之后有影响力的法哲学家（现已退休）。关于他的同意说，参见 Preben Stuer Lauridsen, Retslære, 191, Copenhagen（《法学理论》）。

被设定为预测将来的判决这一点。既然维持这种构造，斯图尔·劳瑞森的讨论也没有超出斯堪的纳维亚现实主义的框架。实际上，妥当的预测必须获得同辈研究者的同意。因此，他的批判也应该说是罗斯的修正说，此后，斯图尔·劳瑞森并没有推翻罗斯的理论，一般认为他维持着罗斯所建立的框架，即 valid law、法解释学、法政策，只是在法解释学真伪判定中导入了同意说。[72]

但是，在提出这个主张约 20 年后出版的法学入门教科书《法与法学》中，[73]斯图尔·劳瑞森的观点大幅变化，开始接近反现实主义者的主张。此书放弃了罗斯的现实主义，全面展现出历史性的、解释学（Helmeitik）的观点。但是，他的新主张仅停留在刚萌芽的阶段，前面提到的书出版后不久他就退休了，没有后续的展开（实际上，在丹麦学界，斯图尔·劳瑞森的评价最高，因为他被视为同意说论者，虽然他之后的理论发生了转向，但是这里仍将其置于后罗斯派的位置）。

不过，现在罗斯的理论因斯图尔·劳瑞森等人的批判，不得已有了些变化。或者可以说，因为罗斯的预测说过于彻底，各种实定法学在接受这个方法时，事实上会加以改变。

如果打开丹麦的法学教科书看看，其首先展示了应该阐述的制度、论点或其导入，紧接着详细说明"丹麦的 valid law（gældende ret i Danmark, eller dansk gældende ret）"。虽然也有单写"丹麦法（dansk ret）"的，但是意思相同。一般在 valid law 的说明之后是，特殊判例的说明，或应该注意的外国法的说明。基本不会写学者的见解或自己学说的展开。此外，在一本教科书中，valid law 的说明中有相当篇幅是在详细论述在该法领域内如何发现 valid law，这一领域 valid law 的记述方法。

在这种意义上，罗斯的理论有完全固定下来之感，但是 valid law 的内容

-148-

---

〔72〕 此外，斯图尔·劳瑞森的这个讨论让人想起日本碧海纯一的议论。碧海继卡尔·波普尔之后，认为"所谓认知的客观性，是可以互相主观议论、批评认知结果命题的可能性"〔碧海纯一：《新版法哲学概论》（全订第 2 版），弘文堂 1989 年版，第 149 页〕，在客观性不能通过简单结合事实和理论得出这一点，与斯图尔·劳瑞森的议论类似。斯图尔·劳瑞森根据存在法学家同僚的同意首次将之作为真命题加以考虑与碧海不同，但基本观点相近。例如，布鲁姆在《法学入门》中的说明，则基于这样的理解（前注 26，Blume Retssystemet og dets kilder, s.16f.）。

〔73〕 Preben Stuer Luaridsen, Om ret og retsvidenskab, 1992, Copenhagen.（《法与法学》）

成为问题。在现代丹麦法学教科书中，一定程度上已没有预测的观点。丹麦的实定法学教科书所说明的"valid law"，是关于丹麦现行法律实务（也包含判例的解说）的记述，有很多不是纯粹的预测（此外，自认为如实继受罗斯方法的瓦本，其著作中也有这种倾向）。

不过，即使 valid law 的内容不是预测，但不变的是其属于事实的记述。关于以"valid law"为中轴的法解释学框架，现在仍规范着很多法哲学家方法论的出发点，罗斯所用的 valid law、法解释、法政策三个关键词对丹麦法学家而言是进行所有讨论的前提。在此意义上，可以说罗斯的理论仍然规范着丹麦法学。

斯图尔·劳瑞森没有等到 2014 年的退休年龄就从哥本哈根大学退休了。[74]这导致哥本哈根大学法哲学教授的席位空缺了一段时间。

在此期间，斯文德·格拉姆·詹森（Svend Gram Jensen）[75]继受罗斯现实主义展开理论。詹森原本是法官，没有担任过教授，在准教授教职上就退休了，在刑事法学特别是刑法史方面有很深的造诣，此外在简明的法学入门书方面也很有名。他的法学理论详细解说罗斯理论的同时修改细节进行重构，他尊重罗斯的法学理论、尊重罗斯所设想的方向，同时加以发展，被认为是忠实的后继者。

此外，在哥本哈根大学，法情报学教授彼得·布鲁姆（Peter Blume，1950 年—），[76]在商科大学讲授法哲学的露丝·尼尔森（Ruth Nielsen）属于后罗斯派。他们从拥护罗斯及现实主义的立场对后面提到的后现代派进行反向批判（本书第七章将论述与此相关的内容），罗斯理论的新支持者依然在增加，同时保持着影响力。

在奥胡斯大学，接任约根森的杰斯·比约普（Jes Bjarup，1940 年—）在

－149－

---

〔74〕　斯图尔·劳瑞森是个有很多个人问题的人，与约根森之间的情感对立很有名。

〔75〕　哥本哈根大学的法学硕士（lic. jur）。担任很长时间的法官后，在哥本哈根大学讲授法哲学、法理学（Almindelig retslære）。研究生活初期，他因属于刑法、犯罪学研究所，进行刑法及刑法哲学的研究，是目前与刑法关系最深的法哲学家。此外，他最近的关注转向税法。主要著作有 Lovens strengeste straf, 1974, Copenhagen（《法典的最严罚》），Almindelig retslære, 2. udg., 1993, Copenhagen（《法学理论》）。

〔76〕　哥本哈根大学教授，法学博士（dr. jur.），专业情报法。主要著作是 Ressinformationssamfundet, 1986, Copenhagen（《法情报社会》）。

一段时间内担任法哲学教授。与其说他的工作是创设新的法学理论挑战罗斯，倒不如说集中于详细论述斯堪的纳维亚现实主义或黑格斯特罗姆，[77]后转任到斯堪的纳维亚现实主义的本源瑞典乌普萨拉大学。

此后，约根·达尔伯格·拉森（Jørgen Dalberg Larsen，1940 年—）就任奥胡斯大学法哲学教授，[78]他也可以被称为后罗斯派。他原本是法社会学教授，受比约普调职的影响，现在兼任两校的教职。笔者认为达尔伯格·拉森是继罗斯之后最优秀的学者之一。他推进讨论的形式是，先提出现在社会中有问题的论点，再考虑现行法如何规定，关于此问题社会学、心理学、犯罪学能如何研究，最后思考从法的观点应如何解决此问题。他将法学家的工作分为法解释、法政策，这一点与罗斯相同，但是他对将法学仅限于记述事实表示忧虑，也比罗斯更重视法政策的部分，同时不是以教义学的论证而是通过要求法社会学的论证担保法学的科学性，在这一点上立场与罗斯不同。[79]到此为止，丹麦的法学方法论也相当接近日本的"机能主义"。达尔伯格·拉森依然认为法政策是与自然科学不同意义的科学，同时以构建包含论者的政治判断但具有一定科学性的"作为社会科学的法学"为目标。[80]

三、后现代派

斯图尔·劳瑞森退休之前，毅然舍弃后罗斯派，开始提出反现实主义的主张，此后在哥本哈根大学法哲学教职上，对罗斯的理论进行更本质的批判。这类观点是受到始于法国发展于德国的后现代法学影响的人们提出的，其中的中心学者是亨里克·萨勒（Henrik Zahle）。[81]萨勒原本是宪法、行政法学者，斯图尔·劳瑞森辞职后，其就任法哲学教授。

---

[77] Skandinavischer Realismus，1978，Freiburg 是关于斯堪的纳维亚现实主义的讨论，Reason，Emotion and tuhe Law，1982，Aarhus 详细研究了黑格斯特罗姆的理论。

[78] 奥胡斯大学法学博士（dr. jur.），奥胡斯大学法社会学教授。法社会教科书 Lovene og liver：En retssociologisk grundbog，1990，Copenhagen（《法与生活：法社会学基础书》）。

[79] 这一点受到达尔伯格·拉森的启发（参见前注 36）。

[80] 作为其成果，Dalberg Larsen，Retsvidenskab som samfundsvidenskab，1977，Copenhagen.（《作为社会科学的法学》）

[81] 担任过哥本哈根大学宪法、行政法教授、法哲学教授，现在是丹麦最高法院的法官。法学博士（dr. jur.）。学位论文是 Henrik Zahle，Om det juridiske bevis，1976，Copenhagen（《关于法律上的证据》）。

　　他强力推进后现代法学，彻底批判斯堪的纳维亚现实主义及罗斯的法学理论。后罗斯派的人虽然也批判罗斯的理论，但是依稀可见对罗斯的理解，对其理论加以继受与发展，是善意的批判。但是，萨勒的批判针对以罗斯为前提的近代科学为模型的法学，而且是对实证主义的批判。因此，其对罗斯的批判极其辛辣。

　　下面简单介绍萨勒的观点。萨勒从 20 世纪 70 年代后半期开始参考批判法学，在数篇论文中对罗斯进行了批判，此后吸收了后现代法学的知识广泛展开批判，最近提出了"法源多心论（多元中心）"这个独特的理论。萨勒的论文短小但其说服力让人印象深刻，有着不可思议的魅力。他有意识阐述 valid law 与法政策相关内容的《法解释学与法批判》[82]这篇论文就是其中之一。这里参考这篇论文，研究其观点。

　　萨勒这篇论文的开篇令人印象深刻。"现在，法学家们所联想的法源论的基础概念（法之泉）比现实更美。假如你漫步在森林，听到潺潺流水拍打树叶的声音。来到开阔的原野上，你跨越其他泉水流出的更广阔的水流。到此为止的比喻是正确的。换言之，法由多个法源组成。但是，其中从森林和原野出发的水流，一起汇入同一个湖泊，因此，不同的法源被以一般性的法概念所判断。此处，法的性质并不会因源泉源于何处而改变。然而，这并不正确。"

　　萨勒认为法源具有多个中心，有两个意思。一是法并非源于一位制定者，是由不同的个人或者团体制定的，而且每个法源有不同的射程，在此意义上也是多中心的。二是法源不仅法的制作者是多中心的，而且法的接受者也是如此。

　　萨勒的这个理解批判了以往的法源论虽然关注法源的复数性，但是却将这些法源总结为一个法概念，这个批判当然适用于罗斯的思考，即试图用一种方法分析法官的思考这一个被水库截留的法源（更清楚地说，几乎可以肯定其目的就是打倒罗斯理论）。在萨勒看来，罗斯的预测说仅从法官的思想意识寻求 valid law 极其偏颇。

－151－

－152－

　　〔82〕　Retsdogmatik og restkritik, E. M. Basse & Vibeke Jensen red., Regulering og stryring I, 1898, Copenhagen.（《法解释学与法批判》，载《规制与统制 I 》）以下，本书中萨勒的观点均引用自此论文。

　　"法源多心论"的关键点正如字面意义所示，将罗斯集中于法官的思想意识这一点的"法源"，再次回归至复数状态。

　　罗斯之前的法源论（例如本松的法源论等）的观点是，有很多被称为法源的源泉，从中流出泉水根据具体的事例得出具体的法律。罗斯认为，从法官决定实际妥当的法这一现实性的想法出发，法源汇集在法官的思想意识这个水库里，一切都从这个水库流出时就成为实际妥当的法。这也是将 valid law 限定于法官思考的根据。

　　但是，萨勒认为从现实来看，法官的思考只不过是实际妥当法的一部分。例如，在实际的行政活动中已确定的决定或命令，政府机关等部门实务性的决定等，有很多未经法院的实际妥当法。

　　萨勒的这个思考与"法源多心论"这一名称互相结合，虽也让人感觉回归到罗斯之前的法源论（所谓的返回前现代），但实际上并不相同。罗斯之前的法源论彻底规范地理解法源，不问何人、以何种方法提取出法源，但是萨勒认为，valid law 不是由法院，而是要经过多个有权机关才能决定的。罗斯设想只有法官的头脑中存在水库，而萨勒认为水库存在于多个场所，或者是只设想水库之前的河流或蓄水池的阶段，此外，这暗示着根据这个水库或河流、蓄水池的不同，判断法律性质的方法也不同。这就是"多心论"的意思。

　　萨勒以这种法律理解为基础，进一步从完全不同于罗斯的观点理解法解释学的任务。萨勒很重视法解释学是大学研究者的产物这一点，说道："法解释学（主要）是由大学研究者做出的产物。法解释学的任务与可能性，因此必须从其研究者在法律系统中占据何种地位的观点进行探讨。依我之见，前面提到的多心论在这里也很重要。换言之，根据多心论，研究者（前面提到以专门知识为根据）占据特殊的地位。一般而言，正如高等法院法官所要求的与法官助理不同一样，研究者所要求的与部门长官（实务家）也不同。"

　　萨勒列举出大学研究者与实务家的不同点，即在法律系统中仅进行提案，与实际的审判或立法无关；从事教育培养下一代法学家等，对大学研究者独特的法解释存在方式进行了如下论述："研究法解释学的入口是'事态的性质'（forholdets nafur），即真正的理由、文化传统这样的法源。大学研究者担负着从'事态的性质'思考以往法源的特殊任务。"

-153-

此处，罗斯所认为的现实主义式思考消失了，"事态的性质"[83]这个模糊的概念得到重视。所谓"事态的性质"，实际上自古以来在法源论中就有提及，以往被置于制定法、判例、习惯等之后的最后位置（在日本可以说是有道理的），但萨勒认为它最重要，并试图由此出发重构法源论。罗斯重视实际妥当的法、现实主义地考虑法律，而萨勒担心这很容易就将法律视为权力，将传统（traditon）或稳当（rigmlighed）置于法解释的中心。 –154–

根据萨勒的这种观点，法解释学是"事实的记述，同时也产生影响"，法解释与法政策之间界限模糊。此外，比起记述实际妥当的法，学者作用的重点是从"事态的性质"重新理解法律。

不过，萨勒依然维持着罗斯法解释学与法政策的结构。关于法解释学的言明也论述道可能判定真伪。从目前为止的萨勒的逻辑来看，这一点有些难以理解，而且萨勒本人对应该如何评价法解释学的言明，结论有所保留。关于这一点只能期待萨勒论理的进一步发展。[84]

此外，从与萨勒几乎相同的观点出发，受后现代主义法学影响展开讨论的学者有哥本哈根大学法哲学助教授亚历山大·卡鲁内拉·容斯特容姆（Alexander Carnera Ljungström），[85]哥本哈根大学宪法、行政法助教授亨里克·帕尔默·奥尔森（Henrik Palmer Olsen），[86]哥本哈根大学准教授彼得·霍隆德（Peter Høilund）[87]等。 –155–

---

〔83〕　这个词语虽然让人想起德国的"事物的本性"（Natua der Sache），但是"事物的本性"翻译成丹麦语是 tings beskaffenhed，意思不同。

〔84〕　无论如何，萨勒的"多心法源论"，否定存在现实主义、判定科学性真伪这一"大叙事"，明确各个法源的射程，此外，关于法解释学，偏离法解释学一般观点也考虑学者法解释学的特殊性等，重视"小叙事"这一点与后现代的思考一致。关于后现代法学的评价，将在本书第七章进行。

〔85〕　博士论文的再编集，Rettens alkymi：om venskab, retfrdighed og pathos, 1998, Copenhagen.（《法的炼金术——友情、正义、感性》）

〔86〕　博士论文，Rationalitet, reg og moral, 1997, Copenhagen.（《合理性、法、道德》）

〔87〕　博士论文，Den modern retstankings gennembrud og autoritetstab‐særligt med henblik på dansk retstænkning i det 19. og 20. rhundrede, 1998, Copenhagen.（《现代法思想的崩溃与权威丧失——特别关于19、20世纪丹麦的法思想》）

第四章　丹麦刑法的解释论与法政策

行文至此，大致说明了支撑机能主义、经验主义丹麦刑法的背景。接下来，我们具体来看丹麦刑法的实际内容。

这里根据罗斯的理论，区分丹麦的法解释学（valid law，即实际妥当法体系化的问题）、法政策（面向法官及立法者建言的问题），且按照此顺序依次进行说明。首先，作为刑法解释学，[1]以犯罪论为中心加以探讨。这部分注重与日本、德国的刑法解释论进行比较的同时，明确丹麦刑法的基本构造和特征。接下来，作为法政策，就无被害人犯罪的非犯罪化，刑罚制度的修订和刑罚论的变化等，以及1930年制定现行刑法以来丹麦刑法中划时代的法律修正加以探讨。

第一节　丹麦刑法的解释论
——丹麦刑法的基本构造与特征

一、犯罪论的基本构造

与德国或日本相同，丹麦刑法在教学上分为刑法总论（almindelige del）和刑法分论（specialle del）。刑法总论进一步分为刑事责任论（或归属论，amsverslære）和制裁论（sanktionslære）。归属论相当于日本刑法的犯罪论，这部分是刑法解释学的主要对象。

本章主要集中于犯罪论，讨论其基本构造。这是考虑犯罪论的解释论最容易进行形而上学式的讨论，对此加以探讨，反而会更好地体现出丹麦刑法机能主义、经验主义的侧面，且相较于分论，总论与日本的讨论有很多共通点，也更易于理解。

---

〔1〕此处所说的解释"论"是Rechtsdogmatik解释"学"的意思。

（一）构成要件

1. 构成要件的概念与机能

现在丹麦的犯罪论体系基本上沿袭德国刑法学。换言之，以构成要件（gerningsindhold）、违法性（retsstridighed）、责任（skyld）三阶层分析犯罪。[2]过去，在构成要件概念还未完全确定的时代，还能看到以行为、违法性、责任三阶层构成犯罪的尝试，[3]不过从 20 世纪中期开始就采取前一种体系。

虽说如此，但丹麦犯罪论并不采取德国或日本所说的构成要件论。与德国刑法学中构成要件（Tatbestand）相对应的概念丹麦语为 gerningsindhold，按照字面可以翻译为"行为内容"。此外，判断是否该当此"行为内容"相当于构成要件该当性（Tatbestandmässigkeit），所用的词语是"形式的类型性"（formel typicitet）。[4]

在丹麦，所用词语与德国不同，但不仅仅是词语不同，还存在实质性差异。

"形式的类型性"的表达可能会让人觉得与日本构成要件理论经常提到的"定型性"相似。但其实质却不同。根据瓦本的观点，"所谓类型性，其目的并不在于判断某一行为例如在成为犯罪核心的领域中一般存在或被置于此意义上是不是典型的不正当行为"。[5]与"该行为对于该犯罪是否典型、定型"相比，"实质上属于该行为吗"更成为问题。在此意义上，丹麦所谓的"形式的类型性"只不过是形式上是否符合刑法典所规定的犯罪类型的意思。换言之，在丹麦的犯罪论中，某一行为该当某一构成要件（满足丹麦所说的类型性）指，成为问题的行为即作为（handling）或不作为（unhandelse）符合法

-160-

---

〔2〕 Knud Waabeen, Strafferettens almindelige del Ⅰ ansverslæren, 3. udg., 1993, Copenhagen, s. 45.（《刑法总论Ⅰ犯罪论》）

〔3〕 直到赫维茨的时代，通常是按照这种体系进行说明。这是单纯重视构成要件的观点，不同于梅茨格尔流派将构成要件包括在不法中的观点（有时候被称为"新构成要件论"），也不同于日本西原春夫等所主张的，为了不作为犯或过失犯的实质解释将构成要件埋没于违法性的观点。

〔4〕 前注 2，Waabeen, Strafferettens almindelige del Ⅰ, s. 45. 另外，德语所说的构成要件该当性（Tatbestandmässigkeit）直译的术语是 gerningsindholdsmæssighed，但是这个术语被认为不能妥当表达丹麦构成要件概念的内容。

〔5〕 前注 2，Waabeen, Strafferettens almindelige del Ⅰ, s. 46.

律上的行为类型。[6]在此意义上，构成要件判断的课题最终变为判断是否有
符合该行为的刑罚法规。日本的构成要件论经常是通过明确构成要件的定型
并予以明确化来约束法官、确保人权，而丹麦的构成要件概念基于与此不同
的观点。

-161-

丹麦没有对构成要件的机能进行抽象讨论。但是，通过观察构成要件的
实际用法，有可能理解其机能。结合日本构成要件的机能进行比较考察。

在日本，一般认为构成要件有三大机能：其一，罪刑法定主义机能；其
二，诉讼法机能；其三，故意规制机能。[7]简单来说，罪刑法定主义机能是
明确处罚行为边界的机能；诉讼法机能是将构成要件和有责性与"应成为犯
罪的事实"和"阻碍犯罪成立的事由"相对应，构成与诉讼上区别一致的犯
罪概念的机能；故意规制机能是将为了确认存在故意而必须认识的事实作为
构成要件，贯彻责任主义的机能。

丹麦构成要件也很清楚地存有这三大机能，但详细内容与日本的构成要
件不同。以下，从罪刑法定主义机能开始依次论述与之相关的构成要件论上
的问题。

2. 构成要件的罪刑法定主义机能（其一）——类推

在丹麦刑法的构成要件中，第一个罪刑法定主义机能很重要。瓦本暗示，

-162-

这时的问题是丹麦刑法第 1 条即罪刑法定主义的规定。[8]由此可见，丹麦刑
法中的构成要件概念很大程度上发挥着罪刑法定主义机能。

重视罪刑法定主义机能的情况下，有两个观点很重要：其一，成为问题
的行为是否符合具体的刑罚法规；其二，判断构成要件的阶段，是否有必要
将犯罪予以个别化。[9]前者是通过符合具体的刑罚法规即任何一个具体的行
为类型的要求担保罪刑法定主义，后者可以说是回应实务的观点，从"应该
——设定犯罪论各要件所承担的实质作用"[10]的价值判断出发，以期要件该

---

〔6〕　前注 2，Waabeen，Strafferettens almindelige del Ⅰ，s. 46.

〔7〕　平野龙一：《刑法总论Ⅰ》，有斐阁 1972 年版，第 91、92 页。

〔8〕　参见前注 2，Waabeen，Strafferettens almindelige del Ⅰ，s. 45.

〔9〕　这里所说的"犯罪的个别化"的意思是，在构成要件该当性判断中，该行为并非仅符合行
为框架，还必须有能够推定值得处罚的违法性以此将犯罪个别化。此外，最近将是否应承认构成要件
故意、过失的问题也视为犯罪个别化的问题很普遍（后述），但这里的"犯罪的个别化"不是这个意思。

〔10〕　前田：《刑法总论讲义》（第 3 版），东京大学出版会 1998 年版，第 61 页。

当性判断的实质化。虽然也有见解认为这两个观点是对立的，[11]但是基本上都能够还原为罪刑法定主义机能。[12]

在丹麦，首先，最重要的第一个观点，重视是否符合具体的行为类型，但不是通过适用形式的、记叙性的构成要件概念明确处罚范围。相反是将某行为是否符合某一构成要件的实质判断方法作为问题，以此充分发挥罪刑法定主义机能的观点作为基础。有一种认识是，在此不能单纯地判明是否有适用于该行为的刑罚法规。也就是认为，如果对每个刑罚法规进行实质性解释，将难以明确适用规范。因此，与日本犯罪论将作为构成要件要素的实行行为等抽象概念作为问题不同，在丹麦是以刑罚法规的解释方法为问题。

这种刑罚法规的实质解释方法有多种。[13]在丹麦刑法中，最具特色的解释方法是允许类推。即，丹麦刑法第 1 条前部分所规定的，"可处罚的行为仅为根据制定法处罚的行为或完全可比的行为"。这在世界范围内都是罕见的，一直以来备受关注。[14]这个规定实际上有何机能呢？首先，稍微看看现实的判例，介绍丹麦所进行的讨论，同时思考其机能。

－163－

在丹麦，承认类推的事例非常少。具有代表性的事例如，所刊发的杂志从禁止发行的杂志转载报道的，"可以相当于刊发了该（禁止发行的）杂志"；[15]拒绝回答征兵检查中提问的行为，"可以相当于没有参加征兵检查"；[16]等等。

反之，近期不承认类推的事例如下。案情是，两名入住 S 精神病医院的患者出院后，主治医生前往两名患者家中出诊，与患者发生多次性关系。在

---

〔11〕　前注 10，前田：《刑法总论讲义》，第 61 页，其将第一个观点作为罪刑法定原则机能，第二个观点作为犯罪个别化机能进行理解，将前者与贝林格的形式、记述的构成要件概念，后者与作为违法类型的实质构成要件概念对应进行说明。

〔12〕　例如，正如平野龙一所说的"罪刑法定主义的机能……也可以被称为犯罪个别化机能"（前注 7，平野：《刑法总论 I》，第 91 页），此外，关于前田所说的两个构成要件概念，也说到"一般很难回答到底哪个构成要件概念更符合罪刑法定主义的宗旨"（平野，同书第 96 页）。从这种观点来看，应该说前田所说的两个机能并不相互对立，而是相辅相成地尽可能在犯罪论中反映罪刑法定主义的宗旨。

〔13〕　例如，典型的有"实质的非类型性理论"。在正当化事由部分讨论这些内容。

〔14〕　小暮得雄：《罪刑法定主义的比较法动向》，《北大法学论集》14 卷 3、4 号，第 204 页。丹麦刑法之外，作为丹麦殖民地的格陵兰岛刑法、冰岛刑法都有允许类推解释的规定。

〔15〕　U 1970. 851V.

〔16〕　参见 Greve, Criminal Law and Justice in Denmark, Børge Dahl, Torben Melchior, Lars Adam Rehof, og Ditlev Tamm ed. , Danish law in a Europen Perspective, Copenhagen, p. 512，判例集未登载。

丹麦，为了保护精神病患者，存在不允许精神病院工作人员与住院中的患者发生性关系的规定（丹麦刑法第221条），本案是否能够类推适用该规定存在争议。地方法院承认第221条的类推判决有罪，但高等法院推翻了该判决，确定被告人无罪。[17]

由此可见，虽然丹麦刑法承认类推，但是只在非常有限的范围内予以承认。瓦本说道，"现实中，丹麦和其他北欧、西欧国家的差别不是太大。在丹麦，允许的类推被限定在很小的范围内，与此相对，其他各国用着与丹麦相同的方法，进行扩张解释，甚至就是类推解释，修正罪刑法定主义"。[18]挪威的安第斯同为北欧刑法学者，说道"挪威和丹麦的实务关于这一点（罪刑法定主义的适用）看不出太大的差异"，[19]可见瓦本所言正确之处。

瓦本列举了几个重要观点判定是否承认类推，总结起来大概有以下三个：[20]①必须从法律规范出发，②成为问题的事例与法律规范所规定的内容高度类似，③与法律规范直接包含的事例同等程度才有处罚该行为的根据。按照这些条件，承认类推的范围相当有限。

虽然刑法解释应力求严格，但是在现实社会中，也存在不得不扩张文义的情况。丹麦允许类推解释，若无限制扩大是个问题，如此限定也就不会产生什么大问题。正如瓦本所说，规定罪刑法定主义的其他国家最终也通过扩张解释进行扩大文义的解释。

总而言之，罪刑法定主义的要求是，允许扩大刑法文义的解释但不能过度扩大。这里应该想起荒木伸怡所说的，"只拘泥于采用的逻辑是扩大解释还是类推解释的技术，并不是应有的法律解释"。[21]丹麦刑法可以说诚实地承认了这个现实，只不过是预测采用类推解释的效果的同时，实质上确定类推的界限。[22]

---

〔17〕 U 1995, 230 Ø.

〔18〕 前注2，Waabeen, Strafferettens almindelige del Ⅰ, s. 80.

〔19〕 参见 Johanes Andenæs, The General Part of the Criminal Law of Norway, 1965, p. 512.

〔20〕 参见前注2，Waabeen, Strafferettens almindelige del Ⅰ, s. 81.

〔21〕 荒木伸怡：《审判——其机能性考察》，1998年，第40页。

〔22〕 不过，格雷夫等也主张应该废止允许类推的规定（Vagn Greve, Er strfeloven forældet?, Kriminalistisk Årbog 1997, Kriminalistisk skriftserie Nr. 3 Redigeret af Peter Kruise og Lene Ravn, Københavns Universitet, s. 26, Copenhagen, 1998.《刑法典是否过于陈旧？》，哥本哈根大学1997年度刑事法年报收录）。但是，从现实的机能来看，暂且不论有全面修订的机会，在现实中并没有太大的问题，是否需要特别强调修正呢？瓦本也没有要求修正，很多实务家也认为现实中没有问题。

此外，可能会有这样的批判，承认类推的丹麦刑法重视罪刑法定主义机能真是奇怪。但如上所述，在实际运用中，承认类推是罕见的，并非如想象的那样大范围进行类推，因此这种批判并不妥当。

还可能会有这样的疑问，实质解释难道不会产生模糊不清的问题吗？但是，关于这一点，通过各种各样的解释技巧，[23]或由罗斯所说的发现 valid law（分析法官的思想意识与预测审判）的观点提供方法论基础，可以稳定地进行实质解释。[24]这种观点也可供日本机能主义刑法学参考。[25]

3. 构成要件的罪刑法定主义机能（其二）——犯罪的个别化

接下来，是罪刑法定主义机能的第二个观点，所思考的问题是，在判断构成要件的阶段，是否有必要将犯罪个别化。这也被称为犯罪个别化机能。

构成要件是违法类型，因而具有违法推定机能，丹麦刑法以此实现犯罪个别化机能。发生所谓轻微的法益侵害时，如贿赂 5 克朗，被判断为不符合构成要件该当性。必须注意，瓦本认为该当构成要件是"实现了可罚的行为内容"。这种观点可以说与重视犯罪个别化的前田雅英所说的"客观构成要件的主要机能是判断是否有可罚的法益侵害"一致。[26]（划线为笔者所为）

此外，在日本也会将构成要件阶段是否应该区分故意犯和过失犯，即是否应该承认构成要件故意和构成要件过失的讨论，看作犯罪个别化机能的问题。[27]例如，若承认构成要件故意、过失，就能在构成要件阶段区分杀人、伤害致死、过失致死，对犯罪个别化机能有所帮助。由于构成要件故意、过失的概念，原本是由威尔哲尔确定的，因而一般认为与行为无价值论相联系。[28]

-165-

-166-

---

〔23〕　在丹麦，这是构成要件方面的主要问题（前注 2，Waabeen, Strafferettens almindelige del Ⅰ, s. 70.）。具体而言，有下文将论述的"实质的非类型性理论"等。

〔24〕　另外，丹麦有陪审制和参审制，国民可以直接与刑事审判相关，实质判断可以说起到了防止失控危险的作用。

〔25〕　日本关于类推解释的讨论，参见本书第五章第二节"二"。

〔26〕　前注 10，前田：《刑法讲义总论》，第 61 页。

〔27〕　例如，曾根威彦：《刑法总论》，弘文堂 1987 年版，第 62 页。

〔28〕　因此，稍前时代的结果无价值论者中，有很多不承认构成要件故意、过失。例如，前注 7，平野：《刑法总论Ⅰ》，第 128、157 页；佐伯千仞：《刑法讲义（总论）》（修订版），有斐阁 1974 年版；内藤谦：《刑法讲义总论》（上），有斐阁 1983 年版，第 220 页；等等。

但是，现在也有很多采取结果无价值论的学者承认这个概念。[29]实务中对构成要件概念的理解方式，或是更机能地将犯罪论作为犯罪认定工具的观点，可能对此产生了影响。

丹麦的犯罪论也与日本最近的动向相似。根据瓦本的观点，"构成要件该当性是关于犯罪客观方面的刑法基本要件"，[30]原则上构成要件该当性判断仅就客观要素进行。但仅仅如此，有些情况难以明确是否该当构成要件。因而，在确定符合何种构成要件的限度内，也考虑主观特征（subjektiv træk）。具体而言，目的犯的目的、母亲杀害自己刚出生孩子的心理动机等，[31]条文中要求主观特征的情况。[32]

另外，故意、过失也在犯罪类型化所必要的限度上作为主观特征，在构成要件阶段进行判断。但并不用构成要件故意、构成要件过失这样明确的名称，[33]也不说"作为责任类型的构成要件"或"主观构成要件"等。这些主观因素只用于构成要件的类别化，在责任阶段才进行实质性判断。

4. 构成要件的诉讼法机能与故意规制机能

此处讨论构成要件的其他两个机能，即诉讼法机能与故意规制机能。丹麦刑法的构成要件概念被认为也不限于罪刑法定主义机能，还包括这两个机能。

诉讼法机能是存在的（虽然日本的构成要件论没有达到精密体系化的程度[34]）。存在符合构成要件的事实时，关于阻却事由即违法阻却事由、责任阻却事由的诉讼法处理如下，如果被告人主张存在这些事由，检察官就必须对不存在这些事由进行证明。[35]在丹麦理论中很有趣的是，责任阻却事由包含精神异常（日本称为无责任能力）。[36]在日本的构成要件论中，一般是在

-167-

---

　　〔29〕　例如，前注 27，曾根：《刑法总论》，第 68 页以下。

　　〔30〕　前注 2，Waabeen, Strafferettens almindelige del Ⅰ, s. 46.

　　〔31〕　丹麦刑法第 238 条杀害婴儿的规定中就要求本书提到的心理动机要件。

　　〔32〕　参见前注 2，Waabeen, Strafferettens almindelige del Ⅰ, s. 46.（此外，同书，s. 50ff）

　　〔33〕　瓦本并没有对此进行积极的说明，只是认为"构成要件中主观要素不仅仅是与故意论、过失论相关的要件"（前注 2，Waabeen, Strafferettens almindelige del Ⅰ, s. 46.）。

　　〔34〕　在作为日本构成要件理论典型的团藤重光的理论中，构成要件概念被赋予了贯穿整个刑事法脊梁骨的作用。

　　〔35〕　Vagn Greve, Criminal Justice in Denmark, 4. ed., 1991, Copenhagen, p. 94.

　　〔36〕　前注 2，Waabeen, Strafferettens almindelige del Ⅰ, s. 47.

责任阶段重新确定有无责任能力，[37]丹麦构成要件的诉讼法机能并不精密，但可能比日本的机能还强。

关于故意规制机能，适用所谓的"符合原则（dækningprincip）"。这个原则的内容是"为了确定存在故意，有必要在主观上符合该构成要件的所有内容"，[38]作为承认故意的要件。不过，必须注意的是，关于故意规制机能，构成要件概念作为违法类型，是承认故意规制机能的前提，这一点并没有被积极地讨论，而是将此作为"符合原则"，专门作为故意论问题进行处理。

（二）违法性

1. 违法性的理解

丹麦的违法性论，不进行违法性本质论、规范逻辑等抽象的讨论。在此意义上，即使问起何为丹麦违法性的本质也很难回答。不过，从丹麦的犯罪论基础理论来看，违法性本质可以说采取了比较接近法益侵害说的观点。换言之，丹麦刑法学的基本观点是，为了预防对"应保护利益（beskyttelsesin-teresse）"的侵害，设立各个犯罪类型，确定刑罚规定。至少不存在违反社会伦理规范而科处刑罚的观点。[39]

由此可见，丹麦刑法学对违法性中强调违反社会伦理规范的目的行为论所持的态度。与日本刑法学比较，丹麦刑法学的特征是，看不到目的行为论及源于此的行为无价值论的影响，也可以说是所有的斯堪的纳维亚国家具有的特征。[40]赫维茨评价威尔哲尔的理论，"特别是禁止错误相关理论被认为是

─168─

---

〔37〕 例如，大塚仁认为，"为了承认存在责任，仅考虑不存在责任阻却事由是不够的，作为责任要素，还有必要积极地确定责任能力及作为责任要素的故意或过失的存在及适法行为的期待可能性的存在"。［大塚仁：《刑法概说（总论）》（修订增补版），有斐阁1992年版，第390、391页］反对观点，参见大谷实：《刑法总论讲义》（第4版补订版），成文堂1995年版，第122、123页。

〔38〕 前注2，Waabeen, Strafferettens almindelige del Ⅰ, s. 135.

〔39〕 关于法律与道德的关系，瓦本比较了J. S. 密尔和J. F. 斯蒂芬（James Fizjames Stephen）的观点，暗示应该遵循前者（前注2，Waabeen, Strafferettens almindelige del Ⅰ, s. 25f.）。请注意，密尔的观点以所谓侵害原理（harm principle）为基础，这是日本法益侵害说的基础。基于这一点，可以说日本以法益侵害说为中心的犯罪论（结果无价值论）与丹麦的犯罪论，日本的非犯罪化论与丹麦的非犯罪化论，相互关联。

〔40〕 例如，关于瑞典，Nils Jareborg, Justification and Execuse in Swedish Criminal Law, Essays in Criminal Law, 1988, Uppsala, p. 11.

有益的"，[41]但同时也严厉批判道"他基于存在论的答责性与责任相关的基本命题，与意思自由相关的独立理论连锁，与古典学派的报应性刑法相结合，基于相对刑罚理论者不能采用的哲学性、部分性的形而上学公理"，[42]关于目的行为论还提出，例如即使承认目的行为论所说的行为的主观契机和客观契机间的密切关系，这些也包含在可罚的构成要件中，但是排斥以下观点，"作为赋予构成要件的主观要件可罚性的要件，在故意、过失论（læren om tilregnelse）的基础上独立处理，在分析上是被认可和允许的"。[43]

－172－

赫维茨不接受威尔哲尔的理论，除了上述那样的具体根据，还有一些更一般的理由。首先可以举出威尔哲尔理论的哲学性、形而上学的性质。换言之，目的行为论的方法论前提太过观念化，第一次世界大战以后，开始向经验主义倾斜的丹麦，进一步而言斯堪的纳维亚的刑法学都不适应这一点。应该注意，赫维茨在批判威尔哲尔的理论时，会有意识地使用哲学性、形而上学的公理这类词语。另一个理由是，丹麦没有像日本或德国一样在战时恣意适用刑罚权，以往的实质解释或近代学派的实证主义原样发展。在丹麦，已没有必要、也必然不像德国或日本那样，为了排除刑罚权适用的恣意性，构建以目的行为论或定型说为代表的形式的、体系性的理论。[44]

进一步，到了瓦本的时代，从刑法解释学是记述 valid law 的观点来看，这种倾向也被强化。从具有现实拘束力的法这个观点来看，目的行为论的观点或结论，对传统的丹麦刑法实务而言未免太过激进。这个理论不适合说明支配丹麦刑法实务的 valid law 自不用说，作为面向实务的建言也不实际。丹麦刑法实务的观点是区分客观方面和主观方面，原则上从前者开始探讨的传统方法，也有与英美法中 actus reus（犯罪的客观方面）和 mens rea（犯罪的

---

〔41〕 Stephan Hurwitz, Hans Welzel：Das deutsche Strafrecht. 3. Auflage., Nordisk tidsskrift for kriminalvidenskab, 42. årgang, 1954, s. 284.（《书评：汉斯·威尔哲尔著德国刑罚第三版》，杂志《北欧刑事法学时报》收录。）

〔42〕 前注 41, Hurwitz, Hans Welzel：Das deutsche Strafrecht. 3. Auflage., s. 284.

〔43〕 前注 41, Hurwitz, Hans Welzel：Das deutsche Strafrecht. 3. Auflage., s. 284.

〔44〕 在日本刑法学中以形式的犯罪论为背景的如前田：《罪刑法定主义的现代意义》，《现代社会与实质的犯罪论》，东京大学出版会 1992 年版，第 22 页以下。

主观方面）的区别相对应的好处。[45]二战后，特别是在英美法学影响越来越　－173－
强的丹麦也不可能被目的行为论所破坏。

2. 正当化事由的一般内容

在丹麦的犯罪论中，正当化事由是违法性中的第一个问题，丹麦用语是
"阻却犯罪成立的客观事由"（objektive straffrihedsgrunde）。[46]这不是单纯地
将构成要件理解为记述的、形式的框架，而是将其视为违法类型的逻辑性结
果。[47]具体包括，正当防卫（nødværge）、紧急避险（nødret）、同意（sam-
tykke），等等。

正当防卫、紧急避险基本上是与日本相同的制度，但是关于同意可能有
必要进行说明。日本所说的被害人同意当然不用说，日本正当业务行为中的
医疗行为、体育行为等也包括在其中。医疗行为、体育行为等基本上是基于
同意进行的，基于同意放弃自己的法益也被认为是这些行为的正当化根据。

因为丹麦刑法中没有日本正当行为阻却违法性（日本刑法第 35 条）的规
定，[48]这些行为都被归为同意。因此，丹麦刑法并不存在将劳动争议行为、[49]
公务员职务行为予以正当化的一般规定。劳动争议行为、公务员职务行为的
正当化都是根据刑法分论、警察规则（politivedtægt）[50]等规范中的个别规定
进行的。这些问题不被视为丹麦刑法中的刑法总论问题。

---

〔45〕　关于 actus reus 和 mens rea 的审查顺序，请注意也有人指出，"美国的刑事实体法是否也应
具有从犯罪理论构成中的事实性、客观要素出发，逐渐进入评价性、主观因素的态度呢"（木下毅：
《美国公法》，东京大学出版会 1993 年版，第 314 页）。

〔46〕　这是因为丹麦的违法论是与犯罪的客观方面相对应的构成。另外，免责事由被称为"主观
的犯罪成立阻却事由"（subjektive straffrihedsgrunde）。

〔47〕　日本也有在违法性阶段重新认定违法性的观点，但是从思想经济性角度讲太浪费，很难说
是机能的观点。在日本，也会被认为"现在多数说"的"立场上，违法性的讨论实际上意味着讨论违
法阻却事由"（前注 10，前田：《刑法总论讲义》，第 200 页）。但是，实际上作为违法性问题，也有
很多以规范构造论等为代表的形而上学式的讨论。

〔48〕　此外，关于正当行为的正当化根据，前田很重视同意（前注 10，前田：《刑法总论讲义》，
第 211、215 页），可见与丹麦讨论的共通之处。

〔49〕　《工会法》第 1 条第 2 项规定，引用刑法第 35 条对劳动争议行为进行正当化，即"刑法第
35 条的规定适用于工会的团体谈判及其他为达到前款所列目的的正当行为"。

〔50〕　关于警察规则的注释书，Vagn Greve, Nils Bonde og Scharf, Kommenteret normalpolitivedtægt,
2. udg. , 1981 Copenhagen.［《常用警察规则注释》（第 2 版）］特别是关于警察的职务行为，参见同
书 s. 90ff.

3. 实质的非类型性理论

"实质的非类型性（materiel atypicitet）"是另一个丹麦犯罪论中违法性的重要理论。前面已经提到，丹麦没有一般性正当化事由的规范根据，因此这个理论成为超法规的正当化事由。

实质的非类型性理论是指，即使形式上具备构成要件该当性，在实质上欠缺类型性则无违法性、无罪的理论。因为缺乏类型性，"从自然语言的理解来看，具体符合了某规定，此外即使其自身符合规定的文字意思，也不用该规定"，使用这一限定解释（indskrænkende fortolkning）的方法。一目了然，这个思考与日本可罚的违法性理论相近。

这个理论是判例的产物，是学说在整理 valid law 时进行理论化的产物。相关的具体事例如下：16 岁的儿子盗窃使用父亲汽车的事例，不符合丹麦刑法第 293 条第 1 项因而无罪；[51] 被告人偷听自己 13 岁的女儿与前妻的电话谈话的事例，不适用丹麦刑法第 263 条等。[52]

在与日本亲族间特例相近的情况中适用该理论的例子很多，但也有警察在酒店阳台上拍摄游行队伍照片无罪的例子，[53] 可见这并非仅适用亲族间特例的理论。

一直以来，瓦本将实质的非类型性理论在违法性阶段作为类型性正当化事由和个别超法规的正当化事由进行讨论。但是，如果严格地看瓦本个人的犯罪论，实质的非类型性问题被作为刑罚法规的具体解释（fortolkning）问题处理，是否适用于具体的法规，即采用与构成要件该当性判断相近的形式。[54] 格雷夫最近也论述道"实质的非类型性理论有着介于客观的正当化和单纯的法律规范解释两者之间的亲近性"，[55] 暗示着这个理论的位置本身就有可能变动。

实际上，如果分析丹麦判例，就会发现判例基本没有明确提到欠缺实质

---

〔51〕 U 1963. 1029 V.

〔52〕 MEDD 1991. 245 Ø.

〔53〕 U 1981. 879 Ø.

〔54〕 但需要注意的是，在同样采取起诉便宜主义的丹麦，这种问题经常被作为诉讼法层面上的诉讼经济问题进行处理。

〔55〕 前注 16, Greve, Criminal Law and Justice in Denmark, p. 513.

类型性的情况无违法性这样的内容，[56]相反有很多判例出现了欠缺实质类型性不符合任何一条刑法条文的表达。[57]

一直以来丹麦的学说重视构成要件的形式性，在违法阶段进行实质判断，一直维持着旧时代构成要件的理念类型。但如果忠实地对现实的判例进行理论化，这个问题就不再是违法性阶段的问题，而是构成要件该当性中法律规范的解释问题。

此外，笔者个人认为将此作为构成要件问题处理有一定的好处。在日本的私法领域经常提到缩小解释。在刑法领域中却一直没听到过。[58]仅在讨论与宪法学理论的关系时，听到过合宪性解释这样的词语。但认真想想，刑法并非不允许缩小解释。因为这不是对被告人不利的解释方法。在日本刑法领域中，没听到缩小解释这个词语的原因是，以往日本的犯罪论普遍采取形式犯罪论，即"形式上该当构成要件即具有构成要件该当性"。形式上符合法律至少具有构成要件该当性的观点与积极的责任主义即有法律就有刑罚的观点相连也并非毫无顾虑。[59]违法阻却或责任阻却，特别是这种情况中超法规的违法阻却、责任阻却会成为问题，有必要注意的是，在实务中难以简单地适用超法规的违法、责任阻却。

在一直以来的日本可罚的违法性理论中，都有观点主张将成为问题的可罚 —176—
的违法性全部纳入构成要件该当性判断中。现在，这种观点被否定了，通说认为构成要件该当性判断仅包括所谓绝对轻微型的内容。[60]的确，通过将可罚的违法性论纳入构成要件该当性判断，因欠缺可罚的违法性而不处罚仅限定于"日常看来轻微脱逸行为（社会相当性行为）的不处罚化"，[61]如此会留下问题。但丹麦在"构成要件的限定解释或缩小解释"的意思上对此加以使用，

〔56〕 采用这种表达的例子，前注52，MEDD 1991. 245 Ø. "该行为欠缺这种违法特征。"

〔57〕 参见前述各判例。

〔58〕 田宫裕：《刑法解释方法与界限》，《平野龙一先生古稀祝贺论文集》（上卷），有斐阁1990年版，第40页，可以看到缩小解释这个词语。

〔59〕 前田将形式的犯罪论与实质的犯罪论对立，从后一立场讨论前者存在的问题（参见前田：《现代社会与实质的解释论》1992年版前言），但一直以来形式的犯罪论存在的问题，这里可能也出现了。

〔60〕 但是，前田论述到，"多数说未必……""……在构成要件该当性之处从正面进行（绝对轻微性）意义上的实质性违法性判断"（前注10，前田：《刑法总论讲义》，第200页）。笔者也表示赞成。

〔61〕 前注10，前田：《刑法总论讲义》，第204页注8（这是前田评价藤木英雄理论的论述）。

在构成要件阶段进行实质解释就不存在问题。因为无论如何实质判断构成要件，只要个别地处理作为例外的正当化事由（即正当防卫、紧急避险、同意等），就可以将构成要件和违法性的关系视为原则与例外，有可能维持两者的差异。

将形式上考虑的构成要件作为具有实质性内容的构成的讨论，在日本也出现了。例如，前田雅英认为"客观的构成要件的机能应该从辨别是否具有实质的、可罚的法益侵害中寻求"，[62]这与丹麦实质的非类型性理论的发展过程相吻合。在思考实务中也经常使用的机能性构成要件概念到底是什么时，两国理论的一致性不容忽视，这似乎表明了 valid law 分析的有效性。

（三）责任

1. 责任的理解

在丹麦的犯罪论中，责任比违法性所占比重更大。包含事实错误（faktiske vildfarelser）、法律错误（retsvildfarelser）的故意、过失论（tilregnelse）相关的所有问题都属于责任论的内容，责任能力即精神正常性（tilregnelighed）当然也是责任要素。

另外，经常被日本或德国作为责任论中心问题的意思自由与刑事责任的问题，与此相关的决定论、非决定论的问题等，在现代丹麦刑法学中并非决定性的重要论点。决定论还是非决定论，有无自由意思这种凭经验难以得出结论的争论，本来就与经验主义刑法学不相融。[63]而且，"北欧各国现代刑法学理论的特征就是完全克服了这种思辨的、形而上学的教条"。[64]丹麦刑法的特征是存在承认严格责任的规定，实务和学说都不承认期待可能性的概念。关于严格责任将在下节详细论述，这里仅就丹麦不承认期待可能性概念进行些许说明。

2. 期待可能性

期待可能性的概念因与规范责任论的发展联结，在德国得到认可。日本

---

〔62〕　前注 10，前田：《刑法总论讲义》，第 137 页。

〔63〕　根据荒木伸怡的观点，因此平野说到"我们并不是以经验科学难以解决的自由意志有无论来限制责任非难的界限""规范的非难所允许的规范意思无论是能动还是被动变化，将此作为预测问题进行限制界限的理论框架或中间命题（前注 21，荒木，94 页）"，是与"回顾性非难"相对的"展望性非难"的主张。

〔64〕　吉川经夫：《比较法研究——北欧各国》，《刑法修正研究 1 概论·总论》，东京大学出版会 1972 年，第 171 页。这本书主要讨论刑罚与保安处分的关系，但可以说这适用于所有的刑法学理论。

到了二战后也开始广泛接受该学说。但必须明确的是，尽管学说被广泛承认，判例却没有轻易地从正面接受该理论。在下级审理层面上，"在第二次大战后的混乱时期，以违反经济统制法规事件和劳动争议事件为中心，出现了相当一部分以缺乏期待可能性作为责任阻却事由进而无罪的判决"，[65]但此后的日本最高裁判，过去的日本大审院、最高法院、高等法院的判例，并没有明确肯定或否定期待可能性理论，[66]还不能说日本判例已明确接受没有期待可能性因而阻却责任的理论。

在日本学说中，有很多观点将没有期待可能性作为超法规责任阻却事由，但这具体是什么，现实中在何种场合适用未必清楚。[67]作为超法规责任阻却事由的期待可能性停留在极其观念的层面。

不过，期待可能性理论多用于各个刑法解释论中。例如，过剩防卫、过剩非难、与赃物相关的罪名中亲族间的特例等，有很多规定被认为不运用期待可能性理论可能难以说明。与此相对，在丹麦，具体的解释论中有必要运用期待可能性理论的情况很少。最重要的是，一般认为在丹麦刑法学理论中几乎就没有建立起运用期待可能性这一抽象理论说明各个规定的解释论。

-182-

丹麦的判例不采用期待可能性理论。而且，赫维茨以来，丹麦的学说也不再讨论期待可能性理论。该理论也没有作为面向法院的法政策提案被采用。仅仅只是介绍德国有这种概念而已。[68]德国责任理论的发展顶点可以归结为规范责任论的理论，在日本期待可能性理论被视为刑法学理论的共同财富，简简单单就放弃，在日本研究者来看可能会难以置信，但是从丹麦完全克服了形而上学的概念、彻底的经验主义、重视事实的观点来看，可以说这是丹麦刑法学理论的象征。[69]

---

〔65〕　前注 10，前田：《刑法总论讲义》，第 369 页。

〔66〕　参见最判昭和 33 年（1958 年）7 月 10 日刑集 10 卷 12 号 1605 页。此外，在现在的实务中，虽然有在量刑中考虑缺乏期待可能性的情况，但是未达到阻却责任的程度。

〔67〕　虽然存在一般人标准说、行为人标准说、国家标准说等主张，但是在具体适用方面经常产生疑问。

〔68〕　Stephan Hurwitz, Den danske kriminalret almindelig del, 1952, s. 390f.

〔69〕　不只有丹麦不采用期待可能性理论。瑞典刑法学理论采取比丹麦更德国式的思考，也放弃了期待可能性理论（参见前注 40，Jareborg, Essays in Criminal Law, p. 13. ）。

3. 责任刑法与违法刑法

与责任和违法性的区别相关，在日本存在立足于责任刑法还是违法刑法的问题。所谓责任刑法是，重视犯罪的主观要素因而承认即使没有法益侵害或侵害的危险也可发动刑法的立场，日本的行为无价值论被认为采取这个立场。而所谓违法责任是，重视犯罪的客观要素因而承认发生法益侵害或有侵害危险时才开始发动刑法的立场，日本的结果无价值被认为采取这个立场。乍一看，责任刑法看似处罚范围很大，而违法刑法的立场承认发生结果刑法才介入有可能与结果责任论结合，但责任刑法因重视行为者的主观方面，如在错误论中即使发生了结果，缺乏意图客体也仅以未遂犯论处等，也有缩小处罚范围的情况，不能一概说哪一种立场的处罚范围大。

最近，在日本结果无价值理论逐渐有力，违法刑法被认为是可取的，但从刑法本来的历史来看，其发展脉络是从违法刑法到责任刑法。按照这个发展过程，丹麦刑法最终也能够到达责任刑法。这与其一直维持近代学派的刑罚论不无关系。

二、犯罪论的特征

以上内容明确了丹麦犯罪论的构成。接下来我们转换视角，关注一些更具体的论点，与日本刑法、德国刑法、美国刑法进行比较的同时考察丹麦犯罪论的特征。[70]

（一）丹麦刑法是主观的吗？

思考丹麦刑法的特征时，经常提到丹麦刑法是主观主义刑法。的确，现行丹麦刑法典，如本书第二章二（六）所论述的，在其立法过程中受当时德国近代学派的强烈影响，可以看到很多主观主义的规定。例如，在共犯规定中采用所谓概括性正犯者概念，[71]未遂犯规定也是相当主观的。特别是未遂犯，早在18世纪，奥斯特就展开了期待刑法有犯罪预防效果的主观未遂论，现行刑法典的主观主义甚至让人觉得这是传统。另外，刑罚论也受到近代学

---

〔70〕 另外，为了加强比较的效果，会稍微涉及有着相同斯堪的纳维亚法传统的挪威刑法、瑞典刑法。

〔71〕 关于丹麦共犯立法的日本文献，齐藤金作：《主观的共犯论与共犯立法》，《共犯判例与共犯立法》，有斐阁1959年版，第188、189页。

派的显著影响，在日本也有观点指出，北欧的刑事政策"也有与新派刑法学理念一致之处"[72]。

但是，实际上丹麦刑法是主观的吗？过去，平野龙一从日本刑法是否真的是主观的观点出发讨论日本刑法的特征。[73]这里参考平野的相关研究、问题设定，尝试从丹麦刑法是否真的是主观这个问题出发，明确丹麦刑法的特征。

－184－

具体而言，讨论以下几点：①发动刑罚权是否以发生具体的法益侵害（被害）为必要？②犯罪的主观方面即故意、过失是不是认定行为人责任的决定性要素？③是否有可能处罚犯罪实行者的幕后者（共谋共同犯罪、conspiracy）或承认与此类似的观念？[74]

（二）发生具体的法益侵害——未遂犯、不能犯

1. 未遂犯

首先，讨论发动刑罚权是否以发生具体的法益侵害为必要的问题。这个问题与未遂犯的实行着手时期（在什么阶段认定未遂犯）及不能犯的问题直接相关。先看看未遂犯的问题。

－185－

在日本，承认未遂犯的成立的时间比较晚。判例一直以来都将发生侵害法益的急迫危险视为实行着手，[75]学说上，在近代学派已衰微的现在，也鲜有学者采取主观说，[76]实质的客观说成为通说。[77]过去关于间接正犯的实行着手时期有很多学说以利用者行为时为标准（利用者行为时说），但近年，结果无价值抬头，以利用者行为时为标准的学说（被利用者行为时说）变得有

---

[72] 八木国之：《北欧刑事学的理论动向与现实》，《新派刑法学之现代展开（增补版）》，酒井书店1991年版，第397页。

[73] 平野：《日本刑法的特征》，《刑法的基础》，东京大学出版会1966年版，第129页以下。

[74] 这个问题设定，基本上是源于前注73平野论文的观点。另外，可能会有人批判这样利用他人的问题设定的行为。但是，根据问题式思考，有能够在其他研究者的事实认识之上进一步研究的优点（参见前注21，荒木，第42页），反而应该将此作为问题式思考的优点。

[75] 关于实际上最成问题的盗窃罪，所谓的物色说［例如，大判昭和9年（1934年）10月19日刑集13卷1473页］，关于间接正犯实行着手时期，采取被利用者行为时说［例如，大判大正7年（1918年）11月16日刑录24卷1352页］。

[76] 作为代表的有，牧野英一认为"确定认识其既遂行为之时成立犯意"是实行的着手时期［牧野英一：《日本刑法 上》（重订版），1937年版，第254页］，宫本英修认为"犯意飞跃的表动"是实行的着手时期（宫本英修：《刑法大纲》（1935年），第179页）。

[77] 在实质的客观说中，虽然包含相当微妙的差别（关于此内容，可以参见前注10，前田：《刑法讲义总论》，第146页），但是实质地判断实行着手的客观侧面是一致的。

力，判例和学说在客观方向上变得更为一致。

在较早的阶段承认成立未遂的立法或观点，在欧洲比较多见，丹麦也是其中之一。换言之，或许应该说丹麦的立法最为极端地奉行了这个观点。

丹麦刑法第 21 条第 1 项规定，"行为以惹起或实行犯罪为目的，未完成犯罪的作为未遂进行处罚"。根据这个规定，进入日本所谓的预备行为阶段就成立未遂。因为丹麦刑法分则没有规定预备犯罪，现实中日本所说的预备行为也包含在未遂的处罚范围。这一点显而易见。

但是，未遂犯的实际运用相当有限。因为尽管实体刑法上有这样的规定，在诉讼法的证明阶段，要证明存在故意非常困难。例如，在日本所谓的预备阶段，基本不可能认定存在故意。

从最近丹麦的判例中，举一个高等法院的判例。[78]案件事实是，被告人T等，在汽车中堆放了弹弓等准备进行入室盗窃的工具，走访了奥胡斯市内多家贵金属商家，为了确定入室方法，正在调查各家商店状况时，被警察发现了。虽然在相当早的阶段就被指控为盗窃未遂，但是最终被告人T等被判无罪。丹麦高等法院列举了两个理由：①各被告人过去未曾因入室盗窃受过处罚；②并非以盗窃作为直接目的的行为。[79]

在日本，一般认为预备犯罪的故意达到认识或容忍预备行为的程度足矣，但在丹麦，即使是在预备阶段（forberedende stadium）也要求与通常未遂同样的故意。换言之，仅认识预备行为是不够的，以认识或决意实现该犯罪行为作为要件。[80]换言之，姑且不论丹麦刑法未遂规定的表达，未遂犯在实际运用中可以说是相当客观的。

此外，现行丹麦刑法典中未遂犯的规定因为未遂成立范围解释得过宽，即使在实际运用中没有大问题，格雷夫在刑法修正的提案中仍将其作为修订

---

　　[78]　U. 1975. 430V.

　　[79]　与第一个理由相关联，何种情况可以说有故意，与第二个理由相关联，何阶段开始可以说是未遂行为，这个案例被作为指导案例。[Vagn Greve, Gorm Toftegaard Nielsen, Asbjø rn Jensen, Bent Unamck Larsen, og Per Lindegaard, Kommenteret straffelov Almindelig del, 5. udg. , Copenhagen, s. 185. 《刑法总论评论》（第 5 版）]。

　　[80]　参见前注 2，Waabeen, Strafferettens almindelige del Ⅰ, s. 195.

的对象。[81]

2. 不能犯

与此相对，关于不能犯（utjrnlige forsøg）是非常主观的。与德国的判例相同，丹麦的判例采取所谓的纯粹主观说。即所谓迷信犯[82]以外的人都要受处罚。

德国至今一般还承认对不能未遂的处罚。这归结于未遂处罚根据的理解（主观的未遂论），在德国刑法第 22 条、第 23 条第 3 项中也被确定了。[83]德 —187— 国法有规定进行处罚理所当然，但是丹麦没有处罚不能未遂的规定。

另外，在日本，众所周知，非常客观地进行了不能犯的判断。[84]判例的立场是，可以用具体的危险说来说明，但不能用比抽象的危险说更主观的学说来说明。[85]学说上，现在一般将具体危险说与客观危险说［具体危险说以行为时一般人的观念为判断基准，即将行为时社会一般人可能认识到的事实及行为人特别认识到的事实作为判断危险的资料。客观危险说以裁判时科学

---

　　[81]　前注 22，Vagn Greve, Er straffeloven forældet?, s. 26. 此外，格雷夫在说明丹麦非常早认定未遂犯，不能犯处罚范围很大时，论述的理由是"值得非难的心情，（几乎）足够科以刑事责任"（前注 16，Greve, Criminal Law and Justice in Denmark, p. 561），这是所谓心情刑法的说明方式，未必有仅限定未遂犯处罚的效果，在刑法解释方面是否有优越之处存疑。另外，他还写道"这个规定，对现代刑法而言过度概括"（ibit., p. 561），从这个表达可以看出通过修订刑法解决此问题的想法。但这个方法还有一些疑问。因为比起花相当的时间期待预想的刑法修正，还不如现在就为在解释论阶段小解释未遂犯规定提供理论基础。再者，瓦本从该规定是否有一般抑制、特别抑制效果的观点出发，关于未遂犯的成立范围，提供限制适用规定的根据（前注 2，Waabeen, Strafferettens almindelige del Ⅰ, s. 184.）。现实地说，这是个更好的解决方法。此外，与这个问题相关，参见 Shin Matsuzawa, "Overvejelser vedrøende forsøglrens rolle og baggrund" Kriminalistisk Årbog 1999, Kriminalistisk skriftserie Nr, 5 Redigeret af Peter Kruise og Lene Ravn, Københavns Universitet, Copenhagen, ss. 131–141.（《关于未遂犯论的作用与背景的考察》，1999 年度哥本哈根大学刑事法年报收录。）

　　[82]　在日本，丑时参拜神社（去诅咒所恨之人）经常在例子中出现，在丹麦以诅咒和咒语为例。

　　[83]　Johaness Wessls/Werner Beulke, Stafrecht Allgemeiner Teil, 28. Aufl., 1998, Rn. 620. 此外，德国刑法第 22 条规定"按照这个行为的表象，直接开始实现构成要件之人，企图犯罪行为而未遂"；第 23 条第 3 项规定"犯人因显著无知而对其所实施行为的对象或所使用的手段性质及未达到既遂存在错误认识时，法院可以免除刑罚或减轻处罚"。

　　[84]　将在本书第五章第三节"二"中详细论述不能犯判决标准相关的判例状况。

　　[85]　为何如此，这是因为在杀人的意思下将硫磺粉末掺入味增汤被喝下的事例中［大判大正 6 年（1917 年）9 月 10 日刑录 23 卷 999 页，判例通过不能犯作无罪处理］，"行为当时，以行为人所认识的事实为基础，实现其主观认识在一般人看来是危险的情况认定为未遂犯"，从这一抽象的危险说的立场出发，应该认定为未遂犯。

的一般人（也有学者翻译为科学判断框架内的一般人）的判断为判断基准，即将裁判时所明确的客观事实作为判断危险的资料。译者注〕之争公式化。这两种学说，即使在以一般人为基准还是以科学的一般人为基准，是否根据事后的、客观的判断存在不同，但是从均以发生具体的法益侵害的危险性为条件这一点来看，可以说两者都是法益侵害说的立场，即客观的立场〔86〕。〔87〕

　　在此意义上，丹麦刑法关于不能犯很明确是主观的立场，一般认为欧洲刑法中不能犯的处罚非常主观并没什么奇怪的。相反，与欧洲相比较，认为日本客观主义具有特色的观点也很恰当。〔88〕

-188-　　（三）故意、过失与责任主义——严格责任

　　接下来，讨论犯罪的主观方面，即故意、过失是不是认定行为人责任的决定性要素。在日本这被认为与责任主义相关自不用说，但是从其他国家的视角来看未必如此。

　　在美国有观点承认无责任刑罚的严格责任，丹麦或挪威也有类似的规定。〔89〕因为严格责任的观点将责任极端客观化，从此侧面来看，可以说丹麦刑法是客观的。

　　严格责任（stirict liability）原本是源于英美法的观点。总而言之，这是"不以故意、过失为要件"〔90〕的刑事责任。众所周知，在美国，霍姆斯提倡以抑止刑论代替报应刑论以来，强调一般预防的观点推进了犯罪的客观化。霍姆斯的观点是，"只要是理性的人，就有一定的犯罪意识，在这种情况下，不管被

---

〔86〕　实际上，在德国，具体的危险说也被称为新客观说（jüngere objective Theorie），客观的危险说也被分为绝对的不能、相对的不能，即基本上以德国旧客观说（ältere objective Theorie）为出发点。

〔87〕　近年，有很多论者对将具体的危险说作为法益侵害说的立场表示疑问。这是源于彻底贯彻所谓结果无价值论立场的疑问，作为结果无价值论代表人物的平野龙一，采用具体的危险说，应该注意其论述到"在一般人能感受法益受到侵害的情况，作为未遂犯进行处罚，依旧是以法益为基本的观点，是结果无价值的观点，不过，对危险的判断方法是否进行纯粹科学的思考或是否以一般人的判断为基础进行思考有所不同"（平野：《结果无价值与行为无价值》，《刑法机能性考察·刑事法研究第一卷》，有斐阁1984年版，第39页）。此外，野村稔也认为法益侵害说是妥当的（野村稔：《刑法总论》，成文堂1990年版，第70页），同时采用具体的危险说（野村，同书第347页），平野认为野村说"并非二元论，应该说是结果无价值一元论"（平野，同书第18页），也是分析这个问题的重要观点。

〔88〕　与欧洲刑法比较，日本刑法自我抑制的理由，参见前注73，平野论文，第148页。

〔89〕　此外，瑞典刑法虽然同为斯堪的纳维亚刑法，但是并没有严格责任的规定。

〔90〕　前注45，木下，第326页。

告人在现实中是否处于这种精神状态，都认为有犯罪意识，展开了客观的责任论"。[91]但是，严格责任比这更进一步不问犯罪意识的有无直接科处刑罚。

在丹麦刑法中，有着与上述英美法严格责任相同的观点。[92]即有承认"刑事责任不以故意或过失为要件（无责任刑罚）"[93]的规定。在丹麦，这被称为"客观的责任"（objektivet ansver），这个用语很容易让人产生误解。[94]因为丹麦所谓的 objektivet ansver，内容符合美国法的 strict liability，实际上却是与美国客观责任不同的概念（以下，为了避免误解，笔者将 objektivet ansver 译为"严格责任"）。　　　　　　　　　　　　　　　　　　　　–191–

此外，需要特别注意的是，在丹麦也存在与美国客观责任相似的思想。即一定领域中的推定过失，这种情况中的被告人必须证明不存在过失。提出反证免责这一点与严格责任不同。因此，在丹麦，这并不是"无过失责任"而是"过失责任"，被认为不符合 objektivet ansver 之名。

丹麦的严格责任并没有在那么的大范围内被认可。商法、环境法有法人严格责任的规定，特别法针对自然人约有 25 条严格责任的规定。[95]首先看看与责任主义直接关联的自然人严格责任。

自然人严格责任本是丹麦刑法第 19 条（规定要旨是无故意或过失行为不处罚）的重大例外。具体而言，在环境法（miljølove）、农产品法（love om landbrugsperodukter）、核设施三法律（tre love om atomanlæg）等规范中有这种规定。以航空法（luftfaretsloven）为例。该法第 147 条第 2 项规定如下："公司所有者或雇佣者即使没有故意或过失，违反本法科处罚金。"

在这个规定中可以典型地看到，自然人严格责任通常是在操作危险装置、生产危险物的场合，针对装置或物的所有者或使用者，[96]其法定刑一律为罚

---

〔91〕　前注 45，木下，第 318 页。

〔92〕　其由来，并非英美法，而是丹麦独自发展出来的（这与赫维茨有很大关系，关于此内容后文将述）。

〔93〕　前注 2，Waabeen, Strafferettens almindelige del Ⅰ, s. 48.

〔94〕　笔者过去也翻译为客观归责，但是觉得不确切［参见松泽：《丹麦刑法的发展》，《早稻田大学法研论集》77 号（1996 年），第 194 页］。

〔95〕　此外，刑法典有自然人的过失推定，但是没有自然人的严格责任。

〔96〕　此外，在税统制法、关税法等与税金相关的法律中，媒体法等与报道相关的法律中都有认定严格责任的规定。

金刑。换言之，丹麦的自然人严格责任，终究是作为责任主义的例外，限定情况加以使用。

然而，责任主义被视为现代刑法的根基，要认可这个例外，当然是必须能带来比否定责任主义大得多的利益。

关于此内容，瓦本将严格责任的预防效果[97]作为认可严格责任的政策意义进行讨论。根据瓦本的观点，严格责任能增大预防效果。即"对某一事件科处罚金，因同一领域内的行业人士互相熟悉而具有一般预防的效果，公司未能证明存在过失的情况也可能强化公司管理系统，因而也有特别预防效果"。[98]

但即使实际上有这种效果，不可否认仍存在自然人严格责任会侵害人权的担忧。

格雷夫也说道："不应该承认自然人严格责任有着广泛合意。严格责任是否符合广泛认可的人权水平也是有疑问的。"[99]今后，在丹麦也很有可能减少承认自然人严格责任的规定。

不过，法人严格责任，因为最近刑法典加以规定，将更为稳固。丹麦的法人严格责任思想始于赫维茨的博士论文《论法人的刑事责任》。[100]赫维茨在这个研究中，详细讨论了法人刑事责任相关的判例、学说，结论是，法人是刑事责任的主体，除属于法人各有关机构的个人的责任（这里基于过失推定的"过失责任"有问题）之外，关于法人本身的犯罪应科处"严格责任"。[101]

当时，赫维茨论述的内容是非常有效的法政策性建言（retspolitiske forslag），这篇论文发表以后，实务中法人承担"严格责任"的判例相继出现，实际上成了 valid law。

之后，法人严格责任与属于法人机构的个人基于过失推定的过失责任，被确立为判例理论，其发展长达 50 年，最近在丹麦刑法典中增设了全面继受

_-193-_

---

〔97〕 关于丹麦"预防"这个词语的用法，参见本书第二章第三节"二"。

〔98〕 前注 2，Waabeen, Strafferettens almindelige del Ⅰ , s. 175.

〔99〕 前注 16，Greve, Criminal Law and Justice in Denmark, Danish Law in a European Perspective, p. 521.

〔100〕 Stephan Hurwitz, Bidrag til læren om kollekive enheders ansver, 1993, Copenhagen. 因为 kollekive 没有对应的日语，方便起见翻译为"法人"。

〔101〕 必须事先注意的是，在赫维茨进行这个讨论的 20 世纪前半期，罗斯提出的 valid law 概念还没有出现。他进行传统的，我们通常认为的刑法解释论。

该内容的新条文。这实际上是将实务中长年累计的判例予以条文化，虽然很难被称为真正意义上的新立法，但是作为丹麦刑法典首次引入严格责任的规定而受到了关注。

虽说很难想象将这些丹麦所承认的严格责任原样导入日本，但是作为机能主义的一部分值得参考。此外，在日本的判例中，似乎也出现过承认无责任处罚的情况，承认过失推定的情况很少但也有一些，[102] 也有必要从更为实质的观点出发重新审视为什么判例要承认无责任的刑罚（同时也遭受了很多学说上的批判）。

−194−

（四）处罚幕后者的可能性——共犯

1. 丹麦的共犯规定

转至共犯。丹麦刑法共犯规定采用所谓概括性正犯者概念（umfassender Täterbegriff）。[103] 这个观点基于典型的主观共犯理论，不问犯罪条件提供者的形态全部作为正犯处理。意大利刑法也因采用这个观点而闻名，同为斯堪的纳维亚的挪威刑法也如此。

−195−

丹麦刑法第 23 条第 1 项规定了"某犯罪的刑罚法规，适用于煽动、从旁指导或因犯罪行为而共同犯案的所有人"。因此，不存在日本所说的狭义共犯与正犯的区别。丹麦的共犯规定只有这一条，其具体适用交由法院进行。

丹麦共犯论的特征是，共同正犯自不用说，所有类型的教唆犯、帮助犯也与正犯同样处理。即在丹麦刑法中，无论是罪名还是刑罚都适用与正犯完全相同的规定，在判例中出现的罚则，不是以某罪的共犯而是以某罪的形式。因为所有人都是正犯，也就没有必要明示正犯的规定。在具体的事件中，仅在根据丹麦刑法第 23 条第 1 项后段、同条第 2 项、同条第 3 项进行减刑时，[104] 共犯规定会作为减刑理由出现。

---

〔102〕 例如，在结果加重犯中，不要有对加重结果的预见可能性，在所谓的两罚规定中，对企业主的惩罚都是推定过失［参见昭和 32 年（1957 年）11 月 27 日刑集 11 卷 3113 页。在此之前，即使企业主没有过失，作为业务员过失行为的代位加以考虑是判例、通说］。

〔103〕 也被称为单一的正犯概念（einheilicher Täterbegriff）。

〔104〕 这些规定的宗旨是根据对犯罪的贡献程度承认减刑。条文内容如下。第 23 条第 1 项后段规定"对仅进行非本质帮助或者仅强化已坚定决心之人，可以减轻刑罚"。第 23 条第 2 项规定"共同侵害与自己没有特别义务关系之人，可以减轻刑罚"。第 23 条第 3 项规定"只要没有特别规定，对仅进行不重要帮助或者仅强化已坚定决心的，判处拘留以下刑罚的共同犯罪不处罚。基于过失的共同犯罪也一样"。

　　根据丹麦刑法第 23 条的规定，日本所有类型的共犯都有可能被处罚。
"煽动"是教唆，"从旁指导"是无形的帮助，"犯罪行为"是有形的帮助，
一目了然都属于共同正犯行为。当然，符合日本共谋共同正犯的类型也有可
能被处罚。具体而言，共谋共同正犯可以说是通过"煽动""从旁指导"形成
该犯罪行为的共同。

　　2. 与日本的比较

-196-
　　日本刑法典中有教唆犯的规定，且教唆者的刑罚有可能比实行者更重，
而共谋共犯的概念产生于大审院的判例，因为"如果不冠以正犯之名，很难
对幕后者处以比实行者更重的刑罚"。[105] 在这个阶段，仅限于恐吓罪这类知能
犯承认共谋共同正犯，[106] 范围很小。与此相对，在丹麦对犯罪的加功者全都
是正犯，且幕后者的处罚比实行者更重也没有任何问题，因此很明显，当时
日本刑法比现在丹麦刑法采取更为客观的立场。[107]

　　但是此后，也得益于比较容易证明共谋，共谋共同犯罪的概念不限于知
能犯而是扩张至所有类型的犯罪，进一步而言，并非单纯的教唆类事例或幕
后者的支配优于实行者的情况，仅进行共谋也成立（共谋）共同犯罪，丹麦
刑法是否比日本刑法更主观就不清楚了。的确，日本刑法典将教唆犯和帮助
犯视为狭义的共犯，进而规定对教唆犯任意减刑，对帮助犯必须减刑。但是，
教唆犯在实务中几乎没有出现过，主要是被共谋共同犯罪吸收了，实际上狭
义共犯仅有帮助犯。另外，在丹麦，尽管帮助犯也是形式上的共犯，但是在
实际运用中，通常根据第 23 条第 1 项后段进行任意减刑，现实上与日本必要
减刑的处理相同。如此思考的话，关于共犯，虽然丹麦刑法采取主观性共犯
立法的规定形式，但是从实际运用来看，与日本程度相同或者说稍微主观一
些最为符合现状。

-197-
　　此外，与日本一样，丹麦刑法也没有英美法中的合谋罪。

第二节　丹麦刑法的法政策

　　与日本不同，第二次世界大战的战胜国丹麦，战后的社会变化不大。比起

---

[105]　前注 73，平野论文，第 146 页。

[106]　大判大正 11 年（1922 年）4 月刑集 1 卷 233 页。

[107]　严格地说，当时现行丹麦刑法还未制定。

这个，20 世纪 60 年代新的价值观即否定以往欧洲的传统、权威，在经济发展中重视效率的思想对丹麦社会产生了很大影响。在刑法领域中，前者与无被害人犯罪的非犯罪化有关，后者与重新审视花费成本但无改善效果的刑罚制度关联。

　　在前面的章节中已说明，丹麦的法学根据罗斯的观点分为法解释学和法政策。法解释学是 valid law （实际妥当的法）的体系化，法政策由面向法官的建言、面向立法者的建言构成。本来，应该分别说明法政策中的两类建言，但是丹麦立法具有机动性，因此法政策在很多情况下都是作为"立法论"发挥作用。正是因为上述理由，下文将讨论一些犯罪的非犯罪化、刑罚制度的大修订，这些都是 20 世纪 60 年代以后丹麦刑法基于法政策产生的重大变化。 −198−

一、无被害人犯罪的非犯罪化

先简单说明一下哪些犯罪被非犯罪化了。

以删除条文的形式，丹麦明确将散发淫秽物品罪和堕胎罪非犯罪化。现在这些都是完全合法的行为。被限定性非犯罪化的犯罪是降低了同性恋（同性性行为，译者注）的适用年龄。事实上被非犯罪化的犯罪是（虽然有规定但是实际上几乎不适用），赌博、以自用为目的的持有及使用药物。此外，近亲属强奸，事实上被限定适用于父母对子女的奸淫行为。再者，专职卖淫虽有处罚规定，但现状是很难适用。

以下，稍微详细地来看看这些内容。

（一）严格区分法与道德

关于无被害人的犯罪必须从理论的侧面开始，即以探讨是否应该严格区分法与道德这个著名论题为出发点。

与很多国家一样，丹麦非犯罪化的讨论肇始于发生在英国的"是否应该严格区分法与道德"这个议论的影响。瓦本论述道，关于法与道德的关系，功利主义者 [108] J. S. 密尔主张的"侵害原理（nytteplinzip；harm principle）"，与同属英国的刑法学家斯蒂芬（James Fitzjames Stephen）为代表的"道德的强制（moralhandhåvelse）"对立，20 世纪 50 年代英国非犯罪化的议论 [109] 基本上 −199−

---

〔108〕　瓦本也是侵害哲学者（nyttefilosof）（前注 2，Waabeen，Strafferettens almindelige del I，s. 25. ）。

〔109〕　围绕所谓沃尔芬登报告（Report from Wolfenden Committee，1957），H. L. A. 哈特与帕特里克·德富林等之间展开争论成为契机。

继承了此对立，对丹麦产生了很大影响。[110]

现在丹麦刑法学立足于严格区别法与道德的功利主义立场。[111] 而且，从犯罪化的侧面来看，"这是一种道德标准的法律强制，无助于保护实际应受保护利益的，符合这种批评的犯罪化，在现行丹麦法中并不多"[112]。

此外，在当时的丹麦非犯罪化成为大问题源自丹麦刑事实务的冲击。丹麦的刑罚论直到战后的一段时间都倾向于改善、教育刑论，非犯罪化成为问题的20世纪60年代后半期，在当时的丹麦开始出现对改善、教育刑效果的质疑。作为社会统制手段使用刑罚是否恰当，是否应该尽量不使用刑罚，刑罚本身是不是"侵害"，这些根本性疑问也被提出，这也促进了非犯罪化论。[113]

非犯罪化成为问题，特别是保护法益不明确的犯罪，很多情况下是风俗类犯罪。这里从风俗类犯罪的非犯罪化开始说明。此外，这里所说的风俗类犯罪、其他犯罪这样的分类，根据的是丹麦刑法的规定。

（二）"风俗类犯罪"的非犯罪化（其一）——淫秽物品

与其他欧洲国家一样，过去丹麦的风俗类犯罪（Sædelighedsforbrydelser），范围很大。以散发淫秽物品罪为代表，还有近亲通奸、同性恋、卖淫、赌博、乞讨等，包含很多日本传统上不处罚的行为。此外，现行丹麦刑法典即1930年刑法制定之初，对风俗类犯罪采取了严厉的态度。原本这些犯罪很多源于基督教的道德观，[114] 在严格的福音路特派基督教国丹麦，将这些行为作为犯罪没有太多的疑问。

但是，在20世纪60年代，前述的哈特、德富林争论对丹麦产生了影响，严格区分法与道德的口号变得有力，从侵害原理的观点开始反省基督教道德观被认为是"应保护的利益"的这些犯罪。根据侵害原理的观点，这些犯罪中有很多难以说明为何被处罚。

在丹麦，最先被非犯罪化的犯罪是散发淫秽物品罪。让我们详细看看与此相关的内容。

---

〔110〕 参见前注2，Waabeen, Strafferettens almindelige del Ⅰ, s. 27.

〔111〕 受到克努德·瓦本的指点。

〔112〕 前注2，Waabeen, Strafferettens almindelige del Ⅰ, s. 27.

〔113〕 关于这个议论，参见前注2，Waabeen, Strafferettens almindelige del Ⅰ, s. 28. 挪威的克里斯蒂认为这是以废除主义（abolishonism）为中心的思考。

〔114〕 因此，在没有基督教文化背景的日本，近亲通奸、同性恋不受处罚。

在丹麦，根据最初 1930 年刑法的规定 [115] 处罚散发淫秽物品罪。色情作品非犯罪化的问题实际上是从 1964 年开始的。其社会背景是，与 1968 年在哥本哈根发起的"青年起义"相关的嬉皮文化处于繁荣期，当时有相当数量的色情作品出现在市场中，事实上很难全部取缔。

–201–

1960 年，赫维茨担任委员长的刑法委员会，在 1964 年接受司法大臣的委托讨论这个问题，在 1966 年提交了相应的报告书，第二年很快就对散发淫秽物品罪进行了部分非犯罪化。色情图书被解禁。[116]

最初只解禁了图书，丹麦司法部就对解禁产生的社会变化进行了实况调查。其结果是，如果色情图书的买卖市场减少，色情图片的买卖就会增加。[117] 刑事立法接受了这个结果，1969 年就只剩下禁止向未满 16 岁者售卖淫秽图画、物品的规定，[118] 废止了散发淫秽图书图画罪。

在散发淫秽物品罪的非犯罪化中，心理学、医学、社会学等方面的知识发挥了非常大的作用。在刑法委员会的报告中有详细的内容，在日本也有部分介绍。[119] 根据这部分介绍，1965 年，法庭医审会从医学的角度得出的结论是，通过刑罚规定规制色情作品没有必要。法庭医审会意见书的概要如下：

"一、虽然有意见认为看色情作品会歪曲孩子的性活动，但是学龄少年的性动向并不会因色情作品这样的外在刺激而变化。

"二、因此，色情作品并不会给孩子带来精神痛苦。

---

〔115〕　丹麦刑法第 234 条旧规定（1930 年现行刑法典制定之时的规定），如下："一项 实施以下行为者，处以罚金或拘留，有加重情节的处以六个月以下惩役。一号 向未满十八岁者提供或转让淫秽图书、图画或物品的。二号 公开发表或分发淫秽图书、图画或物品，或以此为目的制作或输入的。三号公开演讲、演出或展示淫秽内容的。"此外，1939 年刑法修正增加了，同条二项规定了以营利为目的的情况，同条三项规定了对将本来不认为是淫秽之物为了营业性投机而销售等的情况。

〔116〕　前注 115 的规定，删除二项、三项，对一项一号进行了如下修正："一项一号 向未满十八岁者提供或转让淫秽图画或物品的。"根据石渡利康：《丹麦的性表现自由》，《斯堪的纳维亚法论集》，八千代 1980 年版，第 181 页，"这个根基有四条基本线。第一，图画或物品这种所谓的色情图画与色情图书不同，例如即使一直禁止也不会侵害表现自由。第二，色情图画制作容易，也能很容易进行复制。第三，阅读色情图书，与看色情图画不同，需要一定的阅读能力，因此没有达到一定年龄是不能理解的。第四，假如仅在丹麦完全解禁色情图画，因此有可能会与外国失去平衡，所以最好还是继续禁止色情图画"。

〔117〕　前注 116，石渡论文，第 181 页。

〔118〕　现行丹麦刑法第 234 条规定如下："向未满 16 岁者贩卖淫秽图画或物品的处以罚金。"

〔119〕　弗兰茨·马克斯著，宫泽浩一译：《丹麦淫秽图书的解禁》，宫泽浩一、中山研一编：《性与法律——性表现自由与界限》，成文堂 1972 年版，第 250 页以下。

"三、针对成人的情况，也不能认为对性生活有害。"[120]

此外，将散发淫秽物品罪非犯罪化，在当时的丹麦最大的问题是，担忧是否会因为解禁导致性犯罪增加。日本现在反对散发淫秽物品罪非犯罪化的学者还会引用这个担忧。[121]实际上，在色情作品非犯罪化的丹麦，性犯罪是否增加了呢？关于此内容，巴尔·库钦斯基从法社会学的观点进行的实证研究[122]中有非常详细的反证。

库钦斯基首先通过警察的统计表明，1959年至1969年间哥本哈根市内各种性犯罪急剧减少，减少率为63.1%。然后通过其他方法解释说明这与解禁色情作品的关系。这里难以论述其详细内容，但结论是他认为反而是解禁色情作品减少了性犯罪。

库钦斯基此后也一直作为性犯罪研究第一人活跃着。他的研究得到了很高的评价，现在丹麦基本上看不到否定散发淫秽物品罪非犯罪化的观点。

（三）"风俗类犯罪"的非犯罪化（其二）——同性恋、赌博、卖淫

1976年，关于同性性行为的规定被放宽。旧规定是即使有同意也禁止针对未满18岁者的同性性行为，而新规定将年龄降低为未满15岁，与异性性行为的规定一样。[123]

此外，关于赌博罪，处罚范围仅限于开设赌博场所谋利与专职赌博者即所有的经济收入均由赌博获得，即使是经常赌博的人，如果是个别地获得经济收入的情况，[124]不受处罚。这些规定比日本稍微消极些。但最近几乎没有

---

〔120〕 前注116，石渡论文，第190页。

〔121〕 除此以外，在日本还有将不看者的权利、青少年的健全成长等作为反对散发淫秽物品罪非犯罪化的根据。但是，在丹麦淫秽图书的分发和贩卖是受限定的，向未满16岁的青少年分发、贩卖依然是受处罚的（丹麦刑法第234条），因此现实中并没有问题。此外，必须注意的是，不仅要有不看淫秽物消极的健全成长，也要在充实青少年的性教育等积极的健全成长方面努力。在丹麦，在小学低年级阶段开始教授性交的构成及快乐性交的方式，此外存在争议的，在小学高年级，使用男性性器官的模型，也教授避孕工具的使用方法。

〔122〕 Berl Kutschinsky, Studies on Pornography and Sex Crimes in Denmark, 1970. Copenhagen.

〔123〕 为慎重起见附加说明，在丹麦，两人均未满15岁，不论同性还是异性，发生性行为不可罚。即，丹麦刑法即使处罚同性间的性行为，但这并不是道德强制的结果，而是保护未成年人的产物，与日本规定与未满13岁者性交即使同意也构成强奸罪的旨趣一样。

〔124〕 这个与后面说明的卖淫情况相同（为什么有个别职业允许赌博行为或卖淫行为，后面将进行论述）。

赌博罪的实例。[125] 与日本比较，丹麦不存在有组织地进行赌博犯罪的持续性 —203—
团体，可以说是一大理由。[126] 在丹麦，按照以《赌场法》（lov om spillekasioer）
为代表的特别法，经过一定手续就能够合法开设赌场。因此，非法开设赌场
事实上没有好处。

现在刑法典中还存在且有适用的犯罪中，被视为典型的风俗类犯罪的是
卖淫及卖淫斡旋罪。[127] 卖淫斡旋罪有非常明确的可罚性根据，即为了预防卖
淫女（也包括男性）被斡旋者压榨。

与此相对，卖淫行为通过侵害原理难以说明其处罚根据。因此，在丹麦
单纯的卖淫行为并不受处罚。仅仅处罚以卖淫为业的情况。此种情况的保护
法益被认为是"预防有工作能力者，无秩序生活而不能以合法的方法自食其
力"[128]。因此，处罚卖淫并非因为道德，而是为了确保健全的劳动力。在丹
麦这种高度福祉国家，国民健全的劳动征税是其存立的根基。专职卖淫被认
为有破坏这个根基的担忧。这是非常有意思的规定。[129]

如前所述，专业赌博可罚也是出于同样的理由。但现在合法的赌场增多，
实际上对何者适用这个规定变得模糊不清。因此，在赌博的场合中，专职赌
博者越来越不受处罚。卖淫的情况也一样，如何判断专职卖淫女很困难。此
外，最近丹麦的失业者也在增加，适用这个规定变得让人感觉不舒服。

关于卖淫，非犯罪化的主张非常多。刑法委员会过去也建议将此规定从 —204—
刑法典中删除。[130] 因为即使能如上述那样说明所保护的法益，将此作为刑法
典中的犯罪也是有疑问的。

此外，在卖淫非犯罪化的场合，丹麦政府采取的措施有两种：代替刑罚
给予卖淫女保护和完全置之不理。有观点就指出，无论走哪条路，必须考虑

---

〔125〕 瓦本在刑法各论教科书中［Waaben, Strafferettens specielle del, 4. udg., 1994.《刑法各论》
（第 4 版）］没有涉及赌博罪。

〔126〕 在丹麦没有所谓的暴力团体或黑社会组织。

〔127〕 关于斡旋罪规定了各种各样的类型（第 228 条、第 229 条）。

〔128〕 Betænkning nr. 139, s. 24.（《刑法委员会答复报告书》139 号）

〔129〕 同样的规定有，关于乞讨者的第 197 条、第 198 条。但此条的处罚根据、社会规制效果是
有疑问的，因此 1987 年丹麦刑法委员提议删除，实际上基本不适用了。

〔130〕 与前注 129 的提议同时进行。

通过卖淫广告或装饰窗户引诱客户等与社会环境的关系。[131]

（四）堕胎、近亲属强奸、持有药物的非犯罪化

此外，作为风俗类犯罪以外的犯罪非犯罪化的问题有，堕胎罪、近亲通奸、自己使用药物及以自用为目的而持有药物等。

首先，1973 年堕胎罪被非犯罪化。堕胎罪原本并不是刑法典中的犯罪，而是特别法中的犯罪，[132]据此，居住在丹麦的女性，在怀孕第 12 周之前进行流产手术的，无论何种理由，不构成堕胎罪。

近亲属强奸，属于丹麦刑法中家庭关系类犯罪（forbrydelser i familief-orhold）这一章，现在仍有规定。这个规定在制定时，与所谓的近亲属强奸禁忌或基督教的道德观有密切关系，但现在其性质变了，适用的事例变了，具有独立意义。这是犯罪学上的认识。即事实上近亲属强奸几乎都发生在未满 15 岁的女儿与父亲之间。这种情况反而可以理解，近亲属强奸是父亲利用在精神、经济上的优越地位对没有是非判断力的女儿进行侵害。此外，必须注意的是，近亲属强奸的保护法益即近亲属强奸的处罚根据被理解为遗传生物学的危险和维持家族关系的危险，[133]而非仅具有维护道德强制的色彩。[134]实际上，不会引发遗传问题的表兄弟、表姐妹之间的性行为[135]在 1967 年被非犯罪化了。

此外，药物犯罪规定在公共危险类犯罪（almenfarlige forbrydelser）中。药物犯罪非犯罪化的问题，一般限定在自用及自用为目的的持有。因为药物买方并非完全是"任意性"的。[136]这里看看药物自用及自用为目的而持有的规定。

-205-

---

〔131〕　前注 125，Waaben，Strafferettens specielle del，s. 68.

〔132〕　刚开始是在刑法典中规定，为了规定堕胎假，1937 年移至特别法。顺便提一下，当时规定在刑法典针对生命及身体的犯罪（forbrydelse mod liv og legeme）这一章。

〔133〕　前注 125，Waaben，Strafferettens specielle del，s. 74. 此外，瓦本提到，这个保护法益与近亲通奸的处罚在罪刑均衡方面稍有疑问。

〔134〕　当然，这些保护法益正如瓦本所提示的是否有违背罪刑均衡的疑问那样，确实是抽象的，非实体的。但是，现在仅限于父亲与未满 15 岁的女儿这种情况适用近亲强奸的规定，在实务中限定适用也没有什么特别不合适的，因此有观点认为保留现有规定也没有什么特别的问题。此外，在近亲通奸非犯罪化的情况下，上述类型，根据针对未满 15 岁孩子进行性行为的规定有处罚可能性。不过，保留近亲通奸罪名，以近亲通奸的罚则进行判决，对犯人也好，对社会也好，实际上与根据对孩子进行性行为的罪名进行判决有着不同的意义。

〔135〕　丹麦刑法旧规定第 211 条。

〔136〕　平野：《刑法的机能性考察》，《刑法的机能性考察·刑事法研究第一卷》，有斐阁 1984 年版，第 10 页。

丹麦关于药物犯罪的规定，首先是以特别法《药物法》（Lov om euforiser-ende stoffer）的规定为原则。[137]《药物法》第 1 条第 2 项禁止药物输出、输入、买卖、购入、赠与、受领、合成、精制及持有。引人注目的是不包括"药物自用"。根据本规定的反对解释，在丹麦药物自用不被禁止。

但是，解禁自用的同时，处罚"持有"很奇妙。因为不持有就不能使用。在实务中，以自用为目的持有少量药物并不受处罚。因此，在丹麦关于药物犯罪的非犯罪化事实上已全部完成。[138]

二、刑罚制度的修订与刑罚论的变化

（一）修订的内容

1930 年现行丹麦刑法制定以来，直到最近为止，丹麦刑罚论继受近代学派的观点采取改善、教育刑论。这可以说是对现行刑法制定发挥很大作用的近代学派刑法学者卡尔·特鲁普以来的传统。[139]

从二战后近代学派急速衰退的日本刑法学来看，丹麦最近仍维持着近代学派刑罚论的基本形式，可能会被认为非常奇妙。与日本或德国不同，近代学派恣意行使刑罚权的问题，在二战前、二战中都处于民主主义之下的丹麦并没有成为问题，这是很大的原因。

赫斯特法斯特（Herstedvaester）收容所作为丹麦改善、教育刑论，修复思想的象征而存在，在日本也广为人知。赫斯特法斯特集各种保安处分措施为一体（精神病患者关押设施），所长史特鲁普博士已出版了记载处遇经验的书籍，[140] 在外国也非常引人注目，一时间其效果广泛传播。但是，到了 20

-206-

-210-

---

〔137〕　刑法中也有两条规定（丹麦刑法第 191 条、第 191 条 a），这些规定了药物犯罪的严重情况。

〔138〕　进一步来说，并非毫无过头之感。在前述的克里斯钦尼亚（参照本书第二章第一节"一"），自由买卖哈希什，从解禁国荷兰和德国带入的药物流入有很多。将此仅限于软性毒品可能不会产生大问题。因为很早以前就有报告称，软性毒品比烟草、酒对人体的危害更小，这种报告也有相当的可靠性。但哪怕只有一点点流入，哈希什毒品对人体也有很大的害处，二次犯罪的危险也很大。限于哈希什毒品，从家长主义的观点出发，应该考虑处罚包含自用的所有行为的立法政策。

〔139〕　瓦本认为"卡尔·特鲁普与特别预防的发展特别同步"（前注 2，Waabeen, Strafferettens almindelige del Ⅰ, s. 38.）。

〔140〕　在日本，G. 缪勒普著，小泽礼一译：《异常犯罪者回归社会——赫斯特法斯特的经验》（东京大学出版会 1973 年版）已出版。

世纪 60 年代，人们开始反省以赫斯特法斯特为中心的不定期处罚，[141] 以怀疑的目光看待其效果。1973 年，朝着改善、教育刑罚后退的方向对刑罚的规定进行了大修订。

关于修订的理由，加藤久雄进行了如下的概括。即"丹麦从 20 世纪 60 年代后半期开始，（a）反省与高收入、高负担相对的所谓高度福祉社会政策，政治方向也开始稍微右倾，（b）与此平行的，伴随着刑罚人道化思想的高涨，非犯罪化或非刑罚化的倾向，犯罪及刑罚的概念发生了变化，从反省刑罚或处分的效果开始向重视罪犯自主性的社会内处遇发展，更进一步（c）在这一背景下，史特鲁普博士或扎克斯博士理想的、进步的处遇政策也遭到强烈的批评，（d）尽管投入了很多人力物力，再犯率完全没有降低，（e）在不定期刑的收容期间，收容者的处遇迫使他们的心理处于不稳定状态，这是非人道的，与收容者的法律地位问题相抵触也受到很强的批判，等等"[142]。

通过这次修订，1930 年刑法中新设的少年拘禁制度，各种保安处分制度[143]大幅度被废止或限制。①少年拘禁制度，②针对职业、常习犯者的保安监禁、劳动收容处分，③针对精神障碍犯罪者的特别拘禁及监禁处分，④针对酒精中毒犯罪者的特别处置等都被废止，关于①，由少年福祉办公室提供保护措施，关于②③，在普通的刑事拘留所收容，关于④，轻度的，刑事拘禁所收容，重度的采取入住一般医院的措施。[144]

（二）向抑止刑论的转变

经过这样的修订，现在丹麦刑法学中的刑罚论与改善、教育刑论有了一定距离。在典型的改善、处遇设施赫斯特法斯特中都有普通医疗设施的现在，丹麦刑罚论的中心变为以一般预防为重点的抑止刑论。[145]

下面我们参考一下现在丹麦刑法学者刑罚论的基本理念。

针对"刑罚应以何为目的"的问题，瓦本说道"丹麦刑法中刑罚的目的或

---

〔141〕 参见叶山水树、高山征治郎、服部正敬：《丹麦的保安处分——以精神病患者相关措施为中心》，《外国的保安处分制度》，日本评论社 1983 年版，第 91 页。

〔142〕 加藤久雄：《治疗·改善处分的研究》，庆应通信 1981 年版，第 263 页。

〔143〕 关于此内容，已在第二章第二节"六"中进行了说明。

〔144〕 关于此内容，详细内容参见前注 142，加藤，第 274 页以下。

〔145〕 原本，在丹麦 12 世纪制定的日德兰法中已经出现了一般预防的思想。此外，18 世纪，丹麦产生了独立的法学，代替了支配丹麦法学界很长时间的罗马法、自然法，此时的刑罚论特征是一般预防。

主要目的是，抑止（prævention）即预防（forebygge）将来的犯罪"[146]。此外，格雷夫讨论刑法的机能，提到所谓"刑事司法制度的目的"是"朝着某一特定的方向影响市民的行动，换言之让市民遵守法律"，"防止将来的犯罪（为了回避犯罪的刑罚）"[147]。"这样的理论称为犯罪抑止（kriminalprævention）。"[148]

　　这里需要特别说明翻译为"抑止"的 prævention。在丹麦，一般认为有 almenprævention 与 individualprævention 的概念。[149] 翻译为英文，前者是 general prevention，后者是 individual prevention，任何一个都是与所谓的一般预防、特别预防不同的概念。根据瓦本的论述，丹麦这两个预防概念是与 H. L. A. 哈特所说的一般抑止（general deterrent）、特别抑止（individual deterrent）相对的概念。[150] 本书据此将前者译为一般抑止，后者译为特殊抑止。

–212–

　　另外，需留意的是，在丹麦的抑止刑论中，存在因对改善、教育刑实际效果失望，而不得不采取抑止刑论的消极之感。根据格雷夫的论述，代表20世纪60年代的犯罪学者卡尔·克里斯琴森（Karl. O. Kristiansen）讽刺地说道，"我们有一些关于特别预防的知识，因而对此不相信。但是，关于一般预防一无所知，却因而对此相信"[151]。

　　严格地说，不得不承认抑止刑特别是丹麦刑法学的一般抑止刑论未必有充分的实证基础。挪威与丹麦一样都经历了从改善、教育刑论到以一般抑止为中心的刑罚论的理论转变，在挪威，非常质疑抑止刑的效果，以废弃刑法为目标的尼尔斯·克里斯蒂（Nils Christie）[152] 等被称为废除论（abolishonism）[153] 的

---

〔146〕　前注 2，Waabeen，Strafferettens almindelige del Ⅰ，s. 37.

〔147〕　Vagn Greve，Criminal Justice in Denmark，4th ed.，1991，pp. 14~15.

〔148〕　Greve，Straffene，1996，Copenhagen，s. 35.（《刑罚》是格雷夫最新的刑罚论教科书）

〔149〕　这在其他国家也是一样的，只不过名称不同而已。

〔150〕　前注 2，Waabeen，Strafferettens almindelige del Ⅰ，s. 40.

〔151〕　前注 148，Greve，Straffene，s. 46.

〔152〕　原奥斯陆大学教授，法学博士（dr. jur.）。著作颇丰，但在日本只出版了立山龙彦翻译的《刑罚的界限》（成文堂 1988 年版）。

〔153〕　关于北欧的废除论，参见八木国之：《新派刑法学的现代展开》（增补版），酒井书店 1991年版，第 409 页以下。根据八木国之的论述，"必须注意的是，这里所说的'废除论'是广义的，而非狭义的即仅关于废除死刑或非犯罪化（非刑罚化）这种刑罚制度特定方面的部分废除。广义的废除论不是将系统的一部分功能不全等作为限定问题来处理，而是以整个系统本身作为社会问题，认为废除整个体系是解决问题唯一妥当的解决策略"。

立场登场。在丹麦，还未出现克里斯蒂这样的废除论。如格雷夫所说的，现在不遵循克里斯蒂的说法。不过，克里斯蒂在丹麦的评价很高，即使不能确立为新古典主义立场，也不能否认将来这种主张在丹麦也有可能具有说服力。

三、犯罪论中主观主义与客观主义的交错

在与日本或其他欧美国家刑法进行比较时，已经讨论了丹麦刑法是不是主观的问题。能推出的结论是，①现行丹麦刑法的规定，采取典型的主观主义刑法学的观点，②但实际运用中对主观主义进行了一定程度的限制。

这种规定与运用之间产生差异的现象，当然与1930年丹麦刑法制定后70年的社会变化有关，但是如果从刑法学理论的角度加以思考，可以发现更明确的原因。即，可以认为对应着丹麦刑罚论思考方式的变化。如果想想古典学派与近代学派刑罚观的不同，在犯罪论的客观主义与主观主义中有很大反映，就能很容易理解。

原本，近代学派刑法学者特鲁普制定1930年刑法典以来，丹麦的刑罚论根据近代学派的改善、教育刑论发展而来。近代学派刑法学理论，因着眼于行为人的危险性，一般与主观主义犯罪论连接。继承近代学派潮流的特鲁普，在犯罪论中也成功地贯彻主观主义进行立法。这在极端的主观性未遂、共犯规定中已有所体现。

此后的一段时间内，虽然丹麦维持着改善、教育刑论，但是1960年以后，从成本、改善效果方面开始对此进行反省。受1973年刑罚制度修订的影响，刑罚论也增加了旧派的色彩开始转向抑止刑论。

一般认为，抑止刑论更易亲近客观的犯罪论。回想一下，基于心理强制说力倡一般预防的费尔巴哈被视为古典学派的创始人之一。町野朔也称日本抑止刑论的代表人物所一彦是"旧派中的旧派"。[154]

按照这个图式，丹麦刑法学从改善、教育刑论转向抑止刑论，当然可以预想到犯罪论也是客观化的。实际上，丹麦刑法的运用是对主观的规定设置客观的制动器加以适用。一般可以说，整体倾向是刑罚论从改善、教育刑论转向抑止刑论，犯罪论也随之从主观主义转向客观主义。

---

〔154〕　所、町野：《鼎谈·刑法是怎样的法律?》，《法学セミナー》364号（1985年），第25页（町野的发言）。

　　但仔细看的话，犯罪论的客观化并没有那么明显地进行。在丹麦至今采取主观的未遂论，不能犯也是根据主观说进行处罚。共犯处罚也与处罚共谋共同正犯的日本一样主观。这是怎么回事呢？

　　实际上，抑止刑论并不像一般人所想的那样与客观主义直接相关。试着回想一下，所一彦提出的犯罪论。所一彦以犯罪论作为抑止刑的科刑基础，要点如下：

　　首先，"法官对被告人以其实施的行为为理由宣告刑罚，但这也是为了向人们展示如果今后有人实施被告人的行为就将受到被告人这样的处罚，也是告诫人们今后不要实施这种行为。这个'如被告人实施的行为'是未来的行为。这不仅对法官来说是未来的，对选择今后行为的人们来说也必须是未来的"。因此，"引导抑止刑科刑标准的犯罪论，应该与选择今后行为的人们一起，必须在行为之前观察行为"。[155] 观察行为前的行为意味着，在没有发生结果时就必须适当注意行为人的主观。因为"如果在行为前观察行为，选择行为者眼中的行为性质理所当然是首要的"。[156]

　　如此，抑止刑论很容易与犯罪论中的事前观察行为、重视主观相关。采取相同抑止刑论的平野龙一，采取结果无价值的同时，在未遂犯论中采取具体的危险说，限定地承认主观的违法要素，可以说与此一致。[157]

　　在第一部分，笔者从多个侧面探讨丹麦的社会背景、刑法历史的发展、法学理论的基础等丹麦刑法建立的基础，明确了丹麦刑法学立足于极其现实主义的观点之上。在第四章中，通过犯罪论的展开、立法政策来说明这种现实的思考方法是如何具体化的。

　　然后，从整体来看会发现，丹麦犯罪论与原本就完全独立发展的日本判例或采取机能主义刑法学立场的学说有着不可思议的一致之处。这或许表明，

---

　　〔155〕　所：《抑止刑的科刑基础——作为犯罪论的抑止模型》，《团藤重光先生古稀祝贺论文集第二卷》，有斐阁1983年版，第109页。

　　〔156〕　前注155，所论文，第110页。

　　〔157〕　因此，从理论上来看，与抑止刑论最一致的，实际上是所谓的违法二元论（结果无价值、行为无价值二元论）。而且，因为要求抑止行为，所以只能对行为本身的违法性进行事前的判断。如果在日本的犯罪论中如此要求，则野村稔的"作为判断形式的违法二元论"与此最一致 [也参考了前田：《行为无价值与结果无价值》（《现代社会与实质的犯罪论》东京大学出版会1992年版）中对野村说的分析、评价]。本书第五章也会进行论述，平野龙一将野村说视为结果无价值一元论，与此相关（关于此内容，参见前注87）。另外，关于抑止刑的问题，结合刑法规范进行机能主义讨论的情况，参见本书第六章第二节"三"。

如果我们进一步学习丹麦刑法学，有可能会给日本的机能主义刑法学带来一些冲击。在本书第二部分，笔者基于这样的问题意识，将日本的机能主义刑法学作为出发点，推进讨论应从丹麦刑法学中学习的内容。

第二部分

新机能主义刑法学的构思

第五章　日本机能主义刑法学的发展及其问题

　　在第一部分，我们已明确了丹麦刑法学具有高度机能主义的特质。基于上述讨论，接下来探讨日本刑法学是否有可能从丹麦刑法学中学习到什么。

　　首先，再次回顾、整理日本机能主义刑法学的发展状况，指明其终点。在此基础上，指出日本理论上遗留的问题，与此关联，明确能接受的或不能接受的丹麦刑法学的思考内容。接着，如果在某方面能学习丹麦刑法学，通过迄今为止的研究提炼出来的丹麦的机能主义方法论是否真的可以应用于日本的刑法解释学呢？从这个角度出发，笔者举出若干例子，进行具体探讨。 –219–

第一节　日本机能主义刑法学的展开
——平野龙一的"机能性考察"

一、刑法学的性质

　　说到刑法的讨论，在日本通常指刑法解释学、德语中的 Dogmatik。[1] Dogmatik 原本是神学上的词语，[2]大概意思是为了不矛盾、体系地理解圣经教义的学问、方法。因此，在法学领域用这个词语，即使没有神学那么严格的意思，也暗含着无矛盾、体系地解释给定法典的意思。[3]

---

　　〔1〕　Dogmatik 也有被译为"教义学"的情况。

　　〔2〕　Dogmatik 还有教义神学，甚至独断性主张的意思。关于法学与神学的相似性，参见碧海纯一：《新版法哲学概论》（全订第 2 版），弘文堂 1989 年版，第 167 页，第 187 页注 10。第二章二也说明了欧洲法学是作为圣职者的教育发展起来的，既然法学本身就有这样的性质，将神学的方法论应用于法学是非常自然的。

　　〔3〕　此外，阿尔夫·罗斯极大转换了这个意思，认为所谓的法解释学是关于 valid law 的言明，是对将来判决的预测。从那以后，丹麦的法解释学（Retsdogmatik）与日本不同，以事实认识为中心（参见本书第三章第二节）。

20 世纪初，因为日本参照当时的德国刑法及德国刑法学编撰刑法典，受到德国学术的强烈影响，当时的德国刑法学主要奉行的刑法教义学也深深地渗透到日本的刑法学。这里所谓的体系性思考登场。

刑法学中所谓的体系性思考，虽然根据所使用的场合，可以包含各种各样的内容，但是简单说来，是指这样一种思考方法，少数的基本原理处于犯罪论的核心，以此为中心，进行与刑法典特别是刑法总论部分不矛盾的说明。在日本，围绕二战前旧派与新派的对立，构成要件理论与裸的行为论的对立，二战后不久开始的是否采用目的行为论等论点，无论哪一个理论都是以论者建立的基本原理为基础，就哪一种理论能够毫无矛盾地解释给定的刑法典，哪一种理论作为犯罪论的体系构成具有理论上的一贯性，展开了激烈的争论。

到了 20 世纪 60 年代，与此思考方法相对，平野龙一提出一个反命题，也就是所谓的问题性思考。平野指出，"法律的理论或体系……不可能原本就是完全确定的。可以说，这原本就是说理的技巧，不过是提示基本方向罢了。因此，当关于完整性的讨论变得琐碎时，目光从体系性思考离开，转向怎么解决每个问题的'问题性思考'，基于这个结果，我认为有必要重新审视理论或体系"。[4]换言之，过去一直以来的体系性思考，以如何精致地建构犯罪论体系为目的，对每个问题的具体妥当性的考虑被推到了后面，对此进行反省，相比于体系的完整性，更应该将重点置于解决每个问题的解释方法。

一般认为，平野的讨论受到所谓英美经验主义法学方法论的影响，[5]而原本日本经验主义、机能主义法学的潮流，可以回溯至末弘严太郎的主张。末弘，二战前留学美国，将判例研究方法介绍到日本，奠定了日本经验主义

-220-

---

〔4〕 平野龙一：《法学理论的作用》，碧海纯一编：《现代法学的方法·岩波讲座现代法第 15 卷》，岩波书店 1966 年版，第 79 页。

〔5〕 从平野与田宫裕、B. J. 乔治同为《经验法学入门》（1966 年）的编者可知。木田纯一将平野理论命名为"经验法学与刑法学"进行分析（木田纯一：《战后日本的刑法学》，一粒社 1972 年版，第 214 页以下），中山研一评价平野的《刑法的基础》，"可以说，这部著作是日本最早自觉地将经验法学方法运用于刑法领域的著作"（中山研一：《刑法的机能性考察及其问题》，《现代刑法学的课题》，日本评论社 1970 年版，第 136 页）。

法学的基础。这个经验主义法学的潮流与所谓的法解释争论联系在一起。[6]　　　　–221–

二、日本机能主义的方法论

法解释争论是指，二战后不久，以民法学者、法社会学者为中心进行的与法解释方法相关的争论。这个争论中包含着很多争议点，其中一个中心问题是，法解释学的客观性问题。

碧海纯一在题为《现代法解释的客观性问题》这篇极著名的论文中，[7] 仔细总结了法解释争论的成果及要点，同时展开了关于法解释客观性问题的讨论。这是日本现阶段机能主义法学的前提，也应该说是出发点。

碧海首先指出，参加法解释争论的多数论者承认，"理论与实践之间，换言之认识与评价之间，不断交错是不可避免的"。换言之，关于"法解释学中导入价值判断并非偶发，应该说是本质性的"这一点一般是有共识的。

以此为前提的话，接下来的问题是，"价值判断与理论认识以何种形式结合"，碧海引用了凯尔森的观点对此进行了如下说明。在"法律的解释"中，"法律语言含义的认识"所包含的"要求多种可能性中的任意一种进行解释"，"根据凯尔森的观点，这个选择已经不是理论认识，而是实践决断的问题"。而且，在这里存在的多种可能性中选择其一时，问题是"能在多大程度上为这个选择提供客观根据"，关于此内容，碧海区分"目的的选择与手段的　　–223–选择"的问题进行讨论。关于前者，"混入解释者自身价值判断的余地相当大，在这一点上，我们不得不承认法解释学的主观性"，而关于后者，这个问

---

〔6〕　关于此内容的文献有非常多，但是基于最新讨论的研究，可以举出，濑川信久：《民法的解释》，星野英一编：《民法讲座·全集1》，有斐阁1990年版，第1页以下（更详细的，可以参见濑川论文中所记载的论文）。此外，讨论法解释争论与刑法的关系的文献有，阿部纯二：《刑法的解释》，中山研一、西原春夫、藤木英雄、宫泽浩一：《现代刑法讲座第一卷》，成文堂1977年版，第101页以下；田宫裕：《刑法解释的方法与界限》，《平野龙一先生古稀祝贺论文集上卷》，有斐阁1990年版，第33页以下，特别是第43页以下；前田雅英：《刑法的基础》，东京大学出版会1993年版，第12页以下；宗冈嗣郎：《法与实在》，成文堂1995年版，第43页以下；等等。广泛探讨刑法的科学性的文献有：约瑟·乔纳普特：《刑法、刑法学、刑法学者——刑法学中科学方法的再研究》，《团藤重光先生古稀祝贺论文集第一卷》，有斐阁1983年版，第1页以下；《现代刑法学原论（总论）》（第3版），三省堂1996年版，第2页以下；等等。

〔7〕　碧海：《现代法解释学中的客观性问题》，同编：《现代法学的方法·岩波讲座现代法第15卷》（1966年），第3页以下（以下引号内的论述均来源于此篇论文）。

题 "完全可以科学地、客观地进行讨论，正如马克斯·韦伯指出的那样"，其客观性的基础是 "要求认识经验事实"。

这里所引用的马克斯·韦伯，关于一般的社会科学，说明了将事实认识和价值判断明确分离的必要性。碧海的理论，遵循了马克斯·韦伯的主张，分离事实认识与价值判断，在事实认识中要求尽可能的客观性。

这种 "提高认识客观性最重要的途径是，正如来栖三郎教授所指出的，尽可能广泛地吸收经验性研究的成果"，关于难以客观化的价值判断，阐明了 "通过从正面将不可避免的价值判断明确地公认为价值判断，从而使评价和认识始终划清界限" 的重要性。关于评价——价值判断，"归根结底，必须由我们自己从正面，自觉地承担并完成"。

于是，从正面肯定了一直以来被隐藏的价值判断，法解释学获得了一定的科学性即事实认识的客观性。[8]碧海的这个讨论是法解释争论中最有益的终点之一，法解释争论的开端当然是来栖三郎，[9]这是诸多要求法解释学的科学性论者的共识（碧海在同篇论文中论述道，"我认为，所谓法解释学是为了实现实践性目的，自觉地应用理论认识成果的活动，一言以蔽之，具有作为应用科学的性质"，这里所说的为了实现实践性目的进而自觉应用理论认识的思考才是机能主义法学的最大特征，说碧海的主张是机能主义的出发点就是这个意思）。

－224

从与碧海、来栖这种观点基本相同的方向出发，平野说明了机能的刑法解释的方法论。平野首先整理了裁判和判例的意思，将裁判即法官的决断，判例即具体的立法作为事实来认识。在此基础上，对所谓 "理论或学说" 进行讨论，其首先指出，法学的作用是明确判例，预测判决。它是一种预见法学，在此限度内，法学可以说是一门科学。法学的这个侧面，可以说是与碧海所说的 "事实认识" 相关的部分。

但是，根据平野的观点，法学的内容并不与此相关。法学 "包含着变更、维持判例，或重新作出一定判决的实践努力"。[10]

---

〔8〕 关于客观性的意思，碧海仿照卡尔·波普尔，将其理解为相互主观批判的可能性（前注 2，碧海：《新版法哲学概论》，第 147 页以下）。

〔9〕 法解释争论始于来栖三郎的论文《法律解释与法学家》，《私法 11 号》（1954 年），第 23 页。

〔10〕 前注 4，平野论文，第 72 页。

这个努力，①明确预测这种解释会产生什么效果，②体现国民多数持有的价值观或国民中的指导性价值观，即表示为"存在的规范（Seien des Sollen）"等，以与经验性事实相关的形式进行，但是关于利用这些经验性事实能达到何种法律效果，还是与价值判断相关的问题。在此意义上，说服法官的努力（虽然在说服中所用的经验性事实的认识是与事实认识相关的问题），可以说是碧海所说的法学中"评价——价值评价"相关的部分。

像这样，碧海与平野，通过区分事实认识与价值判断，更为科学地构思出机能性法学。如果从这种立场出发的话，二战后一段时间，在刑法学领域非常有力，主张全部事实都包含在法律规范中的法实证主义的立场就会遭到抨击。

昭和 40 年代（20 世纪 60 年代中期），平野从上述方法论的认识出发，对席卷当时学界的团藤重光的定型说、人格责任论展开了特别严厉的批判。这里的问题是这种法实证主义的研究态度，[11] 道义主义的、伦理主义的犯罪论及体系性思考。平野将法实证主义与机能主义相对应，道义主义的、伦理主义的犯罪论与法侵害说、法的责任论（所谓结果无价值）相对应，问题性思考与体系性思考相对应，展开了强有力的辩论。

平野的主张，在采取传统刑法学立场的人们看来，有被理解为基于结果无价值论的自由主义刑法学的倾向，对此还有充分的根据，[12] 但如果重视机能主义的观点，进一步分析的话，正如宫泽节生指出的，可以分为两大部分，"一个是规范性主张，针对容易将社会伦理或国家利益作为刑法目的的倾向，将目的限定为谦抑地、补充地保护市民安全；另一个是方法论主张，针对解释论、立法论，要求验证其所主张的机能"。[13]

－225－

---

[11]　此外，平野同样批判的目的行为论，虽然不是法律实证主义，但是掺入事物逻辑结构这个超法规、绝对的内容，承认法律规范对其的约定，在这一点上，与分离事实认识与价值判断的机能主义立场不相容，因此，受到来自机能主义的批判。回想一下，日本法实证主义刑法学的代表人物木村龟二直到二战后仍采取目的行为论（还可以参考他在座谈会"关于机能主义"上的发言，载于ジュリスト增刊《理论法学的课题》，有斐阁 1971 年版，第 217 页）。

[12]　机能主义是与思想意识分析互为表里的方法论，此外，考虑到结果无价值论的主张通过法益衡量处理违法性，与问题性思考的一个典型利益衡量相结合，进而经由它与机能主义结合，似乎是有一定根据的（特别是，关于后者结果无价值论与机能主义的关联，下一节将详细讨论，此外还可以参见荒木伸怡：《裁判——其机能性考察》，学阳书房 1988 年版，第 94 页）。

[13]　宫泽节生：《书评·荒木伸怡著〈裁判——其机能性考察〉》，《法律时报》61 卷 6 号，第136 页。

机能主义的方法论，一般被认为有明确表示作为前提的价值判断的一面和引导经验主义、问题性思考的一面，上述平野的主张中，符合"规范性主张"的部分可以与明确表示作为前提的价值判断相对应，符合"方法论主张"的部分可以与经验主义、问题性思考相对应。[14]

三、刑法的现实机能

那么，平野对刑法的机能采取怎样的观点呢？

首先应该承认的是，在平野提倡机能性考察的方法之前，在传统刑法学中也有关于刑法机能的讨论。

传统刑法学，[15] 通常认为刑法的机能有以下几点。

刑法的机能，首先表现为"规制机能"。这是明确对犯罪行为的规范评价及确定适当刑罚的机能，也被称为规范的机能或社会伦理机能，被视为刑法的首要任务。规制机能被认为同时发挥两个机能：一个是"法益保护机能"，以保护重要的生活利益，维护社会秩序为其目的；另一个是"保障机能（自由保障机能）"，这个机能是通过明示刑法将一定的行为予以犯罪化并科处一定的刑罚，以限制国家刑罚权的发动，保障善良国民自由的同时也保护犯人自身的自由。

但是，传统刑法学中关于刑法机能的讨论，"多数情况下，只是说有这些机能，一般不会将其作为立法、解释，特别是解释的指导原理"。[16]与此相对，平野着眼于刑法的现实机能，从完全不同于传统刑法学的观点考察刑法的机能。这是一种将刑法的机能理解为"不包含单纯的主观性的'机能'，而是根据经验事实进行验证的现实性机能"[17]的尝试。平野将主观的、形而上学的"规制机能"从刑法机能中排除，留下"法益保护机能"与"自由保障

---

〔14〕 不过，规范性主张与方法论主张相互之间存在很多密切关联（平野也主张不能将两者截然分开）。

〔15〕 团藤重光、大塚仁是这个立场的代表（以下论述来源于，团藤：《刑法纲要总论》（第3版），创文社1990年版，第14、15页；大塚仁：《刑法概说（总论）》重订补充版，有斐阁1992年版，第5、6页）。

〔16〕 所：《何为刑法的机能性考察》，《第二期法学教室》1号（1973年），第120页。

〔17〕 前注16，所论文，第120页。

机能"作为中心，重新审视刑法的机能。[18]

　　平野关于刑法法益保护机能的考察，从 1965 年发表的题为《现代刑法的机能》[19]这篇著名的论文开始。这篇论文讨论了刑法与价值观，父权主义与道德主义，市民安全的要求，民事措施的替代，在明确二战后价值转变的基础上，即"从国家存在超个人的自我目的转变为将个人生存和幸福置于最高地位的价值"，[20]强调刑法的补充性，[21]与"刑法的目的是保护市民生活，这一点今后将得到确认"[22]相联系。

　　这个观点在 20 世纪 70 年代开花结果。首先与刑法修正问题关联，平野提出所谓的无被害人犯罪的非犯罪化。他从日本随着二战后价值的变化变为容许性（permissive）社会[23]这一事实认识[24]的根据，[25]以及重视刑法谦抑性、补充性的特质，没有侵害个人法益或能够还原为此的法益时应该控制刑罚权的发动[26]这个规范根据出发，[27]主张在广泛的范围内将无被害人犯罪特别是散布淫秽物品罪、赌博罪等非犯罪化。此外，在刑法各论的解释论中，仔细讨论每个犯罪类型的保护法益。[28]这里可能存在这样的认识，如果刑法

–228–

　　〔18〕　参见前注 16，所论文，第 120 页。所一彦指出，法益保护机能与（自由）保障机能作为"现实性机能"，"规律（制）机能"作为"主观性机能"，这与平野的认识一致。

　　〔19〕　平野：《现代刑法的机能》，《讲座现代法Ⅱ》，岩波书店 1965 年版（现收录于平野《刑法的基础》1966 年版，第 93~128 页）。

　　〔20〕　前注 19，平野论文，第 95 页。

　　〔21〕　参见前注，平野 19 论文，第 115 页以下。

　　〔22〕　前注 19，平野论文，第 120 页。

　　〔23〕　平野：《社会变化与刑法分则的修正》，《刑法的机能性考察·刑事法研究第一卷》，有斐阁 1984 年版，第 47 页。

　　〔24〕　具体的事实可以举出："性的关系微妙、复杂，单纯的道德主义常常难以通用"，"适用优生保护法的规定，事实上将堕胎自由化"，"一般人之间赌博麻将等事实上相当广泛"（前注 23，平野论文，第 48 页）。

　　〔25〕　或者可以说是基于经验主义考察的根据。

　　〔26〕　例如，参见平野：《刑法的机能性考察》，《刑法的机能性考察·刑事法研究第一卷》，有斐阁 1984 年版，第 6 页。

　　〔27〕　或者可以说是基于提示作为机能主义前提的价值观的根据。但这个价值判断也不是没有根据的，而是提取了日本法的思想，从广义上来说是基于事实认识的结果。

　　〔28〕　特别是平野《刑法概说》（东京大学出版会 1977 年版）中的记述清楚地表明了这一点。在说明个别的犯罪时，首先就以与书不相称的篇幅讨论保护法益是什么（尽管现在不怎么稀奇，但是在当时教科书中属于异类）。

的机能在于法益保护，必须首先明确应该受到保护的法益，才能作为社会统制进行有效的解释。为了防止刑法机能的形而上学化（排除规制机能），将以往极为观念化的法益概念以个人法益为中心[29]进行重构，以此提高法益的可视性。

关于自由保障机能的考察，从重看传统的大陆法上的罪刑法定主义开始。平野指出通过形式的法律拘束法官是大陆法的、传统的罪刑法定主义的界限，其从英美法的观点讨论现代罪刑法定主义的机能。他敏锐地指出了大陆法上的罪刑法定主义"有法律就有刑罚"的一面，说明了英美法上罪刑法定主义的自由主义侧面的重要性。[30]

更具体来说，关于罪刑法定主义导出的禁止类推原则，平野提供了超越以往讨论框架的观点。平野的主张，超越了传统刑法学所说的"禁止类推是以通过法律的明示限制刑罚权的发动为目的"这样形式的讨论，并非仅仅指出类推解释或扩张解释是罪刑法定主义的形式侧面，而是指出该行为的处罚是否在国民的预测可能性范围内[31]这一实质侧面，[32]此外，意图从实质的观点将国民的行动自由进行明确化。如此，超越了是类推解释还是扩张解释这样形而上学式的讨论，罪刑法定主义获得了预测可能性这一事实性基础，进一步增强了其可视性。

通过法益论、罪刑法定主义"提高可视性"这一观点是理解平野机能主义的一个关键，因此这里特别强调。通过赋予事实性基础提高可视性，拒绝刑法机能的形而上学化，是平野机能主义的一个方针，只要仔细研究其论文就不会有疑问。

-229-

---

〔29〕 参见前注 26，平野论文，第 6 页。

〔30〕 平野：《刑法总论Ⅰ》，有斐阁 1972 年版，第 80 页以下。关于刑法的机能，法益保护机能先行，自由保障机能紧接其后的问题，这里引用木田纯一关于平野所说的"现代刑法的基本原则"的批判。"在古典刑法学中，'没有法律就没有刑罚'，首先被设定为罪刑法定主义的原则。在平野说中，这被置于最后。但是，在没有排除这个因素的情况下，可以看到'被害'这个实质性设定与'法律'这个规范性设定相结合，由此可见脱离了单纯的'经验法学'"（前注 5，木田：《战后日本的刑法学》，第 227 页）。

〔31〕 关于此内容，参见前注 12，荒木，第 38 页以下。

〔32〕 不过，平野也论述到"采取类推解释形式的逻辑，其自身应该是不被允许的。因为采取类推的逻辑形式本身，蕴含着不当扩张刑罚法规的危险"（前注 30，平野：《刑法总论Ⅰ》，第 77 页），因而反对类推解释。但，这是"重视禁止类推解释这种逻辑形式的法律适用者的心理作用"（前注 6，田宫论文，第 40 页），毫无疑问，实质上重要的是，这个标准是否在预测可能性范围内。

需要注意的是，传统刑法学理论所说的"刑法机能"中的法益保护机能或自由保障机能，与平野所说的存在细微差别。因为在传统刑法学中，前者最终是以维护秩序为目的，后者被理解为对形式的罪刑法定主义的支持。

平野的这些主张对此后日本机能主义刑法学的展开而言，具有非常大的意义。可以说是完全沿着平野所指示的方向进行的。

-230-

接下来，整理日本进行的讨论，思考其问题。

第二节　日本现在的争论

一、法益保护机能

（一）问题之所在

日本关于法益保护机能的讨论，虽然从平野才真正开始，但是这个讨论朝着各种各样的理论方向发展。大概可以分为两类：与犯罪学、法社会学关联的立法论方向，与传统刑法学特别是犯罪论构造关联的刑法解释论方向。

在立法论方向，所谓无被害人犯罪的非犯罪化，对昭和 40 年代（20 世纪 60 年代）的刑法修正产生了很大的冲击。在刑法解释论方向，与威尔哲尔主张的、已渗透到日本的"行为无价值论"相对，在《刑法的基础》（在《法学セミナー》连载）中自觉地展开以法益保护为重点的"结果无价值"为诱因，在 20 世纪 70 年代至 80 年代前半期，发展为争论激烈的行为无价值论与结果无价值论之争。[33]

-232-

在立法论和解释论中，平野的主张毫无疑问都有很大的影响力。在刑法修正过程中，法制审议会的草案未能实现立法化，其中以平野为中心的反提案小组提出的批判产生了很大影响，此外，在现在日本的刑法解释论中，所谓的结果无价值论正变得非常有力，在年轻一代中几乎是通说。

不过，关于后者即在解释论方面，平野的机能主义是否被充分消化了呢？如果充分消化了，结果无价值论有力的日本刑法学，应该说是更加机能主义的，但是现在的议论并非如此。因此，关于日本的结果无价值论和行为无价

---

〔33〕　关于丹麦的行为无价值论未能发展的内容，参见本书第二章第二节"六"，第四章第一节"一""（二）"。

值论之争，在考虑与机能主义关联的同时进行整理。

（二）日本的结果无价值论与行为无价值论之争

最初，日本的结果无价值论与行为无价值论之争，围绕着刑法机能的重点是维护社会伦理秩序机能还是法益保护机能这一图式展开。这可以理解为采取机能主义的学者与不采取机能主义的学者之争，实际上也有这样的倾向。

的确，重视法益保护机能的结果无价值论与机能主义立场有更亲近之处。〔34〕

首先，正如荒木伸怡指出的，重视社会伦理秩序的行为无价值论，在违法性阶段以社会相当性或行为样态为问题，使违法性中的价值衡量变得困难，构成了容易强加掌权者价值观的框架，与此相对，重视法益保护机能的结果无价值论，明确此种价值与彼种价值之间的对抗关系，并将其最终的选择交给价值观，构成这样的机能性框架，〔35〕采取结果无价值论容易亲近机能主义。〔36〕

进一步，以个人法益为中心构成法益，法益的可视性很高，在此意义上很容易观察现实中刑法是否发挥机能，进而更加亲近机能主义。〔37〕

此外，日本判例的立场在相当多方面采取接近结果无价值论的结论，这也很重要。虽然也有观点认为日本判例采取行为无价值论，但是关于实行行为或危险性的判断构造；因果关系理论；比起行为者的内心，更受发生结果大小左右的过失犯论或错误论；故意过失依然是责任要素等与犯罪论基本构成相关的论点，结果无价值论（违法刑法）很容易进行说明。在此意义上，

〔34〕 以事实认识为基础进行解释，同时依赖发言人的主观价值判断进行价值判断，仅仅维持这个框架（可以说是机能主义的原型）的场合，未必与自由主义直接联系。也可能有建议说，也可以进行伦理方向上的价值判断（例如，藤木英雄的主张就可以理解为是这个意义上的机能主义）。但现代日本机能主义法学的水平，甚至达到了通过考虑对立利益来明确所使用的价值判断标准的利益衡量论，考虑到这一点，可以说将法益衡量置于违法性核心的结果无价值论的框架方法很容易与现代机能主义的方法相吻合。

〔35〕 参见前注 12，荒木，第 49 页。

〔36〕 不过，通过在法益的内容中装什么，实际上也可以使用机能主义的框架保障秩序维护机能。因此，可以说结果无价值论与机能主义没有逻辑上的必然关系。

〔37〕 不过，重视这种可视的法益也与机能主义没有逻辑上的必然关系。提高利益冲突的可视性，某种程度上使价值判断变得容易（从此意义来说是机能主义），但不能排除社会法益或国家法益，衡量这些法益仍然很难理解。而且，无论如何提高法益的可视性，只要最后的价值判断能全面维持秩序（例如，将国家的法益置于高于个人法益的位置等），就有可能在机能主义的框架内强调维持秩序（例如，牧野英一被认为采取机能主义。参见前注 11，座谈会"所谓的机能主义"，第 217 页所一彦的发言）。

结果无价值论作为事实认识也在很多方面符合日本的实务，从机能主义的前提是经验主义这一方面来看，在日本结果无价值论也比行为无价值论更容易亲近机能主义。[38]

　　学界中行为无价值论与结果无价值论之争，在重视维护社会秩序或重视法益保护这一点上，可以说结果无价值论具有优势。事实上亲近机能主义的理论占了上风，在此意义上，机能主义的方法论似乎占据了优势，但并非如此，这就是现在日本刑法学的复杂性所在（既然机能主义与结果无价值没有逻辑上的必然联系，完全可以考虑这种情况）。[39]

　　原本，所谓结果无价值论是什么呢？平野创设了现在结果无价值论的出发点，根据其观点，"现在的刑法学，将行为无价值与结果无价值对立时，所谓行为无价值并不是说不会引发结果无价值"，"这种行为无价值，是否能为刑法上的违法性即作为犯罪成立要件之一的违法性提供基础是有问题的"。以结果无价值为中心，"尽量不掺入行为无价值，进行立法、解释"的立场是结果无价值论，与此不同的立场，即"只要有行为无价值，作为犯罪成立要件的违法性就足够"的立场就是行为无价值论，"行为无价值与结果无价值的折中说或二元说"。因此，野村的立场，[40]即将行为无价值理解为发生结果的危险性，通过事先判断，从普通人的立场来看，存在发生结果危险性的情况，至少以未遂犯的违法性为基础，"不是二元论而应该说是结果无价值的一元论"。[41]

－234－

　　遵循平野分类的称呼时，前田雅英正确地理解了现在日本刑法学界是"结果无价值论的天下"这一现状。[42]在思考平野所论意义上的法益保护机能时，已有的是法秩序维持机能还是法益保护机能这个关于刑法机能的争论，

---

〔38〕　不过，这也没有逻辑上的必然关系。在日本稍微有点关系，但丹麦刑法学采取机能主义，而实务的立场却是主观主义。

〔39〕　应该再次强调的是，机能主义的方法论与自由主义的价值判断（此处的结果无价值论）并没有逻辑上的必然关系。因为只要采取一定的方法，就必然会推导出一定的价值判断，只要以价值相对主义为前提，这在原理上就不可能存在。

〔40〕　参见野村稔：《刑法总论》，成文堂 1990 年版，第 70、146 页。

〔41〕　本段引号内的内容引用于，平野：《结果无价值与行为无价值》，《刑法的机能性考察·刑事法研究第一卷》，有斐阁 1984 年版，第 17~19 页。

〔42〕　前田：《结果无价值与行为无价值》，《现代社会与实质的犯罪论》，东京大学出版会 1992 年版，第 71 页。

因为是"结果无价值论的天下"所以重视法益保护机能的立场具有优势而终结，如此理解并无大碍。

（三）现在争论的问题点

那么，为什么至今还在进行行为无价值、结果无价值的争论呢？[43]也有观点认为，现在的行为无价值论者，实际上是想强调道德、伦理，却害怕被批判，而逃避至寻求事前法益保护的所谓二元论，这是不正确的。即使从现在二元论者的论调来看，也无法看出在为偷偷摸摸带入道德、伦理而绞尽脑汁。[44]

反倒是可以说，现在的争论从"思考刑法机能为何，是社会伦理秩序维护机能还是法益保护机能"这个论点变为"刑法规范的构造为何，是行为规范还是裁判规范"相关的争论，与当初平野主张结果无价值论时的问题意识发生了很大变化，在此问题意识下，应该理解为正在进行与平野当初意图不同的新争论。

如果对现在有力进行中的结果无价值论的主张进行最大公约数式总结的话，具体内容如下：刑法规范的性质基本是裁判规范，而非行为规范。因为刑法并不是在行为人行为时起作用，指导其行为举止。认为刑法规范基本是裁判规范的场合，违法性判断是裁判时即事后的、客观的判断，作为其逻辑归结可以导出的结论有，因果关系中客观的相当因果关系说，不能犯中客观的危险说，正当防卫中防卫意思否定说，偶然防卫不可罚说等。

另外，现在的结果无价值、行为无价值二元论是立足于统一扬弃以旧有的社会伦理规范违反作为违法性本质的行为无价值论和与之对抗的结果无价值论这两个立场的主张。现在的行为无价值论将法益侵害作为违法性本质，同时认为刑法规范的性质基本是行为规范。因为刑法规范不是行为规范，就不能对行为前或行为时的行为人产生作用。认为刑法规范基本是行为规范的

---

〔43〕 川端博、曾根威彦、日高义博的著作非常有争论性地主张行为无价值论、结果无价值论各自立场的正当性，即使在此后的时代例如井田良或增田富也从行为无价值的立场严厉批判结果无价值论。

〔44〕 应该注意的是，过去平野批判的行为无价值论者，例如大塚仁、福田平等，与现在的行为无价值论者（所谓的行为无价值、结果无价值二元论者），例如川端博或野村稔，根本观点不同。前者通过强调行为无价值，将违反国家社会伦理秩序置于违法性的核心，与此相对，因为后者强调刑法的法益保护机能，想彻底保护，将法益侵害及其危险导入事前的判断，这也被称为行为无价值。与过去平野批判的行为无价值者不同，现在的二元论者将行为时的法益侵害危险性称为行为无价值（其内容与伦理或道德有关，即实质上的结果无价值），在没有结果无价值就不处罚这一点上，不会引起理论上的矛盾（因此，平野将野村说作为结果无价值一元论。关于此内容，也可参见本书第四章注87）。

场合，违法性判断是行为时即事前的判断，以行为人的认识为基础，从一般人的观点来看是危险的就有违法性。作为其逻辑归结可以导出的结论有因果关系中折中的相当因果关系说、不能犯中具体的危险说、正当防卫中防卫意思否定说、偶然防卫不可罚说等。

从上述内容可知，现在的结果无价值论与行为无价值论之争，并不是像过去那样，如字面所示理解为重视结果、重视行为的对立。现在的讨论集中在，刑法规范是裁判规范还是行为规范，重点是何为刑法的本质，何为法律规范的逻辑构造。过去，平野批判日本刑法学的状况，"（虽不能说所有人都如此）但有观点认为专门从'理论上'把握刑法就是刑法学。因此，用明确物质的构造例如水的分子结构是 H_2O 就是理论相同的态度，讨论'犯罪论的构造'"，[45]但如果将"犯罪论的构造"这个词语换成"刑法规范的构造"，这个批判也依然适用于现在的传统刑法学。[46]

此外，主张结果无价值论的学者在如何彻底贯彻此立场这一点上也存在争议。争论点有是否承认主观的违法要素、是否广泛地承认不能犯的成立范围、是否在犯罪论的说明中承认政策要素等，对这些争论点采取否定态度的论者批判其他论者没有彻底贯彻理论。因此，就出现了这样的批判，即认为平野的结果无价值论承认主观的违法要素，缩小不能犯的成立范围（危险判断采取具体的危险说），没有彻底贯彻结果无价值论。但正如所见的，平野主张结果无价值论，是自由主义的价值判断自不必说，而与此同等或之上，作为背景的机能主义发挥着巨大的作用，关于彻底贯彻理论的情况之类的批判，平野本人是不痛不痒的。[47]

－236－

－237－

---

〔45〕　参见前注 26，平野论文，注 88。

〔46〕　刑法规范论的问题，与抑止刑论相关，从机能主义的角度进行讨论的情况，参见本书第六章第二节"三"。

〔47〕　彻底贯彻理论的观点蕴含通过深入讨论提高逻辑整合性，也提高刑法学科学性的意图，这样想并非不可能。笔者，过去也认为通过精密的逻辑分析，能提高刑法学的客观性。例如，在松泽伸：《不真正不作为犯的实行行为与未遂》（《早稻田大学法研论集》74 号第 271 页以下，1995 年）这篇论文中，通过对一直以来不明确的作为可能性的概念进行逻辑分析，为作为可能性、危险的判断，提供客观的危险说、具体的危险说可采用的基础性框架。在此意义上的客观性，的确有某种程度的意义，但是这个意义比通常所想小得多（关于此内容，参见前注 2，莠海：《新版法哲学概论》，第 150 页以下）。之所以在经验、实质方面追求客观性，在前面提到的论文中尝试进行的讨论中，深切认识到其内在局限性也是一个间接原因。

近年，在引用宪法规定的同时，有人认为自由主义的结果无价值论与宪法规定具有亲和性，被称为宪法的刑法解释等即为此。如果只主张自由主义，看起来与平野的主张一样，但从机能主义的观点来看就未必一致。因为可以进行与宪法规定不矛盾的说明，所以这个理解是正确的，这个主张最终不得不以宪法教义学为前提。这在日本被归结于论者主观价值判断的产物。因此，这种主张只不过是将历来教义学的角斗场从刑法内部扩展到宪法而已。

综上所述，实际上从机能主义看，自认为以继承平野理论为目标的一些理论（以规范论为前提的结果无价值论，过分重视理论彻底性和系统整合性的结果无价值论，把高阶的规范作为解释标准毫无矛盾地说明实定法的结果无价值论），有着与平野理论不相容的一面。这样的讨论不能说是机能主义框架内的讨论。

−238−

二、关于自由保障机能的争论

关于刑法的自由保障机能，虽然也有一部分强烈的批判，但是很大程度上机能主义化还是成功的。

在日本，二战前以牧野英一的自由法论为中心，容许刑法类推解释的学说一时变得有力，但二战后日本宪法第 31 条、第 39 条的规定确认了罪刑法定原则，从宪法整体保障人权的基调出发，"学界几乎全是由此推导出刑法禁止类推解释的原则"。[48]但禁止类推解释一般不禁止刑罚规定的扩张解释，即禁止类推解释，容许扩张解释。扩张解释与类推解释的不同，各自解释的界限，具体问题的处理等就成了问题。

一般来说，在法学上特别是民法学经常提到，[49]类推解释是对于两个类似的事项，承认一方存在的规范适用于另一方的解释，扩张解释是承认比法律条文语义的通常含义进行更广泛理解的解释。如此理解的话，两者是内容不同的解释方法。因此，也有人认为"即使是扩张解释，违反罪刑法定主义

---

〔48〕 前注 6，田宫：《刑法解释的方法与界限》，第 39 页。关于日本罪刑法定主义的沿革，参见前注 6，田宫：《刑法解释的方法与界限》，第 37 页以下。

〔49〕 通常，在民法总则教科书的开头就罗列着这种说明。一般认为这是因为大学的专业教育课程大多是从民法总则开始的，但是想想就觉得不可思议。在刑法中本来这种说明也是必要的。特别是，刑法中类推解释、扩张解释引发了很多问题，而缩小解释可以说基本上没有问题（关于这一点的奇妙之处，在本书第四章第一节"一""（一）""2"中已经讨论了）。

基本原理也是不被允许的"。[50]

但从近年日本刑法解释论的讨论来看，至少在刑法领域中，类推解释与扩张解释有如此大的内容差异已不被承认。特别是，在采取机能主义思考的立场中，这一点很明显。

关于禁止类推解释的原则，整理、分析罪刑法定主义有问题的判例，理解判例的观点是其出发点。如此，例如一直以来被称为扩张解释的解释，可能包含着范围比类推解释更广泛的情况。将"人的所有物"扩张解释为不限于有体物，而是具有管理可能性之物（这里的电气）的电气盗窃事件[51]就是典型。相反，在某些情况下，如果没用类推解释的方法预测该法律条文当然包含的内容就无法包含其中。适用规定"汽车电车"的日本刑法第 129 条处罚颠覆火车的火车事件[52]就是典型。[53]如果认识到这种事实，扩张解释与类推解释这一形式的标准实际上不能很好地发挥作用这一点就很明确，禁止类推原则也必须根据判例对社会的影响进行适当修正。因此，"扩张解释或类推解释"这一形式上的区别已不能成为有效的标准。

-241-

因此，根据机能主义，必须设定更为实质的标准，而不是这种形式的标准。承认区别类推解释与扩张解释存在困难的同时，[54]从有效利用"禁止类推解释，容许扩张解释"这个传统框架的观点出发，[55]导出将危害国民的预测可能性的解释作为类推解释而禁止，将没有危害的解释作为扩张解释而容许的标准。[56]

例如，最近伊东研祐对类推解释与扩张解释进行了如下的定义，"所谓扩张解释，在可能的语义范围内，将法律条文的规范意思解释为通常语义或比日常的、自然的语义更广泛"，所谓类推解释是"超出其可能的语义界限，进

---

[50] 前注 30，平野：《刑法总论Ⅰ》，第 77 页。

[51] 大判明治 36 年（1903 年）5 月 21 日刑录 9 辑 874 页。

[52] 大判昭和 15 年（1940 年）8 月 22 日刑集 19 卷 540 页。

[53] 关于这两个事件与罪刑法定主义的关系，参见前注 30，平野：《刑法总论Ⅰ》，第 77、78 页；前注 12，荒木，第 38 页以下。

[54] 过去对这一点表示疑问的论者中，也有持类推容许说的（阿部纯二、香川达夫等），但是最近采取此说的论者非常少。

[55] 参见前注 6，田宫论文，第 40 页。

[56] 也可以说是将国民是否能理解作为可能语义的标准。

一步涵摄至更广泛、类似的事项，或为了涵摄至类似的事项而选择、决定语义"。[57] 据此，是否超出可能的文义范围是扩张解释和类推解释的区别。所谓可能的文义范围的观点，因能保障国民的预测可能性，可以说是从现代实质性观点重新理解禁止类推解释与容许扩张解释的见解。

综上所述，在日本与禁止类推解释相关的讨论，已达到了国民的预测可能性这个实质的标准，也进入了有可能实证研究的阶段。在此意义上，平野在这个领域的主张可以说在很大程度上被接受了。

三、争论发生变化的缘由

如上所见，平野所述的刑法机能中，关于自由保障机能的讨论较广泛地被接受了，但是关于法益保护机能的讨论却变为刑法规范本质论之争形而上学的争论。这是为什么呢？

自由保障机能的讨论之所以被接受，是因为讨论的大半是事实认识的问题。为什么这么说呢？因为刑法保护的自由到底有多大，如上所述是一个可以预测的实证性问题。

与此相对，法益保护机能的讨论发生变化，被认为受到平野理论登场的时代背景的影响。

本来，平野重视法益保护机能，是从将传统刑法学承认的"规制机能"作为形而上学的机能，驱赶出刑法机能开始。即原本法益保护机能只是由于卸下规制机能而被相对地向前推，未必与平野自身的机能主义价值判断关联。平野的结果无价值论如上所述，①提高法益和罪刑法定主义的可视性，试图更现实地把握刑法的机能；②对于违法性的正当化问题，排除社会相当性这个不明确的标准，明确了何种价值和何种价值之间的对抗关系，并将最终的选择交给价值观这个机能性框架；[58]③关于责任非难的自由意志论，为了避免形而上学性的对立，主张展望性非难而非回顾性非难；[59]等等，这些从作为彻底贯彻机能主义手段之一的侧面也可以推测出来。

---

〔57〕 伊东研祐：《刑法的解释》，阿部纯二、板仓宏、内田文昭、香川达夫、川端博、曾根威彦：《刑法基本讲座第一卷·基础理论/刑罚论》，法学书院1992年版，第38页。

〔58〕 参见前注12，荒木，第94页。

〔59〕 参见前注12，荒木，第94页。

　　但是，在当时的学界，平野的主张（笔者也认为，即使不能否定平野的主张基于自由主义的价值观）被过度地、理想化加以理解。换言之，是"重视秩序维持机能＝行为无价值论＝重视体系＝保守主义的立场"对"重视法益保护机能＝结果无价值论＝重视机能／解决问题＝自由主义的立场"这样的公式。以极端的形式继受平野讨论的行为无价值论与结果无价值论之争，不是法实证主义对机能主义这一平野本来意图讨论的争论，在带有伦理主义对自由主义这一理想主义对决（众神之争）色彩的处罚范围宽窄之争中，最终对犯罪的规范评价（规制机能）相关的争论成为中心。也就是说，原本关于法益保护机能讨论的问题，绕回到了规制机能的讨论。其原因是，平野的主张受到英美的影响，而接受平野主张的一方则试图在德国刑法学的框架内对此进行分析。此外，目的行为论以后的德国刑法学，注重规范构成论或许也是一个原因。[60]

　　甚至到现在这个状况也没有改变。现在日本的刑法解释论大多是在讨论裁判规范与行为规范何者为刑法规范的本质这一形而上学的问题，讨论犯罪论内部的体系整合性，采取从各个论者认为妥当的犯罪论构造演绎导出各个争论点结论的讨论方法，从这一点来看也能明白。

　　再一次回到平野的机能主义。平野将①法益保护机能与②自由保障机能作为刑法的现实机能。关于①法益保护机能，根据结果无价值论——法益侵害说，主张"无被害人犯罪的非犯罪化"，此外，在刑法的各个论点中，也主张没有法益侵害或其危险的场合应该缩小处罚范围。根据平野的意图，这些应该是说服立法者、法官的活动。但与此同时，有部分论者在强调平野主张的自由主义侧面的基础上，与刑法规范论相结合，将此作为导出犯罪行为的规范评价在审判时应该客观地判断这个主张的一个根据。但是，这与原本平野机能主义的主张未必有关系。由于这一点被过度强调，结果就回到了平野所排除的刑法规制机能的讨论，平野机能主义的大部分主张到现在也仍处于被无视的状态。

－245－

　　有什么方法可以让现在已变化的讨论回到原来机能主义的讨论呢？这最

---

　　[60]　德国规范论的传统原本由卡尔·宾丁（Kral Binding）创造。现在规范论的逻辑构造相关的讨论，被认为始于阿图尔·考夫曼（Armin Kaufmann），其在详细分析宾丁规范论的基础上，彻底追求目的行为论，特别是规范的逻辑结构，在日本，虽然没有规范构造论，就不会出现结果无价值一元论、行为无价值二元论、行为无价值一元论等的议论，但是日本的很多讨论（肯定或否定考夫曼的学说），可以说受到了这个讨论的影响。

终是如何从刑法解释学中排除"规制功能"的问题。

虽然有各种各样的方法，但是我们通过观察丹麦刑法学的方法论，可以考虑某种假设。假设，是否可以构思出排除所有价值判断（即，对犯罪的规范评价，或当为的契机）的解释论呢？对犯罪进行规范评价的机能即规制机能在刑法解释中登场难道完全没有余地了吗？

–246–

第三节　新机能主义刑法学的基本方针

一、排除价值判断的刑法解释学？

日本的机能主义方法论，即碧海、来栖、平野的方法论中也没有构思将价值判断从法解释学中完全排除。

平野说道，"在（明确什么是判例，预测判决）限度内，法学可以说是一门科学"，"但是，法学的内容并不局限于此"，"为了改变、维持和作出判例，需要站在法官的立场上，努力说服"[61]的重要性，这说明他虽然承认可以根据不包含价值判断的事实认识构思法学，但是在说服法官、立法者方面，承认学者活动的意义。

此外，碧海更进一步阐述道，"构思'无价值判断的法学'本来就有可能"，"但是，在这种情况下，即使名称不变，实质内容和今天人们基于'法解释学'之名在现实中所做的完全不同"，[62]对此表示出否定的见解。

阿尔夫·罗斯更进一步地构思了将价值判断完全从法解释学中排除的法学，即排除当为方面即价值判断的法解释学的方法论，即仅根据事实认识的法解释学的方法论。

–247–

罗斯理论的详细内容，已在第三章中讨论，要点如下：

罗斯理论的出发点是，必须对法学是客观存在进行事实性记述。因此，基本上能构思以事实性言明为中心的法学。这个事实性言明被命名为法解释之言明（retsdogmatiske udsagen）。所谓法解释之言明，最终就是关于 valid law 即实际妥当法的言明。

---

〔61〕　前注 4，平野：《法学理论的作用》，第 72 页（此外，引号内为作者的补充）。

〔62〕　前注 7，碧海：《现代法解释学中的客观性问题》，第 14 页。

关于 valid law 的内容，根据罗斯的观点，是通过判决显现出的法官的思想意识。因此，法解释学的任务是，预测在现实裁判中具有拘束力的法律，甚至是判决。这全部与事实相关，在此限度内，罗斯已达成了将法学进行完全科学化的意图。

但同时，罗斯承认法政策之言明（retspolitiske udsagen）是法之言明之一。这分为面向法官的建言和面向立法者的建言，法学家说服实务家的活动并没有变化。提出这个提案时，当然以法解释学得到的事实认识为前提，但是这最终被定位为论者的政治活动。这既然是政治性活动，就不是法学家本来的工作。法学家的首要任务是分析、记述 valid law。

此外，对于法解释学，这里叙述的是，从作为"实际有效力的法"加以适用或实现预测判决的观点出发，能够在与自然科学相同意义上判定真伪（sande eller falske），而关于法政策，因为是价值判断的问题，所以不能判断真伪。

结果是，在事实认识与价值判断交错的法学中，将两者完全分为"法解释学（valid law 的分析、体系化——事实认识）"与"法政策（面向法官、立法者的建言——价值判断）"两个活动，这应该说是罗斯的功劳。日本的机能主义虽然也深入这一步了，但是却未能跨过最后一条线，其中的原因可能是，德国流派的法学经过多年已成为日本法学的范本。但是，丹麦法学在这一点上没有踌躇。本节第二章也论述了，从丹麦的历史、文化背景来看，其拒绝了德国流派观念式的法学。因此，罗斯勇于切入这一点，通过 valid law 的记述这个概念，为法解释学的完全科学化指明了方向。

-248-

二、机能主义的两种形态与罗斯的方法论

（一）机能主义的两种形态

如果根据上述罗斯的理论来看日本的机能主义刑法学，就会发现迄今为止未发现的内容。可以注意，在日本也存在与罗斯的 valid law 理论相似的，重视判例即重视事实认识的机能主义。这就是前田雅英的理论，[63] 即鉴于日本立法机关的立法活动不够机动的现状，通过一定的民主控制，期待法官[64]

〔63〕　此外，木村光江所著《刑法》（东京出版会 1997 年版）的序中也表明了几乎同样的认识。

〔64〕　关于法官的民主控制问题，所：《法官的民主裁判与独立》，《刑事政策的基本理论》，大成1994 年版，第 267~283 页很重要。

裁判的妥当性，考虑通过法官表现国民规范意识的同时，以判例见解为中心展开刑法解释学论。

日本以往的机能主义以平野的理论为中心，重视判例，以说服法官的活动为重点。例如，在刑事诉讼法领域中，田宫裕的机能主义，与平野相同，以说服法官的活动为中心。平野、田宫，期待法院的法创造机能，特别是田宫，甚至说"判例中的法解释是立法机关内部生成法的过程"，[65]均主张通过说服法官的活动，试图将判例引向妥当的方向。下面平野的一段话清楚地表明了这一点。在判例中，"有所间隔进行批判是学者的职责，也有判例批评的任务……对实务家而言，必须服从最高法院作出的判决。因此，最多也就是成为测量该判例'射程距离'的研究。但是，学者的判例研究不能止步于此"。[66]平野重视判例的同时，将保持一定距离对判例进行评价，根据情况进行批判，作为学者的研究重点。

因此，现在日本刑法中的机能主义，实际上可以大致分为两种形态。平野、田宫类，以说服法官即价值判断作为重点的机能主义，前田类，以判例即事实认识为重点的机能主义。

（二）与罗斯方法论的比较

前田方法论在展开重视判例即事实认识的刑法解释论这一点上，与罗斯方法论相近（罗斯进一步深入判例，将法官的思考作为事实认识的对象，这一点与前田不同），而将价值判断纳入法解释学的框架内，这一点依然在日本机能主义的框架内。[67]此外，平野方法论重视判例即事实认识的同时，根据情况超越此内容，在推动判例的活动中可见其固有特色，与罗斯方法论的差别更鲜明。

---

〔65〕 前注 6，田宫：《刑法解释的方法与界限》，第 48 页。

〔66〕 平野：《判例研究的作用》，《刑法的机能性考察·刑事法研究第一卷》（1984 年），第 270 页。

〔67〕 这被认为因为方法上稍向一元论的方向倾斜为前提。换言之，对价值相对主义的怀疑根深蒂固（前田雅英、藤森研：《从刑法看日本》，东京大学出版会 1997 年版，第 12 页以下，前田的发言等。关于此内容将在第七章第四节"三"中论述），因此，关于价值判断，将重点置于法官进行的活动，纳入解释论的组成部分（前田的场合，罗斯所说的"法政策"的契机可进入的余地就非常小）。与此相对，罗斯虽然同样重视事实认识，但是仅考虑提高法学的科学性，因此仅以事实认识构成法解释（因此，遭受将法律理解为权力的批判）。此外，罗斯关于价值判断承认这有可能表示为法政策。在这些内容上，罗斯与前田有着决定性不同。

如此可见，虽然罗斯方法论与日本机能主义之间存在非常大的不同，但是不能将两者割裂为完全不同的事物。事实认识与价值判断间不可能将任何一方完全抛弃，在将"法解释学"贯彻为事实认识的罗斯方法论中，表明论者价值判断的"法政策"也有一定的地位。

　　日本的机能主义方法论，进行名为"法解释学"的作业时，清楚地将事实认识与价值判断分离，将价值判断作为论者必须肩负的政治责任。另外，罗斯所说的"valid law"是不包含价值判断的事实认识，"法政策"是基于一定价值判断说服法官或立法者的活动，因此可以看到此前提下的共通点。罗斯认为分析、记述 valid law 才是法解释学，与此相对，平野认为应该将罗斯所说的法政策也命名为法解释，这一点才是法解释的固有特色。[68]但同时，罗斯也承认"法政策"的意义。法政策不能判定真伪，在这一意义上不具有科学性（即使这对法学家来说是次要的，应称政治性活动），但法学家充分肯定进行法政策的意义。换言之，将两种观点的不同点极简化就是，罗斯所说的"法政策"，碧海所说的"价值判断"，是纳入法解释学名下进行分离，还是最初就不纳入其中，在这一点上有所区别。

　　此外，罗斯方法论将价值判断从刑法解释学中排除，在此意义上可以看出并不是机能主义刑法学，而是立足于记述所有的事实即经验主义刑法学，不过基于以下理由，可以认为实际上具有机能主义的侧面。

　　第一，通过罗斯所说的分析、记述 valid law 预测判决，乍一看不过是单纯的事实说明，但是要问为什么重视 valid law，这是因为最终通过预测判决，追求现实中将来判决的公平性、平等性这一实质妥当法的效果。即所谓记述 valid law 的确不包含分析 valid law 之人的价值判断，但实际上是将判例所采取的价值判断即政策以判决预测的形式抽象化，是法院通过判决，试图将社会所期待的法律解释的最佳效果一般化、明确化的活动。在此意义上，分析、记述 valid law 可以说是在法院的价值判断之下，进行法律效果最佳的解释。

──────────

〔68〕　综合平野的主张，即"例如即使有可能构思出仅由事实认识构成的法解释学，但是这并不充分，再加上说服法官也是必要的"。也就是，重视面向法官的建言（罗斯所说的法政策）可以说积极地拒绝仅由事实认识构成的法学。此外，平野与在同一方向讨论法解释的碧海，从此以后超出法哲学的范围，思考实定法解释学的问题，就不特别说了。

-250-

-251-

第二，罗斯并没有将法政策性建言即面向法官或立法者的建言，从学者的活动中排除，承认这也是学者次要的、政治性的工作，因为进行这种法政策性建言，是以分析 valid law 所得知识为基础的。虽然罗斯本人没有强调这一点，但是他所说的"法政策"是，首先理解何为 valid law，然后如果不向法官建言就无法取得实际效果，这一点与平野所说的说服法官的活动完全相同，分析 valid law 与平野所说的理解判例相同，是法政策性建言的基础。此外，罗斯本人（仅停留在萌芽阶段）认为在法政策中法社会学发挥着重要作用，[69]另外，实际上在现在的丹麦法中，为了使法政策性建言中的建言有意义，详细了解整个法律体系，具体到刑法学包括犯罪学或法社会学的知识，[70]被认为是有益的。[71]可以说，这也与日本机能主义要求通过实证性事实或有检验可能的事实进行论证这一点是一致的（此外，对于日本的法解释的方法论，川岛武宜提倡预见法学的方法论与罗斯相似，这个方法论与罗斯方法论的关系，在本书下一章中进行论述）。

-252-

考虑这种情况，瓦本在刑法中适用罗斯及其方法论，也不是不可能将其立场理解为是机能主义的一个变型。

如此可知，罗斯理论与日本进行的机能主义法学并非完全不同，是与日本的机能主义有着相似的部分的同时也存在若干不同的机能主义。在日本，平野机能主义的立场是以价值判断即面向法官建言为重点，与此相对，在丹麦，罗斯的方法论是以事实认识即把握实际妥当法为重点的机能主义。正如笔者在本书第四章中所指出的，前田的刑法解释论，按照他自己的说法，是实质的解释论，[72]与在丹麦刑法解释论中实践罗斯方法论的瓦本的刑法解释论有很多一致的部分，两者都非常重视认识和分析事实，也因此可以看出两者的方法论基本是同一方向的。

因此，笔者在关注日本与丹麦各位学者的方法论，是重视事实认识还是价值判断的同时，简单地进行图式化叙述。

---

〔69〕 Alf Ross，Om ret og retfædighed，1953，Copenhagen，s. 418.

〔70〕 按照瓦本所说的，他遵循这个认识，积极地认真对待与法社会学者、犯罪学者的共同研究。特别是与卡尔·克里斯琴森（Karl. O. Christiansen）的共同研究很有益。

〔71〕 参见 Peter Blume red.，Introduktion til jura，1995，s. 16（Blume）.（《法学入门》）

〔72〕 应该注意到非机能性犯罪论之处。前田理论，比起通过机能性考察刑法提出法政策性建言，更重视如何将与现在的判例、实务现状密切相关的实质性判断理论化纳入犯罪论。

首先，瓦本忠实地守护罗斯所说的"法解释学"的范围，将其彻底限定为记述"valid law"，因而立足于最重视事实认识的立场。他的理论有意识地排除价值判断。

其次，前田展开的解释论基本上以判例立场为中心，虽然立场与瓦本很近，但是同时不完全排除价值判断，这一点与瓦本有一些差异。

最后，平野因为重视说服法官的活动，赋予了罗斯所说的法政策很大的意义。这在平野理论的嫡系学者町野朔、林干人、山口厚他们的解释中也一样。　　　　　　　　　　　　　　　　　　　　　　　　　　　　　　　　　　－253－

（三）各机能主义的具体内容

为了能更容易地理解迄今为止的讨论，笔者选取日本犯罪论中的几个争论点，试着确认已讨论的几个机能主义的具体适用。不过，必须提前说明的是，这不涉及本书方法论的适用，而是极粗略地适用以往的讨论。[73]

1. 因 果 关 系

首先从因果关系论开始。从以往传统刑法学的讨论来看，"因为构成要件是违法有责类型，所以折中的因果关系说是妥当的""因为行为是主观与客观的统一体，所以折中的相当因果关系说是妥当的"之类的讨论非常多，但是这种讨论一定程度上并没有说服力。也就是说，对最初建立的原理即构成要件是违法有责类型这一教义或行为是主观、客观的统一体的哲学表达的赞成者而言，这种讨论是有说服力的，但是对作为其前提的教义或哲学表达的怀疑者而言，就没有任何说服力。

此外，"考虑因果关系的认定范围，主观说太狭隘，客观说太广泛，因此折中说是妥当的"这样的讨论也没有说服力。因为如果只是将结论的妥当性推到前面，这就变成了只是将价值观强加于人。

如果看看判例，最高法院层面上没有采用折中的相当因果关系说。也有　　－254－
学者认为美军逃逸事件采取了折中的因果关系说，但是关于这个事件，现在学界一般认为是关于恩吉斯所说的"狭义的相当性"的问题，与以往因果关系学说的对立没有直接关系。以往学说的对立是，所谓"狭义的相当性"中

---

　　[73]　关于罗斯、瓦本的方法，将在下一章第一节"一"中进行更详细的论述，这里只是先选取这一点，有可能会难以理解（参见下一章）。此外，这里论述的罗斯、瓦本的方法论极其概括，实际上在真正适用的场合，比这复杂得多，看到下一章就能够理解。

判断基础的对立，与此相关，判例清楚地排除了折中的相当因果关系说。

在这种状况下，如果把日本因果关系论中的 valid law 为何想得非常大，那就是条件说或相当因果关系说（此外，客观归责论可能也能说明判例，但是现在因为没有法官的共同思考，很难说是 valid law）。当然，作为判例预测的折中的相当因果关系说可以说是 valid law，但是既然从现实来看被最高法院采用的可能性非常低，这个言明从法律解释学的角度来看就会被判断为错误的。实际上，最近也有采用折中的相当因果关系说的下级法院判例被最高法院推翻的例子，将此作为判例预测没有说服力。

条件说与客观的因果关系说看起来差异很大，但是实际上的差别没有那么大。平野龙一采用客观的相当因果关系说，在将客观说的适用实际与条件说相对应的同时，指出其不同点并没有那么大，"如果像右边（上面，译者注）那样思考客观的因果关系，恐怕即使是判例，也不愿意采用"，[74]从这一点也能看出。平野的这个讨论，强烈地表现出了想把判例拉向妥当方向的意识。

另外，重视事实认识的前田雅英采用客观的相当因果关系说，[75]与其说是拉动判例，还不如说是考虑条件说今后会发生变化或者是正在发生变化。

假如适用罗斯、瓦本的方法论的话，作为 valid law 采取客观的相当因果关系说或条件说，对所谓"广义的相当性"进行纯粹的客观判断，对所谓"狭义的相当性"进行个别化讨论或类型化讨论。[76]狭义的相当性的问题，因为相当多样，很难制定一般的规范（关于此内容，存在被称为相当因果关系危机的一系列讨论）。这里只是指出，将认定因果关系时被重视的鉴定契机加入因果关系判断的方法被认为是有效的。[77]

---

〔74〕 前注 30，平野：《刑法总论 I》，第 142 页。

〔75〕 前田：《刑法总论讲义》（第 3 版），东京大学出版会 1998 年版，第 181 页。另外，可以看到，前田说的关于狭义的相当性判断的独特展开（同书第 191 页以下），关于此内容，第七章第四节"三"中会涉及。

〔76〕 参见中野次雄编：《判例的阅读方法》，有斐阁 1986 年版，第 71 页（中野执笔的部分）。

〔77〕 另外，为了让讨论有说服力，不能仅依赖教义的演绎或结论的妥当性，采取某一结论的社会影响或与社会事实关联的验证可能的形式予以表现也很重要。例如，所一彦基于日本取证技术的现状，进行了这样的讨论，"如果说因果关系本来就很难根据行为前观察到的要素判定行为的危险性，折中说应该是敢于冒此困难的理想理论，最高法院到目前为止也在犹豫是否采用"（所：《抑止刑的科

2. 不能犯论

接着转向不能犯论。在不能犯论中，从"欠缺定型性的实行行为是不能犯""因为行为是主客观的统一体，不仅是行为者的主观面，按照社会一般的观念，必须把缺乏实行行为的情况作为不能犯"这样的体系演绎出的讨论没有说服力，与因果关系的讨论完全一样。

根据机能主义的立场，有必要先看看判例。关于不能犯，分析判例并不容易。因为作为不能犯而无罪的案件，通常不提起公诉进行处理是很普遍的。仅存的关于不能犯的判例被认为采取绝对的不能、相对的不能说。[78]特别是一些二战前的判例清楚地论述了这一点。

绝对的不能、相对的不能说是事后的、客观的判断标准，也有人认为是近年有力的客观危险说的基础。但是，与这种判例理解相对，近年也出现了另一种判例理解，即认为"实质上以具体危险说为基调"，讨论变得稍微复杂了。实际上，在最近的下级法院中也出现了一些看起来适用了具体危险说的判例。例如，关于怀着杀意用日本刀刺向尸体腹部、胸部等部位的行为，不仅仅是被告人在加害时相信被害人还活着，普通人当时也不可能知道发生了死亡，但是根据被告人的加害行为，会感到受害者死亡的危险，这是理所当然的，因此广岛高等法院判决认定为杀人未遂；[79]关于用无害天然气杀人的行为，一般人的认识是即使是天然气，也可以通过判决所示的方式排出城市煤气，这是足以使睡在室内的人死亡的危险行为，社会一般观念上将如上所示的行为评价为具有足以致人死亡的行为是相当的，因此岐阜地方法院判决认定为未遂

－256－

（接上页）刑标准》，《团藤重光先生古稀祝贺论文集第二卷》，有斐阁 1983 年版，第 121 页注 9）。这种讨论方法，在作为前提的事实认识能够进行实质性验证这一点上（即有实证验证的可能性这一点），可以说是机能主义刑法学的理想讨论方法。此后，学说中可以看到关于因果关系的发展，但基于这些研究，且为了尽可能多的学说符合作为前提的观点对该讨论进行重构，"关于成为问题的行为在行为之前的危险性，以现在的取证技术很难正确地再现作为前提的行为前的要素（折中说中判断基础不清的问题），而且以一般人为标准对此进行判断的话，大概也不得不留下暧昧之处（相当因果关系说中判断标准不清的问题），因此关于行为时存在的特殊情况的判断，日本最高法院目前当然是以条件说为前提进行因果关系判断"。此外，存在取证技术问题的讨论，与接下来的不能犯的判断标准虽然也有重叠，但是因为最高法院对此也进行极客观的判断，能够推测出这个讨论的正确性。

〔78〕　绝对的不能、相对的不能说，一般说明为，"不能的观念一般分为犯罪无法实现的绝对的不能和该当具体情况下的特别情况即相对的不能，前者为不能犯，后者为未遂犯"（前注 15，大塚：《刑法概论（总论）》，第 229 页）。

〔79〕　广岛高判昭和 36 年（1961 年）7 月 10 日高刑集 14 卷 5 号第 310 页。

犯［80］等。

　　根据如此复杂的不能犯的判例，通过以往传统刑法学的体系性一刀两断式的思考方法，即刑法规范是行为规范所以进行事前判断（行为无价值论、具体危险说），是裁判规范所以进行事后判断（结果无价值、客观危险说），并不能说明判例的现状，而且在解决实际的具体问题时，也会有各种各样的不适。关于每个案例的具体问题，需要进行机能性的思考。

　　关于不能犯的判断标准，平野龙一采用具体的危险说。所谓具体的危险说，是指"从普通人的立场看其具体状况，认为具有发生结果的危险性时，应该作为未遂犯进行处罚"的立场，"未遂犯是将通常侵害犯的既遂犯作为具体危险犯，因此危险性的判断……不是纯粹的物理性判断，而是根据普通人立场的判断，关于是否为不能犯的判断，根据右边（上面，译者注）的标准，基本是妥当的"［81］。在平野的这个主张中，前述的下级法院的裁判将来有可能被最高法院采用，此外，客观的危险说的判断标准以"不符合一般社会的常识"［82］这个认识为基础。他的讨论可以看作，认识这一点的同时，进行针对法院的说服活动。

　　与此相对，重视事实认识的前田雅英采用客观的危险说。他在"客观的危险说基本是以行为时存在的危险性为基础，客观进行判断的立场"［83］之上，认为"未遂犯的危险性应该基于客观情况进行判断，在此意义上，客观的危险说是合理的"，［84］在此背景下有判例的详细分析。的确，也能看到最近下级法院的判例采用具体的危险说。但至少最高法院依然没有很清楚地表示采用具体的危险说。前田分析，前述的下级法院判例，也是从法院认定的事实关系出发，在认定客观危险性的基础上进行这种判决。［85］如果是这样的话，现在正如他所指出的，认为"判例原则上现在仍维持着客观危险说的观点，以

-257-

　　［80］　岐阜地判昭和62年（1987年）10月15日判例タイムズ654号第261页。
　　［81］　平野：《刑法总论Ⅱ》，有斐阁1975年版，第325、326页。
　　［82］　前注41，平野：《结果无价值与行为无价值》，第38页。
　　［83］　前注75，前田：《刑法总论讲义》，第156页。
　　［84］　前注75，前田，第159页。
　　［85］　关于广岛高判，参见前田：《最新重要判例250刑法》，弘文堂1996年版，第13页，关于岐阜地裁判决，参见同书14页。此外，前注75，前田：《刑法总论讲义》，第162页注27。

行为时为标准，将客观的危险性作为问题，而非一般人的危险感"[86]，也不能说是不正当的。

如此，判决在每个事例中都表现出微妙见解的情况下，表示 valid law 就很困难。对于这样微妙的判断，瓦本是通过以每个事例的分析为重心予以应对。放弃以抽象的形式总结 valid law，在对类似的事例（例如该当分则中同一构成要件）进行判决预测的基础上，将事实上一致这一点作为 valid law 的提示。如此提示的 valid law，是为了再次验证（efterpørve）而进行的［根据罗斯的观点，因为法解释学的任务是预测判决，而后作出与此相异的判例就可以说这个法解释是错误（falsk）的］。例如，日本不能犯论如此微妙，valid law 不能是假设层面上的提示，否则如果出现新的案例，就有可能随之发生任何变化。而且，valid law 只能调整到这种阶段，从某种意义上来说，这是作为社会科学的法学的必然，强行通过逻辑将其理论化产生的弊端令人担心。

此外，平野龙一同时在这本教科书中举了几个案例进行判例预测。论述自己法政策性建言的同时，从与之稍有不同的判例立场来检验具体问题的结果，[87]在这一点上可以看出重视事实认识的机能主义的思考。所谓的机能主义实际上是建立在事实认识与价值判断之间的微妙平衡之上的。

3. 错误论

关于具体的事实错误，判例认为"表象与认识在构成要件范围内符合的话，认定存在故意"，采用所谓的法定符合说。"存在犯罪故意，虽然以认识犯罪事实为必要，但是犯人所认识的犯罪事实和现实中发生的事实并不一定需要具体的一致，应该理解为两者在法定范围内一致就足够"，[88]从判例的语句来看，这一点非常清楚。此外，关于企图杀害一个人，使两个人有了死亡危险即所谓并发事实的问题，认定为两个故意杀人未遂罪，[89]表明采用了数故意犯说。

立足于法定符合说，有问题的是并发事实的事例。以一人为目标在数人身上发生结果时，对所有人成立杀人罪（数故意犯说），有批判就指出明明只

–258–

–259–

---

[86]　前田：《刑法总论讲义》（第 2 版），东京大学出版会 1994 年版，第 213 页。此外，前注 75，前田同书第 3 版删除了这个论述，但从文章的脉络来看，现在也是相同的旨趣。

[87]　前注 81，平野：《刑法总论 II》，第 329、330 页。

[88]　最判昭和 53 年（1978 年）7 月 28 日刑集 32 卷 5 号 1068 页。

[89]　与前注 88 同一判例（所谓改装柳钉枪事件）。

有一个故意却认定多个杀人罪，有违责任主义。

为了避免这一批判，过去传统刑法学中也有观点，在采取法定符合说的同时，认定仅有一个杀人既遂罪，而后以过失致死罪进行处理（一故意犯说）。但是，一故意犯说在多人死亡的场合认定针对谁的杀人既遂时，标准不明，很难在诉讼法上采用，没有现实的说服力。

因此，法定符合说的数故意说或具体符合说中取其一是现实的。重视事实认识的前田，关于这一点也遵循判例的观点，将法定符合说、数故意犯说理论化，与此相对，平野重视责任主义反对判例的观点，主张具体符合说（根据平野的说法是具体的法定符合说）。

原本，平野刚开始主张具体符合说的时候，也有可能变更判例。但此后出现了上述判决，相当清楚地表明采取法定符合说的立场，不得不说变更判例的可能性极低。适用罗斯、瓦本方法的场合，也是将法定符合说，且数故意犯说作为 valid law（另外，这里虽然也可能有观点认为，数故意说违反责任主义，判例不正确，但是既然判例已在这条线上固定下来了，说服法官极其困难，就只能通过提出具体符合说的立法提案予以解决了）。

综上所述，平野、前田的机能主义，罗斯、瓦本的机能主义，各有各的内容，关于犯罪论也导出如此不同的结论。但是，他们中的任何一个都称得上是优秀的机能主义法学学者，仅仅只是立场不同而已。那么，这个立场会如何变化，如何被决定呢？日本机能主义刑法学应该采取何种立场呢？

三、日本机能主义应采取的方向

（一）决定机能主义立场的背景

这种立场的不同，包含着基于其时代、社会背景的政治判断、讨论者的价值判断等内容。站在机能主义的立场上，采取什么样的机能主义，也是一种价值判断。[90]

例如，罗斯的方法论支配了丹麦几乎所有的实定法解释学，但是恐怕当

---

〔90〕 即使遵循从法解释学中彻底排除价值判断的罗斯、瓦本的理论，在各种各样法学理论中采用罗斯、瓦本的立场就是一种价值判断，这本身在某种意义上就可以说是机能主义的问题。因此，即使是立足于忠实守护刑法解释学作为科学的瓦本立场，最终也是基于一个价值判断的产物。

时的日本即使提出这种主张，也不会像丹麦那样影响深远。[91]一般认为，丹麦的法学研究环境的背景情况对此产生了很大的影响。

首先，最重要的是，丹麦的立法有很强的机动性，大学的研究者也能在立法活动中提出自己的法政策性建言，且有相当的权威性。研究者的发言被认为比在日本的立法活动中更为重要，实际上经常在立法中反映出来。例如，瓦本进行重视贯彻事实认识的解释论，他实际参与到刑事立法、刑法修正中，且作为最高责任者担任刑法委员会委员长，作为学者展开刑法解释学之外，他因为有能实现自己政策的场景，基本上没有必要在解释论的场景中提出政策性建言。

－264－

其次，为法院的结论提供一定的民主保障也很重要。即在丹麦，外行陪审员会参加审判（参审制、陪审制），以此反映国民的意见，[92]法院的判决包含着比日本更民主的契机。

回头看日本的机能主义刑法学就不存在丹麦这样的情况。在日本立法的机动性较差，学者实现自己建言的机会也很少。此外，日本没有陪审、参审体系，审判中的民主性契机也比丹麦要少。

平野认为，在日本这样的状况中，有可能通过明确"存在的规范"说服法官。[93]即法官的价值判断与"存在的规范"即多数国民的价值观或国民中的指导性价值观[94]不一致的场合，学者通过积极举出这些内容说服法官反映在裁判中，被认为是上策。此外，在平野提出重视政策性建言的机能主义的20世纪60年代，甚至在法律职业共同体、法学研究者之间，二战后的自由主义价值观也没有完全渗透，实务过于广泛的处罚范围遭到批判，从政策上改变判例立场的必要性也很大。因此，平野通过说服法官的活动，朝着他认为妥当的方向引导判例。

另外，前田的理论，经过平野时代，从对具体案例进行适当判断的日本实务刑法学理论、判例理论的评价，以及对作出判例的法官的信赖出发。[95]

－265－

---

〔91〕　关于此内容，已在本书第三章第三节"一"等中进行了说明。

〔92〕　关于此内容，参见本书第二章第三节"三"。

〔93〕　参见前注4，平野，第75页。关于此内容，本书本章第一节"一"也有涉及。

〔94〕　参见前注4，平野，第74页。

〔95〕　这是因为"摆脱了德国的影响，在独特的实务和理论积累之上构筑起来的日本刑法学理论"，是由高质量的专业实务家支撑着的（前田：《刑事诉讼法与刑法学》，《现代社会与实质的犯罪论》，东京大学出版会1992年版，第18页）。

虽然这个观点一直以来在他的讨论中时常可见，但是在最近发表的对话集中，[96] 被以极清楚的形式提出，即"法的价值判断必须以最终是否沿着国民的意识衡量其妥当性。没有法学家或学者能断定'多数国民认为的是错的'，否则就麻烦了。这就是民主主义，但问题是，学者吸收国民意识就具体案件进行实质性判断，未必优秀。学者没有进行规范评价相关的训练。长期以来亲身感受现实问题并进行练习的法官等法律专家，拥有在国民意识基础上进行具体价值判断的能力"。[97]

这与平野的理论，即学者吸收国民的价值判断（存在的规范）能对法官提出建言的理论，立足于不同的观点。前田认为，信赖法官的判断是由于罪刑法定主义的新内涵，即"罪刑法定主义的支柱之一是'国民的代表决定犯罪与刑罚'的民主主义。但是，在现在的日本，通过国会议员是否能在刑事司法中实现民主主义的问题被提出。在回答此问题之前，我认为实现几成民主主义必须通过法官来实现。当然，从传统的观点来看，这是荒唐的想法，因为法官不民主，所以立法是为了以民主的形式进行控制。但真的如此吗"？[98]

-266- 如上所述，日本机能主义的两种形态，丹麦罗斯、瓦本的方法论，以各种各样的背景情况、价值判断为前提。因此，参考上述讨论的同时，思考究竟何为现在日本最适当的机能主义体系。

（二）讨论及本书的立场

首先，对上述讨论中已确认的内容，大概可以进行如下的归纳：①构思机能主义、经验主义法学时，应该明确区分价值判断与事实认识，在这一点上，日本机能主义的成果具有充分的妥当性；②机能主义建立在价值判断与事实认识的微妙平衡之上，将重点置于价值判断还是事实认识，机能主义的色彩会发生变化；③通过调整这个重点的放置方法，基于各自价值判断采取的立场也就被决定了；④阐明重点的放置方法可以作为分析采取机能主义论者所主张内容的一个尺度；等等。

---

[96] 前田雅英、藤森研：《从刑法看日本》，东京大学出版会1997年版。

[97] 前注96，前田、藤森，第13页（前田的发言）。

[98] 前注96，前田、藤森，第44页（前田的发言）。这一点也与以下内容关联，即瓦本根据罗斯，将事实认识限定于法官的思想意识，而前田并不限于法官的思想意识或判例，包括"国民的规范意识"在内的事实认识也被置于刑法解释的基础（参见例如前注6，前田：《刑法的基础》，第4页）。

1. 机能主义的框架

首先，作为前提性问题，是否采取罗斯所说的"法解释学（valid law）"与"法政策"的框架。无论是罗斯的方法论，还是日本的机能主义，在分离事实认识与价值判断这一点上是不变的，如果将事实认识与价值判断两种活动合起来称"法解释学"，有将它们混同的危险（回想一下规制机能相关的讨论）。因此，必须说根据罗斯的观点，将彼此分离、分别命名（"法解释学"与"法政策"）有一定的意义。

–267–

从日本以往的术语来看，将"法解释学"限定为事实认识可能会稍有抵触，但是明确该活动是事实认识还是价值判断很重要。因此，以下暂且不用"法解释学"这个术语，将前者称为"valid law"，后者称为"法政策"进行区别。[99]

2. valid law 重视型机能主义还是法政策重视型机能主义？

在决定此框架的基础上，接下来的问题是，作为日本机能主义的方法论，是立足于罗斯、瓦本等丹麦方法论，重视 valid law、事实认识，以法院的观点为中心，进行刑法解释（在日本，前田立足于类似的立场），还是采取以碧海、来栖为代表的日本传统的机能主义立场，如平野，重视说服法官，以法政策性建言为中心，进行刑法解释。前面讨论的机能主义的两种形态，这里用丹麦的术语可以将前者称为 valid law 重视型机能主义，后者称为法政策重视型机能主义。

从结论上来说，基本可以认为罗斯、瓦本提出的 valid law 重视型机能主义最适合现在[100]日本刑法学的状况。有以下三点理由：

第一，日本刑法学对事实认识还不充分。虽然我们已探讨过日本刑法讨论的性质，但是考虑比起基于事实认识的根据更以逻辑演绎式讨论为中心，以及判例不能采用的学说等情况，首先认识法院在现实中有法创造机能的事实，[101]进行以法院判断为中心的刑法解释论，这被认为很重要（这对于面向

–268–

---

〔99〕　如果正确遵循罗斯所示的方法论，法政策属于次要的，但应该注意的是，最近斯图尔·劳瑞森（参见本书第三章第三节"二"）等，基本上沿袭了罗斯的基本框架，同时说明法政策重要性的法哲学者也有，虽然将法解释学与法政策分离但是与轻视法政策（价值判断）没有关系。

〔100〕　不能认为永远合适。因为最终犯罪论体系也好方法论也好都只是一个技术，并非永远的真理。这些必然会随着适应社会背景而发生变化。

〔101〕　这是见解不同之前的事实问题（参见前注 12，荒木，第 37 页）。

法院的建言似乎也提供了说服力）。[102]

第二，现在极力排除规制机能的侧面（刑法当为的侧面）有一定的意义。因为平野的方法论积极认可说服法官这个与价值判断、评价相关的建言，所以不能轻视现在日本的讨论再次陷入规制机能讨论的事实。因此，将 valid law 分析作为刑法解释学的中心很重要。原则上与价值判断无关的学说，与从原理上排除刑法的规制机能有关。

此外，同样重视事实认识的前田方法与本书立场最大的不同是，前田并未明确区分事实认识与价值判断，与此相对（根据最近的诸多论文，前田对价值相对主义本身也有些许怀疑），关于这一点，本书遵循过去平野、碧海、来栖流派的机能主义立场，坚持价值相对主义，清楚地将事实认识与价值判断分开。

第三，对前田论述的民主主义的理解有一定的同感。[103]学者向法官提出建言，可能是自由主义，既然没有对学者的民主控制，那么对此采取肯定态度就稍有犹豫。

此外，在日本采用罗斯、瓦本方法论时，可以比丹麦更积极地进行法政策性建言，即使仍作为学者的次要工作。丹麦刑事司法的现状是：①陪审、参审制度这一对审判进行民主控制的手段比日本更丰富；②学者能更广泛地参与到立法活动中等，在丹麦，对法官提建言的必要或这种情况比日本少，在立法缺乏机动性非常期待法官法创造机能的日本，对法官提出法政策性建言就比丹麦更重要。

与此相对，即使好不容易将 valid law 分析限于事实认识，还是可以预想到有批判会认为，在法政策中导入价值判断是否就没有意义了，但即使这样认为，如果将法政策从 valid law 分析中明确分离，应该可以避免平野的讨论在日本学界讨论中被改变的弊端。

------

〔102〕 本书第六章论述了瓦本关于杀人罪故意研究的内容，但是日本刑法学的问题意识被认为有些脱离实务。例如，与杀人罪故意相关，学说中基本不讨论实务最关心的内容（详细请参见第六章第一节"二"）。

〔103〕 之所以是写一定的，理由如下。笔者认为价值相对主义仍然有意义，前田对价值相对主义似乎有所怀疑（参见前注96，前田、藤森，第11页等），学者表明自己见解都觉得犹豫，典型的如来栖就采取这种研究态度，也就能够理解。后面将进行论述，关于法价值论，笔者立足主观说的立场。这是个人价值判断的结果（关于这一点，进一步可以参见本书第六章第二节"四"、第七章第三节"四"）。

此外，如果将面向法官的建言停留在"法政策"，有批判者认为，对法官提出政策性、政治性的建言，这对应该"解释"法典词句的法官来说并不合适。但如果考虑法官现实地进行法创造，就能明白这种疑问并不合适。换言之，"如果现实地加以观察，可以认为判例形成了法律"，[104]如果是这样的话，面向法官的建言也是面向一定法创造的建言，在此意义上就与面向立法者的建言的基本构造一致。将面向法官的建言与面向立法者的建言分开，可以说是源于将法官的行动视为发现真相的法实证主义的思考。

再者，面向法官的建言虽被认为有各种各样的方法，但采用这种解释会对社会产生影响，理所当然这种方法就被采用（这是典型的机能主义理念），也可以考虑以调整逻辑性的制定法解释的形式提出建言。将"法解释学"限定于事实认识，但将说服法官作为"法政策"时经常采用制定法的"法解释"的形式，关于此内容，上文已述。[105]

-270-

---

〔104〕　田中英夫编著：《实定法学入门》（第 3 版），东京大学出版会 1974 年版，第 216 页。

〔105〕　前者所说的"法解释学"，是丹麦语中的 dogmatik，后者所说的"法解释"是 fortolkning（德语所说的 Auslegung）（关于这个在本书第三章第二节"一"中已有论述）。

第六章　新机能主义刑法学的展开

在前面的章节中，笔者统一整理了日本以往的机能主义刑法学陷入的问题，考察了丹麦的相关讨论，同时确定了构思新机能主义刑法学的基本方向。在此基础上，借鉴丹麦的机能主义方法论，但不仅限于此，也参照日本以往研究的积累，提出新机能主义刑法学的具体构思（即在何理论基础上，如何适用于刑法学）。

第一节　valid law

一、valid law 的思考方法

（一）罗斯理论中的 valid law

本书所构思的机能主义刑法学的首要任务在于罗斯所说意义上的法解释学。即日本刑法学中 valid law 的体系化，实际妥当法的认识及基于此对将来判决的预测。valid law 的内容，已在本书第三章第二节"一"中论述，这里仅选取三个与 valid law 相似的概念进行讨论，再次整理 valid law 内容，同时试图确定其内容与外延。

首先，比较罗斯说的"valid law（gældenderet）"与德国刑法学中的"现行法（geltendes Recht）"，思考两者的不同点。

其次，思考如果认为 valid law 是判决预测理论化的产物，与"判例"有何关系，与从判例中提取的判例的思考方法即所谓的"判例理论"有何不同，从日本已积累的"判例理论"提取方法出发，是否有能够应用于发现 valid law 的思考方法。

最后，思考与以往"预见法学"的不同。关于美国的预见法学，在第三章第二节"二"中已涉及。这里在第五章第一节已讨论的日本机能主义法学的展开的基础上，以与日本独特的预见法学即川岛武宜的"市民实用法学"进行比较为中心进行讨论。

1. valid law 与 "现行法"

从 valid law 与 "现行法" 开始。valid law 丹麦语为 gældenderet，与德语 geltendes Recht 属于同一语言构造。在日本，德语 geltendes Recht 一般被翻译为 "现行法"，内容也可以说与日本的 "现行法" 基本相同。实际有效力的法典或这个法典中规定的条文就是 geltendes Recht 的意思。另外，丹麦的 "valid law（现行法）"，从法官的思考中发现，意思是有实际效力的法。[1] 不仅是法典和条文，判例和实务上的惯例，只要是法官作出判决的判断材料，就会对 valid law 产生影响。如果法典、法条中有规定，通常就是 valid law，但即使有规定，实际不妥当的情况，也就是该法典、法条成为具文，这些规定就不是 valid law。

在丹麦和德国都说 "dogmatik（教义学）以现行法（gældenderet/geltendes Recht）为对象"，但是因为两国 "现行法" 的内容不同，导致两国法教义学的性质有了很大差异。[2] 在德国，"现行法（geltendes Recht）" 等于条文，因此在教义学中也是法条至上的解释论，判例、实务只不过提供参考而已。但是，在丹麦，因为 "现行法（gældenderet）" 等于实际妥当的法，判例、实务的动向与法典、条文的分量一样，而且，因为法解释学中的言明限于客观事物，所以教义学是基于实际法运用状况的事实认识。讨论丹麦法学中的 "现行法" 时，我们必须注意这一点差异。[3]

2. valid law 与 "判例" "判例理论"

关于所谓 "判例理论" 与 valid law 的不同，已在第三章第二节 "一" 中简单论述。即 "判例理论" 由判例词语中出现的内容且仅依赖判例相互间的一致性而构成，与此相对，因为 valid law 以法官的思考为研究对象，判例只不过是表征法官思考的一个资料而已，valid law 比判决书中出现的内容更广泛，且有着更隐秘的基础。

不过，如后所述，判例是发现 valid law 非常有力的资料，从判例导出的 valid law，也确实与所谓的 "判例理论" 相似。因此，这里我们再次整理日本

–274–

–275–

---

〔1〕 准确地说，关于 "具有实际效力的法" 的详细内容存在争议（本书第三章第三节），在丹麦 "gældenderet" 并非仅意味着法典或条文。

〔2〕 关于此内容，本书第三章第二节 "一" 也进行了论述。

〔3〕 若不好好理解这一点，在读教科书或论文等时也会产生误解。笔者在研究丹麦刑法之初，也想从哪里写着通说，哪个是作者的见解这种视角阅读文献，因此有过走投无路的经验。

称为"判例理论"的内容，以期发现判例在发现 valid law 中发挥何种作用。

作为讨论的前提，要研究何为"判例"的问题。

关于此问题，原大阪高等法院审判员中野次雄概要地进行了如下的说明。[4]

关于法院的判决，所谓 ratio decidendi（判决理由）部分是"判例"毫无争议［Obiter dictum（旁论）不是判例］。换言之，只有法官对该事件法律争点的判断是"判例"（关于不属于该事件争点的其他法律问题的判断是旁论）。

"法律争点的判断"可以分为两个部分：结论部分和为结论提供理由部分。问题是这两个部分中何者是"判例"[5]（这是"何为判例"的中心课题）。可以将前一部分（结论部分）所示命题命名为"结论命题"，后一部分（显示理由部分）所示命题命名为"理由命题"，"结论命题"是判例没有争议。但"理由命题"是否为判例存在争议。

关于此问题，中野本人论述道，为了提供理由所引用的一般法律命题不是判例。[6]

关于"为了提供理由所引用的一般法律命题不是判例"的理由，中野列举了以下两点：第一个理由是，将一般法律命题理解为判例，考虑判例的拘束力，实际上等于通过通知法官各个条文的法解释等进行一般性指示，侵犯了法官仅受宪法及法律约束的法律解释权限（日本宪法第 76 条第 3 项），侵害了法官的独立性；[7]第二个理由是，对照法官的判断过程，提供理由部分是为了说明结论正确的理由所写，[8]而且，因为法官所关心的是论证了该事件的法律判断结论，[9]所以不具有普遍性。

第一个理由是理论性的，所以先放在一边（因为这个部分包含了中野个人的规范性价值判断），重要的是第二个理由即基于法官的判断过程这个事实性的理由。作为事实，"理由命题"对法官而言，没有"判例"的意义，而

–276–

---

〔4〕 这里参考原审判员中野次雄的说明，与 valid law 的内容是法官的思考也有关系。

〔5〕 中野次雄编：《判例及其阅读方法》，有斐阁 1986 年版，第 39 页，中野执笔部分。

〔6〕 平野龙一：《刑事诉讼法》，有斐阁 1958 年版，第 327 页，也是相同的旨趣。

〔7〕 前注 5，中野，第 63 页。

〔8〕 前注 5，中野，第 63 页。

〔9〕 前注 5，中野，第 64 页。

且也不一定反映法官的思考，这一点正因为是法官的内省，所以非常具有启发性，在应用于本书的方法论基础时，也提供了重要的信息。

如果以这种"判例"理解为前提，valid law 与"判例"有何种关系呢？

首先，"结论命题"直接是 valid law 的重要组成部分。因为以判例的拘束力为背景，"结论命题"会束缚法官的判断，将来判决也在这个命题的范围内进行，这基本是明确的。其次，与"为了提供理由所引用的一般法律命题"相关的内容，不直接构成 valid law。因为 valid law 来源于法官的思考，法官作为"说服的手段"或者作为"仅限于这件事的论证"写的文章，不能被认为直接表达了法官的思考（此外，这一点作为事实认识也是有争议的）。[10]但是，既然 valid law 是从法官的思考导出，法官记载的想法肯定会成为发现 valid law 的参考。在此意义上，"为提供理由所引用的一般法律命题"虽然不是 valid law 的直接构成要素，但是可能成为构成要素。

－277－

如上理解判例时，所谓"判例理论"与 valid law 的不同何在呢？关于"判例理论"，中野说道"'判例理论'是指在一定法律问题的诸多判例（结论命题）的基础上，产生这些判例的法院一般的法律思维方式"。[11]乍一读，看似与前面提到的法官的思考过程矛盾，对此中野说道，"这一判例理论并不是，首先由法院自己有意识地设定，然后将其适用于各案件中并得出结论。这也与前面所述法官的实际判断过程相反。并非如此，因为其存在于不可见之处，应该在事后通过归纳推理的方法从关于该问题的许多判例的

---

[10]　关于裁判理由的性质，看起来学界未必能达成共识。现在关于判决所附理由是否反映法官的思考，有认为完全没有意义的观点，有认为纯粹是说服手段的观点，有认为存在相当意义的观点，有认为那才是最应该重视的观点等，从极度现实主义的审判观到极度主观性的审判观，如何理解法官的思考这个事实认识，讨论者之间存在分歧。在这种情况下，笔者认为，应该重视作为思考主体的法官的发言。即，不能期待通过问卷等进行的量的调查［此外，作为关于法官思考量的调查的尝试有，讼村良之、太田胜造、冈本浩一：《法官判断的逻辑性与妥当性（一）－（一三·未完）》，《判例タイムズ》911 号（1996 年）－1004 号（1999 年）］，通过言行录或回忆录、法官的论文等，可以在一定程度上掌握法官的思考内容，参考据此得到的事实是最恰当的。顺便说一下，这里作为参考的中野次雄本人是一名优秀的法官，他所写的法官的思考方法值得充分相信。这就是本书不认为"为提供理由所引用的一般法律命题"是法官思考的表征，而将其视为发现 valid law 的部分资料的实质性理由。

[11]　前注 5，中野，第 69 页。

结论命题中发现，而且该推理的性质应该从第三者的立场客观地进行"。[12]
而且，在发现判例理论时，认为"能够解释所有结论命题的共通理论是判例
理论"。

-278-　　　如此理解的话，"判例理论"与 valid law 也有共通点，但是有相当多不
同点。

两者的共通点在于，首先必须是客观的。在第三者的立场进行记述这一
点上，"判例理论"与 valid law 是共通的。但是，valid law 并不是由"事后的
归纳推理"得到的。的确，预测将来判决，事后研究以往判决是必不可少的。
是否应该"归纳推理"又是另一个问题。所谓"归纳推理"，是指排列结论
命题，从中找出"共通理论"，但看罗斯的理论就能明白，valid law 最重要的
部分并非法官的行动（写判决书）侧面，而是法官的心理侧面（判决的动
机）。结论命题，如上所述，的确具有事实上的拘束力，是 valid law 的一个构
成要素，但是心理侧面的表现，这一共通点也只不过是事实上的共通点。应
该说，这一点是"判决理论"与 valid law 的巨大差异。[13]

3. valid law 与川岛武宜的"市民实用法学"

罗斯说的 valid law 与美国实用主义的不同，在本书第三章第二节"二"
中已论述，因此这里不再特别重复。此处概观日本川岛武宜预见裁判的"市
民实用法学"的构想，以期研究该理论与罗斯讨论的不同。

川岛武宜是日本最大限度追求"作为科学的"法学方法论的学者之一，星
野英一经常用甲斐道太郎关于川岛所说的"表现出了对科学性的悲伤憧憬"[14]
-279-　　　这句话来形容，川岛对这类问题的关注也涉及多方面，在 20 世纪 50 年代末期，
受到当时美国现实主义法学审判观的影响，[15]末弘严太郎观点的影响等，[16]构
思了"市民实用法学"，即预见将来的裁判，并以此为市民提供必要的法律知

---

〔12〕　前注 5，中野，第 69 页。

〔13〕　顺便说一下，中野结论性地论述道，"利用裁判理由确实是有用的方法，但也不能忘了仅仅
依赖这个是危险的。说到底，作为预测将来判决的手段之一加以考虑无可非议"（前注 5，中野，第 73
页）。若认为 valid law 是判决的预测，这可以说恰当地表现了 valid law 与"判例理论"的关系。

〔14〕　甲斐道太郎：《法的解释与实践》，法律文化社 1977 年版，第 68 页。

〔15〕　川岛武宜：《一位法学家的轨迹》，有斐阁 1978 年版，第 334 页。

〔16〕　前注 15，川岛，第 307 页。

识。[17]在日本，虽然说预测裁判的人很多，[18]但是最彻底且理论地追求预测裁判，且作为科学的法学方法论而建立的，非川岛武宜莫属，考察日本预见法学不能绕开他的理论。所以，有必要将其与罗斯进行比较。

川岛提出的"市民实用法学"，简单说就是，"作出一个裁判时，通过抽象处理，从其个别具体的事实关系与结论中选出相互具有连锁关系的定型性事实与定型性决定内容构成先例命题""由此预见将来判决"的法学，"贯彻经验科学的观点""英美法判例法主义的裁判观，特别是现实主义法学的裁判观""市民法学的法学观"这三种观点予以支撑。[19]

这一"市民实用法学"，与罗斯的理论进行比较时，在某些方面有着决定性不同。首先，川岛把研究的对象基本上定为先例，"不是先例裁判的'判例理由'中的三段论法结构，而是该案件的事实关系和法院对此结论的相关结合"作为预见的基础，与此相对，罗斯认为法官的思想全部都是 valid law 即实际有效力的法。即川岛认为判例是"法院的结论"发挥极其重要的作用，而罗斯认为判例只不过是解读法官思想的一个手段。[20]

-280-

此外，罗斯没有"市民法学"的构想。罗斯认为，以 valid law 作为法解释学，纯粹提高法学的科学性是最重要的课题。罗斯之所以能到达预见法学，倒不如说是因为理论上贯彻到底的结果。

川岛对"裁判过程性质"的理解，受到了美国现实主义法学及其极端立场［杰罗姆·弗兰克（Jerome Frank）］的强烈影响（川岛说道"影响裁判决策的第一个因素当然是法官的决策，第二个因素是决策环境的各种条件"，[21]这可以说就是弗兰克的见解），虽然罗斯也强调法官的心理侧面，但是并没有

〔17〕　川岛武宜：《作为科学的法学》，弘文堂 1964 年版，第 107 页以下。不过，后来川岛本人把自己的兴趣转向了与此构想不同的方向。

〔18〕　例如，在刑法领域中，平野龙一经常提及关于裁判预测的内容。

〔19〕　以上引号内的内容引用于濑川信久：《民法解释》，星野英一等编：《民法讲座别卷 1》，有斐阁 1990 年版，第 38、39 页。

〔20〕　实际上，由于是极其重要的手段，所以在罗斯的方法中，案例分析也占据了阐明 valid law 的基本核心位置。但是，根据罗斯的见解，如果能够阐明法官的思想，判例以外的资料也应该积极地加以灵活利用。笔者认为，在阐明罗斯所说的 valid law 时，经验科学的方法自不用说，也有导入第七章所述的所谓后现代调查方法的余地（后面将进行详细论述）。

〔21〕　前注 15，川岛，第 334 页。

弗兰克那种事实怀疑主义的内容。[22]

　　川岛与罗斯最大且决定性的差异是，川岛的理论采取"通过控制的预见"的观点。所谓"通过控制的预见"，是平井宜雄在对川岛的判例研究方法进行批判性研究时明确的川岛理论中的一个矛盾点。[23]

　　平井认为川岛下面的见解是有问题的。川岛主张，裁判是由决策的标准（法、法律、法规范）所控制的现象，在这一点上，预见法学所说的"预见"是对被控制现象的预见，但是"如果根据判例预见将来裁判这个问题的意义如以上所述……通过研究判例，以我们的实践性行动为媒介，通过判例来控制将来的裁判……"。[24]但这包含着很大的矛盾。即"这种'通过控制的预见'的观点在其他地方也反复出现，可以认为是现在'川岛方法论'的终点。但是，通过右边（上面，译者注，下同）所谓'通过控制的预见'的观点，'裁判过程性质论'的观点，是否消除了'裁判过程性质论'和'预见法学构想'的矛盾？虽然'通过控制的预见'的观点未必明确，但是如右侧引文所示，那是'实践性行为'，且'如何通过过去的判例控制将来的裁判应是政策决定的问题，价值判断也就是所谓的当为……立场的问题'。理由是这样的，如此的话，就会让人怀疑，这是不是会与'作为（经验）科学的法学构想'（及基于此的判例研究方法）相矛盾。根据'川岛方法论'，对于'以预见裁判为目的的"作为经验科学的法学"'而言，成为其研究目标的判例内容有作为预见将来判断框架的假说性质，不过那样的'假说建构工作中，不能介入假说建构者关于怎样的裁判比较好的价值判断'。这么说的原因是，这种假说建构立足于事实性知识，以预见事实为目的，而愿望与事实属于不同层面。如此说来，就产生了作为'实践性行动'的'通过控制的预见'观点与'为了预测经验科学，价值判断不能介入假说'的要求互相矛盾的怀

-281-

---

　　〔22〕　此外，将罗斯的方法应用于刑法解释学的瓦本，如后面所述，也认为，不是将未处理的事实作为问题，而是基于法院认定的事实进行预测。与 valid law 体系化关联，瓦本排斥弗兰克的方法，关于这个参见后注 39。

　　〔23〕　平井对川岛判例研究方法论的批判在《判例研究方法论的再讨论（1）-（3·完）——法学基础论笔记·其三》，《ジュリスト》956、960、962 号（1990 年）中详细展开。从论文题目也能推测，以他的法学基础论（所谓"讨论"的理论）为背景。

　　〔24〕　川岛武宜：《"法学"的现代问题》，《川岛武宜著作集第五卷》，岩波书店 1982 年版，第290、291 页。如前注 23，平井：《判例研究方法论的再讨论（2）》第 54 页的总结。

疑"。[25]

关于这一点，必须说平井的指责完全正确。既然构思法学是科学，预见裁判当然不包含价值判断。这一点，罗斯将 valid law 仅限于预测裁判即事实的记述，没有设想为为了提高预测可能性而进行的实践活动。在这一点上，应该说罗斯的方法论没有产生矛盾。

如上所述，川岛与罗斯的理论，同为"预见法学"的构想，但是在很大　　–282–程度上存在着差异。[26]川岛理论在"经验科学的彻底性"这一点上有很多应当学习的内容，但不得不说有很多内容包含着矛盾。　　　　　　　　　　　–283–

（二）瓦本刑法解释学的应用

以上，对罗斯关于 valid law 的理解与 valid law 类似的概念进行比较、研究，明确其内容、外延等。接下来的问题是，如何在具体的刑法解释学中应用呢？

罗斯在建构其法学理论时，似乎将法学的科学化这一点置于最高价值，即把自然科学作为理想的科学，以此为模型重构法学。从他的理论中，看不　　–286–

---

〔25〕　前注 23，平井，第 55 页。

〔26〕　此外，虽然有点偏题，但是这里简单提一下，平井提出的判例研究方法（以下，引号内的内容参见前注 23，平井：《判例研究方法论的再讨论（3）》，第 143 页以下）。平井基于自己"讨论"的理论，进行了如下的论述。"'判例'研究的方法，必须以'讨论'为基础。根据'讨论'的一般构成，采取言明形式的'主张'及其根据是出发点。判决中的'主张'，自不必说，因为是法官的法律意见或判断，所以拥有"判例"资格的，首先必须是判决中的法律论。因此，这个意义上的"判例"只能是判决中的法律理论。"在判决的法律理论中，"有必要从其中找出问题所在，哪些是回答问题的部分，并以言明的形式加以构成"。如此"找出并构成作为'判例'的规范言明，对解决自身面临的问题是否有用，是法律者最关心的问题。判断是否有用的标准是……是否为'好'法律理论的标准，即由'反驳可能性命题'给出"。另外，与此并列，也必须判定"作为'判例'的规范言明是否'经得起反驳'"。得到经得起反驳的"判例"的规范言明（平井称之为判例准则）是"法学家一般的最重要的工作"。关于判例，平井的这个主张采取了与本书方法论对比鲜明的理解方法，因而不能作为本书方法论的参考。再者，作为在前面平井论文第 145 页注 2 中，在"判决中的法律理论"的意思上使用"判例"这个词语的文献，可以举出前注 5，中野：《判例及其阅读方法》，第 4 页以下，但中野这里论述的要旨大概是，"判例"不是关于事实认定或量刑的判断，而是关于法律论点的判断（参见同书第 6 页）。中野所说的"法律判断"与平井所说的"判决中的法律理论"似乎不同。实际上，平井关于"理由命题""判例理论"，在一定的条件下承认是"判例"（前注平井论文，第 145 页注 5），而中野并不承认"理由命题"或"判例理论"是判例。如该文所述的，中野只将结论命题理解为判例，这即使是"法律判断"也不是"法律理论"，无法探讨论反驳的可能性，因此，可以认为中野与平井在判例理解上存在差异（本书第七章第三节"二"将讨论平井"讨论"理论的一般内容）。

出关于这一作为科学的法学是否对实务有作用的思考。也就是说，罗斯将他的法学理论作为纯粹的法理学进行构建，例如从法哲学的观点解答法的拘束力等问题。[27]

但是，即使罗斯并非有意识地构思出该理论在实定法解释论中的有效性，从此后的丹麦法学来看，毫无疑问的是，实际上将罗斯理论应用于实定法解释学时，取得了非常有益的成果。关于刑法学，瓦本细致地展开了相关内容。

1. 瓦本的讨论

瓦本在著作《刑事故意》的方法论部分中，[28]论述了罗斯理论在刑法中应用的概要。

已经几次提到，瓦本首先从"认为判决本身是 valid law 是错误的……此处，valid law 中的故意概念比判决中出现的要广泛得多，而且参考了隐藏的基础"[29]这一点出发。valid law 以法官的整体思考、思想体系为基础，作为判决结论命题的判例自不必说，从判决本身推测出的各种各样法官的思考、判决的动机，如果从整体来看只不过是一部分而已。这个认识首先就很重要。

然而，调查何为 valid law 内容时，每个判决都是极有力的资料，这一点毫无疑问。因为这是法官自己记载的，至于其中的结论命题，拘束以后的判决从经验上来说没错。

因此，在明确 valid law 时，首先判例研究也很重要。关于这一点，以往说起日本判例研究，可以说有着以提取判例理论为重点的倾向。所谓判例理论，根据中野次雄的观点，可以理解为"在一定法律问题的诸多判例（结论命题）的基础上，产生这些判例的法院一般的法律思维方式"。提取这个判例理论，按照传统的方法，通常是通过归纳推理，总结出判例的共通点，以抽象的法律命题的形式予以表示。或者，从判例展开的讨论中提取抽象的法规范，作为判例的立场予以表示。[30]

无论如何，按照传统的方法，将判例的立场表示为抽象的法律命题，这

〔27〕 例如，本书第一章提到的佐藤节子的成就，就是对罗斯在这方面所关注的内容（本来就是罗斯主要关注的内容）进行详细研究（参见佐藤：《权利义务·法的拘束力》，成文堂1997年版）。

〔28〕 Knud Waaben, Det kriminelle forsæt, 1957, Copenhagen.

〔29〕 前注 28, Waaben, Det kriminelle forsæt, s. 44.

〔30〕 此外，后一方法未必是优秀的方法，与中野次雄的讨论关连，前面已论述。换言之，因为丹麦的判决极短，基本不可能从判例展开的讨论中提炼出所谓理论（参见第二章第三节"四"）。

一点是不会变的。这被认为是源于德国刑法学的方法。一般认为，这个方法是客观的，但瓦本对此论述道，"在德国刑法学中，很多时候存在根据自己的见解整理判例的倾向"。[31]即这并不表示"实际有效的法（valid law）"，很难说是科学的。[32]

瓦本对德国刑法学的批判相当辛辣。他说道"大多数的德国故意论只是单纯地重复心理学的观点，最多只是让法官能够识别裁判中有问题的犯罪类型，使用一定的术语，仅此而已"。[33]日本人通常感觉，德国法学非常精密，其周密性，体系构成的彻底性无与伦比，但瓦本却说这是"单纯"的。然而，瓦本所说的"单纯"与我们认为的单纯不同。瓦本说，"德国刑法学者为了涵盖裁判实务中出现的所有案例，试图将责任的判断标准归纳为最简单的定义，但往往走过头了"。[34]这是指在德国刑法学中，将原本不可能归纳成一个定义或意思的内容抽象化，将其整理成一个整体。即如前田雅英指出的，"学者头脑中的模拟看似缜密而又空洞，实际的事件、历史却密密麻麻地装满了事实"。[35]

–288–

继续瓦本对德国刑法学的批判。延续前面对德国故意论的批判，瓦本论述道"如此概要的说明，根本上不属于法解释学，也不属于法政策"。[36]这个批判同时也符合日本的刑法学。例如，在日本刑法学中，判例理论有几处无法说明的地方。此时我们评价"判例的立场不是一贯的"，但是如果从瓦本那样的观点来看，这只是因为日本的理论过度抽象化难以把握 valid law 而已，而且在过于抽象化的理论中，作为面向法官的建言或面向立法机关的建言也没有说服力，此外，即使提出建言也只会被法官或立法机关随意对待。这一点，对日本刑法学者来说，只能说是被指出了盲点。

---

〔31〕 源于瓦本的启发。

〔32〕 德国刑法学（及日本刑法学），整理判例的同时，倾向于根据自己的见解进行排列，德国或日本的"法解释学"并非与论者的价值判断无关。同一个判例用不同的学说进行说明的例子就是这个原因导致的。这一点在本书的方法论即将法解释学与法政策完全分离也有意义。反之，根据这个方法论，能将判例分析中的主观性偏见控制在最小限度。

〔33〕 前注 28，Waaben, Det kriminelle forsæt, s. 47.

〔34〕 前注 28，Waaben, Det kriminelle forsæt, s. 363.

〔35〕 前田雅英、藤森研：《从刑法看日本》，东京大学出版会 1997 年版，第 56 页（前田的发言）。

〔36〕 前注 28，Waaben, Det kriminelle forsæt, s. 48.

根据瓦本的观点，虽然德国刑法学方法构成的抽象规范不代表 valid law，但是作为瓦本所说意义上法解释学的出发点是有用的。具体有以下两点：①成为将来 valid law 体系化的作业模式，此外②法官在判决中难以明确解答时，抽象的规范有助于补充 valid law。[37]

如果认为通过德国刑法学式归纳推理得到的"事实的抽象化""规范命题的确立"有问题（不能表示实际妥当法），那如何表示 valid law 呢？瓦本说"valid law 有着完全不同的构造"。[38]应该说，瓦本认为只有采取不依赖于所谓传统意义上的抽象化即制定规范命题的方法，才能更好地表示 valid law。[39]

这么说来，有人可能会认为瓦本放弃了抽象化，只表示具体的案例。但是，不依赖规范命题，不等于完全舍弃规范命题。

实际上，在刑法领域中，因为有罪刑法定主义，预测将来判决在一定程度上应该是必要的。因为如果不可能预测判决，就不能保障国民的行动自由，会出现极不安定的社会状况。在此意义上，瓦本认为 valid law 的抽象化是可能的，且有必要，这是作为刑法学者得到的当然结论。

但是，瓦本并不追求"完美之物"，即不认为所示抽象化的 valid law 是完整的。一言以蔽之，valid law 并非完整的，而是面向将来的"开放构造"（瓦本说道，"概念……通过其后的判决结果进行再验证，面向未来展开"。[40]关于故意概念还论述道，"故意概念的内容只能是接近准确、完整的记述"[41]）。

实际上，判决是会随着法官的各种动机在各个事件中微妙变动的（罗斯关于 valid law 重视法官作出判决的心理过程的理解就能够反映这一点），瓦本

-289-

-290-

---

〔37〕 参见前注 28，Waaben, Det kriminelle forsæt, s. 50.

〔38〕 前注 28，Waaben, Det kriminelle forsæt, s. 45.

〔39〕 此外，作为放弃抽象化的方法论，瓦本首先举出了美国的杰罗姆·弗兰克。弗兰克是现实主义学者，所谓的事实怀疑主义者（fact skeptic），他认为法律规范自不必说，连事实都是由法院重构的，裁判只不过是法官直觉性活动，恐怕不可能预测将来的判决，采取极其相对主义、怀疑主义的立场。另外，瓦本举出了北欧的阿斯特鲁·普霍尔（Astrup Hoel）。他即使不如弗兰克那样，但也对确立规范、事实的抽象化持疑态度，限定地放弃预测将来的判决。瓦本虽然阐释了这两个人的观点，但是基本上认为有可能对 valid law 进行规制化、抽象化（参见前注 28，Waaben, Det kriminelle forsæt, s. 45）。

〔40〕 前注 28，Waaben, Det kriminelle forsæt, s. 45. 顺便说一下，省略部分写了"（概念）法生活中现实的动机要素的概括"。这也是瓦本式的表达。

〔41〕 前注 28，Waaben, Det kriminelle forsæt, s. 45.

认为对此不可能"正确地、完整地"加以把握。[42]

实际上，关于法官心理过程的复杂性，除了前面提到的中野，很多法官都分析说自己的判断是直观的，有必要将这一点作为事实进行认识。

但是，如果认为因为是基于直觉的所以无法预测的话，无论采用什么样的方法论，不用说预测，控制裁判也是不可能的。如果认为有可能控制裁判（有可能说服法官），有必要在其范围内了解法官的行动标准（否则，学说对法官说什么都完全没有意义）。实际上，关于法官行为的法则性，某种程度上是可以理解的。例如如上所述，中野次雄通过日本最高法院的调查员暗示学说影响法官、判决。

再者，关于被称为法官直觉的内容，通过法官本人的内省，在某种程度上已能够明确。[43]而且，通过今后的研究也能进一步补充深入。

此外，考虑现实中被称为"判例的拘束力"的现象，过去的判例从心理上拘束法官肯定是事实。如果明确这样的判例，应该可以对法官的心理进行相当程度的预测。

进一步，实务惯例或其他法官行动模式在相当程度上制约着法官。例如，即使在没有判例之处，法官也几乎不可能突然在判决书中阐述自己的观点，为了不让最高法院推翻判决，且与最高法院以往判例相吻合，应该小心谨慎地作出决断。这种决断被认为在某种程度上由一定的动机支撑。瓦本阐明了这种动机是什么，将之还原为概念。

-291-

不过，这并非"正确、完整"的。这与瓦本所说的故意概念只是接近正

---

[42]　关于这种理解，可以很容易预测到，大多数人会提出这样的批判：作为应该严格的刑法解释学方法，不允许如此暧昧。实际上，二战后日本的刑法学，是因反省二战前而极力压制恣意的刑罚权发动，以用理论束缚法官应该能担保严密的刑法适用的思想为出发点发展起来的，有这种批评也不无道理。但是，在平野的机能性考察已出现、获得很多支持的时间点，可以说基于这种旧思想的刑法解释学时代宣告结束（实际上，不动的体系是否束缚法官，也有很多疑点。作为理念可能可以作用于法官，但实际上不动的体系有益的是，其全部体系开始有可能被法官采用，若仅采纳一部分，考虑与其他部分的整合性，体系上就会变得无法整合，其拘束力应该也会大幅减少）。在刑法领域，很多刑法学者也认识到通过判例进行法创造这一事实，而且，在对罪刑法定主义的预测可能性这个观点进行实质化的现在（关于这些内容，参见本书第五章），瓦本所表示的方法论，实际上在彻底看清现实、真实理解现实时，就能轻松达到（进一步来说，关于这种思考发展成包含后现代内容的可能性，在本书第七章，特别是第四节"二""三"中将详细讨论）。

[43]　前注5，中野，第58页以下。

159

确的是相同旨趣。于是，就产生了 valid law 的"开放构造"。瓦本放弃了德国刑法学那样以完美为目标进行的无理的抽象化（瓦本说"德国刑法学者经常走过头了"）。无法抽象化的就原原本本保留在可抽象化的范围之外。而且，不将其舍弃地进行表达，即使不是精练的形式（实际上是极其生硬的、不聪明的讨论），也能表示出有意义的 valid law。[44]

瓦本认为，提取出实际何种动机作用于判决是有可能的。而且，他认为虽然不能将其一般化、抽象化，但是存在这种动机发挥作用的场合，此外，这种动机经常起作用，可以作为"开放的构造"予以表示。即前面所述的某种程度上可以抽象化的规则、规范作为其表示，且作为"开放的构造"，预先明示各种各样的动机要素。[45]

换言之，这里所说的"抽象化的概念"必须包含这个法官的判决动机（这就是罗斯对 valid law 的理解）。更应该说，法律上的概念，不是观念的哲学见解，而是通过法官的判决动机构成的。而且，每个判决每次都受各种要素的影响，虽然也承认实际的判决预测因为各种各样的要因存在困难之处，但是可以在预测可能的范围内尝试预测，这就是瓦本刑法学的方法。

本书想提倡的刑法解释学方法，以罗斯理论为基础，具体采用瓦本的这个做法。

2. 德国的涵摄

如上所述，瓦本批判德国刑法学在制定一般的法律命题上下了很大的功夫，以至于过于抽象化，为什么德国刑法学执着于一般的法律命题呢？

在德国，从判例中导出一般的抽象的法律命题自不用说，相反，对条文

-292-

---

〔44〕 此外，在日本近年出现了"在一定限度内放弃抽象化"相近的讨论。例如，前田雅英关于不真正不作为犯的作为义务或因果关系中狭义的相当性判例，举出了判断的要点（前田雅英：《刑法总论讲义》，东京大学出版会 1998 年版，第 138、139、191 页以下）。这与过去的方法，即严格地限定要件，满足所有要件才发生效果的思考大不相同。前田的这个讨论，似乎一直以来并没怎么被认识到，但是可以作为包含后现代主义内容的理解。按照笔者的观点，前田、瓦本两人的刑法学，都是从经验主义、机能主义出发，已经体现出相当程度的后现代性，这可能会对未来刑法学的存在方式、刑法学的范式本身带来巨大的变化，本书第七章将进行详细讨论。

〔45〕 关于这个动机要素，瓦本论述道，"如果在认识每个犯罪类型的同时考虑故意的定义的话，如上所述，在适用这样的定义时，法官必须考虑各种不同要素的动机"，举出了七个要素（①证据要素，②行为人类型性评价，③有适用可能的类似犯罪，④判决的刻印效果，⑤刑罚的正当性，⑥既遂犯与未遂犯，⑦陪审员的观点），详细讨论了这些要素与此处犯罪类型中故意的关系。

的语句进一步以法律命题的形式进行定义的也不少。日本刑法学因为学习了德国刑法学的方法，所以一般也存在这种倾向，但反之像瓦本那样，从德国刑法学以外的传统法学的观点来看的话，为什么存在这种倾向，这本身就让人怀疑。

不言自明的，①条文的解释，②一般法律命题的确立（或规范的确立），③具体事例的适用，一连串的思考方法，似乎在任何国家的法学中都是共通的，但实际上，这一思考方法的具体操作，每个国家都有很多不同之处。

例如，在丹麦刑法学中，没有特别区别①规范的确立与②适用的过程。[46]此外，在判例法国家，原本就没有法条解释这一过程。在日本民法利益衡量论的方法中，平衡具体利益得出结论后再进行理由推导。一直以来被认为不言自明的这个思考过程，其实未必是不言自明的，请注意这个思考过程实际上就是德国法学的传统。

–293–

关于德国法学中法的思考，村上淳一进行了非常有启发的研究。所谓德国的"涵摄技术"，总而言之就是"法学的适用技术"的研究。村上的问题意识是，涵摄技术的存在可以理解为是确保德国刑法学法律交流的手段，虽然其具体研究了这个交流方式，但是这里不涉及这部分内容。[47]本书提出的问题是，村上指出的德国法学中"涵摄技术"与日本法学中"涵摄技术"相当不同这一点。

根据村上的观点，"所谓涵摄技术是指，将'事实关系'与'法律要件（Tatbestand）'对照，明确是否发生'法律效果'的技术。然后，将所有'请求原因'相关的'法律要件'分解为各个'要件要素（Tatbestandselemente）'，演绎地确定各'要件要素'内容的基础上，将'事实关系''涵摄'于此的工作，即'要件要素'预定的'要件事实'包含了'事实关系'，因此，明确'事实关系'涵摄于（服从）'要件要素'的工作必须按照顺序正确，逐一地（逻辑地）反复进行。在完成该步骤后，"事实关系"才被"涵摄"至"法律要件"下，可以说是法规范的适用"。[48]村上进一步在注解中

---

〔46〕　瓦本认为，"刑法第一条（罪刑法定主义的规定）是由法院适用的规定，具体的案件事实使解释的任务成为现实，这是决定性的重要观点。不区别一般解释（general fortolkning）与法涵摄（retlig subsumption）"（Waaben, Strefferettens almindelige del Ⅰ, 3. udg., 1993, Copenhagen, s. 73.）。

〔47〕　关于这一点，见后注112。

〔48〕　村上淳一：《现代法的透视图》，东京大学出版会1996年版，第102、103页。

引用克里斯蒂娜·埃舍尔、魏因加尔特的话进行了如下的论述："埃舍尔、魏因加尔特指出日本判决'给人的印象是通过举出法条进行涵摄，并不是德国法学家进行的涵摄'……更严密地说，利益衡量的展开场所，德国和日本可能有所不同。在德国，为了解释'法律要件'或'要件要素'进行衡量（并非单纯的利益衡量而是法益衡量），以此为前提进行事实的涵摄，与此相对，在日本，（不区别所谓'要件要素'的确认）在认定'要件事实'时进行利益衡量，实际上是通过此解释'要件要素'或'法律要件'，这样的情况非常多。"[49]

如果此处村上的假说（即展开利益衡量的场所德国和日本不同的假说）是正确的话，德国和日本的法官、法学家的思考方法就会相当不同。在日本，从法官所著的刑事事实认定相关的书籍中可以看到这样的论述，"在像正当防卫的紧迫性那样抽象度高，需要分解成事实命题进行法律适用的情况，实质上事实认定和法律适用经常是一致的"，[50]这也证明了在日本的裁判中，德国法学的涵摄技术并不被认为是绝对的。此外，在广渡清吾的介绍中，德国律师、日本法研究者冈特拉姆·拉恩指出（Guntram Rahn），"重视个别的'实情'，无法赋予涵摄模式二次意义，代替'平等处理的要求'，重视'具体的妥当性'"，[51]虽然这是关于日本民法学的观点，但是可以说这一点得到了证实。

在丹麦的情况下，包含法官在内的法学家的观点、判断方法被认为与日本相似。在丹麦的刑法学中，如前所述，事实认定与法律论相互交织。如此的话，德国法学的观点实际上与日本实务中法的思考未必一致，也有观点认为，将德国法学的讨论引入日本时，是不是会产生某种无法消除的摩擦。

如果关于这个问题本书的假说是正确的话，关于日本的刑法学说与实务呈现出乖离现状的一面，可能有观点就会认为是学说中过度尊重德国法学的思考所导致的。

-294-

-295-

---

〔49〕 前注48，村上：《现代法的透视图》，第124页注4。

〔50〕 小林充、香城敏麿编：《刑事事实的认定——法院判例的综合研究（上）》，判例タイムズ社1992年版，"前言"。

〔51〕 广渡清吾：《日本社会的法化》，《现代法学的思考与方法·岩波讲座现代的法15》，岩波书店1997年版，第167页。

关于这个问题的验证，因未超出假说的领域，不用交由今后的研究，[52]不管怎么说，日本刑法学说对德国法学这一部分的分析似乎不够充分。实际上，日本刑法学如德国刑法学那样，确立一般的法律命题将讨论体系化予以表示的方法，是否能与日本实务吻合，是否提供了容易适用的刑法学理论体系，本来是否有必要性，这些其实都极其值得怀疑。

-296-

二、具体的应用——以杀人罪的故意为例

瓦本提出的刑法解释学方法论对日本机能主义刑法学是有益的，笔者想以 valid law 重视型机能主义的现实研究方法为基础，首先就需要看瓦本的方法是如何在个别化的问题中展开的。

同时，也需要注意的是，瓦本的方法并不是发现 valid law 的唯一方法。如果直接适用瓦本的方法，就不能超越瓦本方法，获得新见解。而且，在日本也有一些被认为对研究 valid law 有帮助的研究。例如，数名法官共同进行的关于参考判例认定刑事事实的研究，前田俊郎的一系列研究。

作为包含瓦本研究在内的这些研究共同关心的问题，杀人罪故意的问题就是一个例子。[53]

这里参考瓦本的研究及日本的两个研究，以杀人罪的故意为例，具体将 valid law 的研究作业进行模式化（瓦本的研究在其大作《刑事故意》中，以下简称"瓦本研究"）。日本的方法论立足于数名法官进行的关于参考判例认

---

〔52〕　作为阐明其的方法，参见荒木伸怡：《裁判——其机能性考察》，学阳书房 1988 年版，第 63 页。即，"参与决策过程运用的实务家警察、检察官、法官、家庭法院调查官等，出版了关于各种各样主题的杂志记事、论文或书籍，其中包含了很多直接揭示或能够推测决策过程实际状态的内容。此外，其中涉及见解的部分大多只标注个人见解。但是，个人见解并不是脱离过去经历或现在所属机关、地位而形成的。因此，实务家作者的杂志记事、论文或书籍是把握决策过程实际状态的有用资料。进一步，通过认真收集、分析包含判例的这些资料，能够代替影响决策过程运用的实务家个人史的调查或法意识的调查"。

〔53〕　可以说，一直以来日本的传统研究几乎不关注杀人罪的故意问题。至少，几乎没有从刑法各论规定的杀人罪的故意这种观点出发的关注，一般讨论刑法总论中的故意。此外，传统研究基本不关注在何种情况认定存在故意，错误论等特殊事例除外。除总论中存在问题的故意的定义，即有认识的过失与未必的故意的区别以外，几乎就没有被视为问题的。然而，这个问题在实际裁判中被认为非常重要（因此，这些有实务意识的研究，都在探讨杀人罪故意的问题）。

定刑事事实的共同研究〔54〕（"故意"部分的执笔者是大野市太郎，因而以下简称"大野研究"），前田俊郎运用统计方法对尊亲属杀人罪的故意进行研究〔55〕〔以下简称为"前田（俊）研究"〕这两个研究的基础上。

-300-

（一）瓦本研究

瓦本的大作《刑事故意》，以阐释丹麦法院中实际妥当的故意概念为最终目的，为了实现这个目的，采用的方法是，逐一讨论在每个犯罪类型中丹麦法官如何理解、适用故意。瓦本关于杀人罪故意的研究，作为其中一环（特别是与在何种程度认识到犯罪结果为必要的问题关联）。

在介绍瓦本关于杀人罪故意的研究之前，作为其前提必须指出的是，他在开始《刑事故意》正文时，将以往学说作为作业模型，同时援用心理学知识将故意分为几个阶段，即确定的故意（hensigt），盖然的故意（sansyndlighedsforsæt），未必的故意（doluseventualis）。

丹麦故意的概念，不同于日本或德国，在确定的故意与不确定的故意（此处未必的故意）之间还有盖然的故意这个中间类型（挪威刑法学中也有这个分类）。原本现行刑法第三草案（UⅢ）〔56〕就分别规定了这三种故意的定义，丹麦存在用这三个概念理解故意的传统。〔57〕

以上述内容为前提，瓦本首先简单介绍关于杀人罪故意的历史，〔58〕接着从讨论确定的故意开始。〔59〕这里瓦本首先指出的一点是，"在杀人罪确定的故意中，不考虑关于结果发生具有一定程度盖然性的认识"。瓦本认为，"只要

-301-

实际上有杀人的结果就可以，不考虑通常考虑的'保留'"，如果现实地进行

---

〔54〕 前注50，小林、香城：《刑事事实的认定（上）》（大野执笔的部分），第1页以下。

〔55〕 前田俊郎：《尊亲属杀人罪的杀意认定标准》，《专修法学论集》27号（1978年），第91页以下。

〔56〕 关于现行刑法第三草案，参见第二章第二节"六"。

〔57〕 关于此内容，参见松泽伸：《丹麦刑法的发展》，《早稻田大学大学院法研究集》77号（1996年），第195、196页。

〔58〕 瓦本论述到，丹麦的杀人罪虽然现在集中在一条，但是过去像日本的保阿索那特刑法典（1880年日本"旧刑法"，由法国法学家保阿索那特主持起草，译者注）那样，规定了好几种类型（参见本书第二章第二节"六"），关于这一历史的发展过程，边参考英国法等外国法的同时，边展示现行规定的状况（前注28，Waaben，Det kriminelle forsæt，s. 177ff.）。

〔59〕 此外，首先有人指出故意与动机没有关系，杀人的故意经常能够根据杀人罪特别的行为样态（例如，使用枪械等）进行推定，因为杀人罪的场合时常没有目击者，所以与被害人的关系在证明上具有重要意义（前注28，Waaben，Det kriminelle forsæt，s. 180）。

了足以发生杀人结果的危险行为，就不要关于结果发生盖然性的认识（证明）。[60]实际上，例如从极近距离开枪射击头部的话，发生死亡结果具有高度的盖然性，是否认识到这一点，在现实中恐怕没有必要证明。

"盖然性的程度对杀人罪确定的故意没有意义"，这"关系犯人追求结果发生在证明上的确实性"。[61]即在丹麦，确定的故意比较容易证明，但是在实际案件中，"只要实际上有杀人的结果就可以"的情况是什么样的情况呢？这里引用一个判例作为例子，即从后面对逃跑者发射两发子弹时，不管从道路的何处发射（即使有一定的距离），判断有杀人罪确定的故意。[62]

接下来，有问题的是确定的故意以外的故意。确定的故意与非常高度的盖然的故意之外的其他故意的界限，是杀人罪故意中最重要的问题。需要解决的是，轻度盖然的杀意或未必的杀意以及被否定时（仅停留在伤害罪故意时）的界限问题。

关于界限问题，瓦本分为两个阶段进行考察。第一个阶段是"语言上的定式化"（sproglige formulering）。在这里整理被认定为盖然故意的事例，逐一讨论判例中表现盖然故意内容的表达方式（在丹麦，在被认为是盖然故意的情况下，存在各种表达方式）。然而，这只是对过去判例的整理，实质内容还不清楚。这倒不如说是为了弄清实质内容，对选择承认盖然故意的判例工作有帮助的观点。

－302－

然后，瓦本从如此选出的判例开始，将"现实的故意界限"（den reeleforsætsgranse）作为第二个阶段进行讨论。即举出具体的判例讨论[63]如何判定盖

---

〔60〕　在《刑事故意》中，关于这一点，没有"不要认识"的写法，在后来的刑法总论教科书中，写道"不要关于认识的证明"。在这里，与证明相关的内容是否忠实地反映出实体法中故意概念的问题（故意的认识对象问题）是个问题，但是瓦本在《刑事故意》阶段，更重视证明的观点，已在故意概念中反映出来。的确，既然证明不必要，实体法层面上也不需要认识本身这一构成是有可能的，但考虑到与盖然的故意或未必的故意的概念的相容性，实体法层面不要认识的论述，说明的逻辑显得不太合适。另外，即使考虑法官的思考，没必要证明的处理也被认为是理所当然的，因此应该说还是总论教科书上的说明方式更佳。

〔61〕　前注 28，Waaben, Det kriminelle forsæt, s. 180.

〔62〕　前注 28，Waaben, Det kriminelle forsæt, s. 180, note 7.

〔63〕　此外，与此关联，瓦本将丹麦的判例（不包括未必的故意）按照以下阶段进行分类。1. 有杀人的确定故意的场合。2. 有打击人的确定故意的场合：①考虑到杀人盖然性的场合；②考虑到单纯伤害的盖然性。3. 考虑到打击盖然性的场合：以下与 2 相同。根据这种分类，关于杀人罪故意的证明，可以说以下两点很重要：其一，是否有杀人的确定故意（不问认识到过程的盖然性）；其二，没有杀人的确定故意，打击的确定故意成为问题。这一打击的故意是致命打击的故意，还是仅为打击的故意（前注 28，Waaben, Det kriminelle forsæt, s. 188）。

然的故意，有何种案件事实不认定盖然的故意而认定为伤害的故意（此外，关于杀人的未必的故意，这里也会进行讨论，虽然在丹麦实务中基本是没有现实意义的）。

基于上述内容，瓦本展开了阐释丹麦裁判实务中杀意认定标准的讨论。瓦本首先论述道，"关于杀人确定的故意，法院被认为承认不明确的领域"，"除此之外的标准线非常模糊"。可以说，虽然法院认定确定的故意有明确的标准，但是除此之外，通过何种标准判断未必明确（先提一下，在丹麦确定的故意的案件中，武器的种类、用法这些情况的证据对认定杀意发挥着有力的作用）。

然后，"只能通过个别比较法院判断的形式——且现在只能以不完全的形式再现的事件——导出法院关于故意概念的结论"。"此外，认为法院有确定的判断标准是不现实的"。这一点是瓦本式的模糊，不能将 valid law 抽象化时，[64] 坦率地放弃，以开放的状态予以表示（此处只是举出事例）。[65]

（二）大野研究

接下来看大野研究。大野研究原本是在职法官"关于事实认定的裁判案例的综合性研究"这个项目的一部分。[66] 这个研究"以日本最高法院判例为中心的裁判案例为广泛素材，仅以明确适用于实务这一点为共同目的"，"是对反映当今裁判实务研究的总结"[67]。[68]

大野关于杀人罪的故意，进行了这样的问题设定，即"在所谓激情犯中，

〔64〕 不过，关于盖然的故意，瓦本也指出，在行为的危险性极大的案件中，应该认定为确定的故意，行为的危险性导致杀人结果的概率只有 50% 的案件中，存在根据状况证据认定存在盖然的故意的情况，因此，虽然不能以抽象的形式给出标准，但是也不能说只有根据"整体评价"的"直接见解"。（关于该处正文及该注，参见前注 28，Waaben，Det kriminelle forsæt, s. 188f. ）

〔65〕 此外，因为以上这种实务情况，瓦本指出"必须注意的是，法院认定的危险性比实际大"（前注 28，Waaben，Det kriminelle forsæt, s. 189）。因为认定待评价行为发生杀人结果的危险性很大，存在确定的故意，就不要证明认识到过程。瓦本在最后举出了提到未必的故意的判例，因为只有一个，没有详细进行讨论（关于丹麦未必的故意，后面会涉及）。

〔66〕《判例タイムズ》691 号-779 号，共 26 回（1989-1991 年）。

〔67〕 前注 50，小林、香城：《刑事事实认定（上）》前言。

〔68〕 此外，作为与大野研究同一方向出发的先驱式研究有，大阪刑事实务研究会（河村澄夫·负责）：《事实认定的实证性研究·第一回 杀意的认定》，《判例タイムズ》227 号（1969 年），第 2 页以下，另外，在刑法修正的时代背景下，讨论杀意的认定与刑事法中的主观要素问题的有，铃木享子：《围绕刑事法中主观要素与状况证据的问题》，《综合法学》6 卷 8 号（1963 年），第 27 页以下。

-303-

以分析杀意有无成为问题的案件相关的裁判案例为中心，考察状况证据上哪一点是认定或否定杀意的一般性判断标准"。

首先，作为研究的出发点，指出行为人的自白成为直接且有力证据的同时，说明了在故意的认定中状况证据的重要性。即"在行为人的供述中，即使不是有意识地陈述与自己记忆相反的虚假事实，也被认为往往包含只不过是对行为状况（自己心理状态之外的）的回忆或从听闻的结果中判断得出的意见。从这件事情来看，在认定杀意时，特别是未必的情形，也可以说应该重视状况证据"。这一点与瓦本的认识是共通的。关于证明故意（内心方面）的困难性，应该说是世界共通的难题。

然后，以判例中认定的事实为基础（这一点也与弗兰克不同，与瓦本共通），对成为杀意认定标准的状况证据进行整理。其内容是对创伤的部位、创伤的程度、凶器的种类、凶器的用法、动机的有无、犯罪后的行动进行综合判断。通过整理，大致能明确有怎样的状况证据就能认定杀意这一标准的概要。 –304–

在大野研究中，应特别关注的是，最后讨论了未必的故意与确定的故意的不同。在以往学界的研究中，虽然对未必的故意与有认识的过失的区别进行了讨论，但是很少有特别意识到未必的故意与确定的故意区别的研究（应该注意到，这一点与瓦本有意识地讨论确定的故意与盖然的故意的区别存在相似性）。

进一步指出，日本的判例即使在能够认定确定的故意时，也存在被认定为未必的故意的情况。其理由，根据大野的论述，一是"在动机方面，认定为确定的杀意可能有疑问"，二是"即使认定为未必的故意，犯罪情况方面也和认定为确定的杀意几乎没有差别，量刑也不会不同，这样做的话，只是保守的未必杀意的认定，从对被告人心理的影响等方面来看是最好的"。[69]

如果是这样的话，在日本，未必的故意也好，确定的故意也好，在实务上（特别是作为其认定结果的量刑等）被认为没有太大的差别。从一些事例被认定为未必的故意来看，在日本可以说也存在容易认定为未必的故意的情况。

这一点，在丹麦，确定的故意与盖然的故意在是否有必要证明认识到过

---

〔69〕　前注 50，小林、香城：《刑事事实的认定（上）》（大野执笔的部分），第 18 页。

程存在证明上的差异。在确定的故意的场合，只要认识到行为能带来现实的死亡结果足矣（对这没有必要特别证明的意思），而在盖然的故意、未必的故意的场合，行为的危险性带来死亡结果的可能性很低（50%以下），必须证明认识到过程。因此，在丹麦应该说盖然的故意、未必的故意的证明不难。在丹麦，杀人的故意基本是确定的故意，被认为与这个证明的难易相关（丹麦杀意的认定被认为与日本相反，倾向于确定的故意）。[70]

-305-

如此看来，一直以来被认为基本没有问题的杀意问题，实际上也包含着很多问题，仅论述"故意是对构成要件该当事实的认识、容忍"，实际上几乎是什么也没说。故意（杀意）的认定受各种各样要素的影响，按照上面的定义基本不能把握其实质内容。把这些要素还原成故意的概念，是罗斯的方法论，是瓦本的方法论。[71]

（三）前田（俊）研究

最后来看前田俊郎的研究。前田（俊）研究，是关于尊亲属杀人罪的杀意认定标准的研究，与单纯杀人罪不相关，但是因为研究方法相同，所以没有必要将其特别视为问题。

前田（俊）研究的目的与大野研究一样，是事实认定的实证性研究。他说道："无论如何严格、精密地进行构成要件的解释，如果以自由心证主义之名恣意进行事实认定，构成要件的保障机能就会变为一纸空文。在本书中，尝试实证性地研究对刑事裁判而言是重要问题的事实认定。"[72]

其关心的具体问题是，"比较尊亲属杀人罪与尊亲属伤害罪的判决事例，尝试研究存在何种情况作为两者分水岭的杀意会被肯定"。在这一点上，前田

-306-

（俊）研究，瓦本、大野两者研究的问题意识是相通的。

关于前田（俊）研究，在方法论上应该着重笔墨的是，使用第一审（事实审）中的一件记录进行统计处理（卡方检验）。前田（俊）本人认为"极

---

［70］ 瓦本指出"必须注意的是，法院认定的危险性比实际大"，也有这种意思（参见前注65）。

［71］ 此外，作为基于罗斯、瓦本方法的法政策，应该就大野指出的裁判实务上的问题准备解答，做出提案。大野将动机方面对杀意认定产生的影响视为问题，但是首先为什么动机方面会对杀意认定产生影响，依照现实的案情，应该根据法官的思考进行讨论。而且，如果追踪法官的思考也认为这是不正当时，为了使其改正，将进行法政策上的说服。

［72］ 前注55，前田（俊）论文，第92页。

度欠缺与事实认知相关的实证性、经验科学的研究"，[73]可以看出他对进行计量化研究的意义是相当自傲的［这里不涉及前田（俊）研究的统计方法的详细内容或资料的采样方法等］[74]。

前田（俊）研究使用事实审的一件记录，而大野研究以上级审的判例为资料，两者大相径庭。这一点，如果从法学方法论来看，前田（俊）研究具有事实怀疑主义的倾向，立足于更为现实主义的认识。[75]不过，关于法院所认定的事实，即使是怀疑的，也不认为不可能预测裁判这一点上，前田（俊）与弗兰克不同。弗兰克认为事实审中不可能判决预测，而前田（俊）研究成功地建立了预测的逻辑。

这个预测作为杀意认定标准的计量化正在进行。首先，"为了弄清楚存在何种情况时肯定杀意（成立尊亲属杀人），存在何种情况时否定杀意（成立尊亲属伤害致死罪），进行关于各种事项的卡方检验，找寻表示危险率在 50% 以下具有密切关系的情况"。考虑的情况有，①犯罪的样态，②从犯罪到死亡的时间，③犯罪接近时被害人的挑拨行为或犯罪时被害人的反击行为，④犯罪时刻，⑤犯罪时有醉意等，接着，将存在这些情况时适用尊亲属杀人罪人员的比例作为加权失分制作一览表。然后，以这个加权失分表为基础，对调查对象全员进行评分。例如，将从犯罪到死亡的时间作为问题的话，认定尊亲属杀人在不满 1 小时的场合是 71%、1 小时以上的场合是 32%，分别计算为 71 点、32 点，根据对上述①到⑤的情况进行合计，制作评分表。最后得出的结果是，"如果以 285 点、286 点为分歧点判别调查对象的杀意有无的话，81.4% 的人判决结果（尊亲属伤害致死罪、尊亲属杀人罪）是一致的（有81.4% 的概率成功地判别杀意）"。[76]

–307–

---

〔73〕　前注 55，前田（俊）论文，第 92 页。

〔74〕　关于此内容，前田俊郎对常习赌博罪的研究进行了善意且建设性的讨论（可以参考前注 52，荒木，第 81 页以下）。

〔75〕　前注 52，荒木，第 99 页注 21，关于使用法院认定的事实，"判决书的语句也可以说是面向当事人及上级法院的说服技巧。因此，根据其目的，仅将法院认定的事实作为应该加以应用的多变量分析的数据，有很多不充分之处。但是，只要没有被丢弃，阅览记录就几乎没有障碍，因此作为原则应该通过阅览记录收集数据。不过，在日本刑事法学的现状中，以判决书的语句为前提，强调判决理由（ratio decidendi）与旁论（obiter dictum）的区别可能更好"。

〔76〕　前注 55，前田（俊）论文，第 119 页。

前田（俊）的这个研究，着眼一件记录中出现的证据，预测在事实审中作出何种判决，以点数客观地予以表示，这一点非常有趣。从这个结果来看的话，可以确认的是，实际上与判决的理由没有什么关系，只要备齐证据，有相当的概率（81.4%）预测出判决。这个方法只要仔细调查一件记录，在其他领域也有应用的可能，此外，通过运用统计方法如能将更复杂的情况进行计量化的林的数量化Ⅱ类[77]等也能期待更精密的结论［前田（俊）本人，关于本研究有用到林的数量化Ⅱ类进行分析，识别率超过85%］，[78]可以说是具有很大可能性的研究方法（特别是关于一直以来很难预测的事实审中的判决预测）。

（四）讨论

以上，以瓦本的研究方法为中心，以杀人罪的故意为例，概观了被认为对发现 valid law 有效的重视事实认识的研究，这里应该注意的是，所有的研究都集中在杀人罪的故意中最重要问题是明确故意的界限在哪里。[79]关于杀人罪的故意，这一点恐怕可以说是实务上最重要的问题。以往的学说不太关注这个问题，而这三个具有实务意识的研究，虽然进行的时间、场所不同，但是有相同的观点，这一点非常有趣。

在这三个研究中，日本的大野研究与前田（俊）研究处理事实认识的问题，而瓦本研究处理法律论的问题。在此意义上，日本的研究与瓦本的研究在是事实认定论还是法律论这一点上大不相同。大野研究或前田（俊）研究不能就这样成为 valid law。

为什么一直以来日本没有进行像瓦本那样的研究呢？其中一个理由当然是，瓦本使用罗斯的方法论，这个日本过去没有引进的方法，即使是在与罗斯、瓦本一样重视事实认识的前田雅英的刑法解释论中，关于事实认定论没

---

[77] 前田俊郎之后发表了在刑法各论事实认定中适用林的数量化Ⅱ类的研究。前田（俊）：《尊亲属杀人中杀意认定标准》，《法律のひろば》78卷3号（1978年），第51页以下；《尊亲属杀人的杀意认定标准》，《专修法学论集》31号（1980年），第51页以下。

[78] 前注55，前田（俊）论文，第128页。

[79] 此外，瓦本原来的问题意识是从各个犯罪的故意内容的"事实性一致"中寻求一般的故意概念，这里主要的关注点是讨论故意的认识对象（特别是结果的认识要否）［瓦本在杀人罪故意的讨论中，关于结果的认识，对杀人罪周边的其他犯罪（特别是伤害罪）进行讨论］，关于这个区别的重要性，其论述到是"杀人罪故意的中心问题"（前注28，Waaben, Det kriminelle forsæt, s. 182）。

有考虑如此密切的关联。

笔者认为，这是因为瓦本的讨论非常重视诉讼法（证明）这一点。如果从日本刑法学的观点来看，这会被视为异例，面临很多批判吧。

关于此内容，首先，应该从考察参考包含大野研究在内的《刑事事实认定》"前言"开始。"前言"的执笔者小林充及香城敏麿说道"事实认定，通常与法律论、法律适用或法律解释对比，但是相互间有很多交错之处……在是否允许基于任何状况证据推认杀意、赃物知情等其他故意这样的问题上，这一点更为明了，状况证据其本身不是要件事实，但是经常发挥准要件事实机能，事实认定论可以说是证据角度的法律适用。"

这里应该注意的是，在日本的裁判实务中，可以看到事实认定与法律适用的交错。这与前述"涵摄"的讨论也相关。村上淳一或研究日本法的德国多位学者的研究指出，在日本，特别是与德国比较，并没有那么重视"涵摄"。即在日本裁判实务中，经常同时进行"确定规范"与"适用"。这里所说的"确定规范"就是法律解释，所说的"适用"是认定事实是否符合确定规范，"前言"中两位法官的叙述表示出，日本"涵摄"的现状与村上或德国多位学者所指相一致。

在日本裁判实务中，如果将事实认定与法律适用完全分离，也许可以仅讨论法律适用（恐怕可以推测出德国法中这种意识很强）。但是，事实认定与法律适用既然在现实的裁判实务中交错，事实承认为事实，必须将其运用到法律解释中（笔者采取机能主义，认为仅有法律规范的解释是不够的，也是以这样的现实为基础）。

在事实认定与法律论某种程度上交错的法律制度下（日本就不用说了，丹麦也有情况相同的法律制度已论述），构成 valid law 时，有必要在考虑法官心理的同时，将与这种事实认定相关的研究成果纳入刑法、实体法上的概念中。即有必要采取与涵摄技术发达的德国等不同的研究方法。如果问这种研究是刑事诉讼法学者的功劳还是刑法学者的功劳，则不得不说是刑法学者的功劳。[80] 笔者认为，如果没有意识到证明问题，刑法解释限于形式就失去了

－309－

－310－

---

〔80〕　此外，关于这种事实认定的研究是学者不太进行的领域，但肯定是实务上必要的，因此，发行这种书籍刊物。现在有相当比例的司法研习生利用这些书籍刊物进行刑事事实认定相关的学习，其内容作为将来法官的思考会在判决中反馈。所以对刑法解释学者而言是非常重要的资料。

说服力。[81]

基于以上这样的认识，再次思考杀人罪的故意。关于杀意的认定，状况证据发挥着非常重要的作用，被作为准要件事实处理。杀人罪故意的要件事实，虽然的确是被称为"杀意"的主观情况，但是绝对有必要考虑客观情况，反倒是可以说，必须重视这一点是裁判实务的现状，也是法官的思考。如果是这样的话，思考 valid law 时，有无杀意的分水岭，不是容忍的心情，而应该由作为表象的事实情况构成。

笔者认为，大野研究或前田（俊）研究说到底是"事实认定"的研究，并不能直接成为 valid law，与这一点有关。即立足于事实认定现实之上的法律论研究（即使两者交错，基本上）由刑法学者承担。这与前田俊郎以下的论述一致，"被告人犯罪时的主观计量化，只要数据齐全一定程度上可能的话，主观的违法要素或主观的构成要件要素的客观化不也是可能的吗？关于这种情况对刑法解释学的体系会产生何种影响，希望得到刑法解释学者的指导"。[82]这一点是事实认定研究与法律论研究、valid law 研究的不同。即作为 valid law 体系化的刑法学研究，立足于事实认定的情况、证明问题、法官的思考或判断方法，此外，也考虑法官共通的概念意识（例如，前田俊郎这里指出的构成要件的故意、主观的违法要素），同时尽可能忠实地将这些转换成理论（概念）。

就这样，瓦本发展起来的丹麦故意论，最终形成了以客观标准认定故意的理论。[83]目前来看，关于确定的故意、盖然的故意、未必的故意的内容，确立了以下的理解。

确定的故意指，行为人知道结果会发生（有意识）的情况，也称直接的故意（direkte forsæt）。实施的行为发生犯罪结果的可能性极高时，在结果犯中被认为没有必要证明行为人认识到过程。[84]

盖然的故意指，行为人对犯罪要素的存在或结果的发生只有一半盖然性

---

[81] 这受到瓦本直接的启示，对笔者有很大的影响。

[82] 前注 55，前田（俊）论文，第 128 页。

[83] 当然，自白依然会被考虑，客观事实的证据在故意的认定中会受到重视。本书第二章第三节"六"提到的理想地架起理论与实务之间的桥梁，说的就是这种例子。

[84] 在《刑事故意》中，瓦本论述不要认识，但在《刑法总论》中，改为不要认识的证明这个表述（这已在前注 60 中提到）。

的情况。有必要证明认识到过程。

未必的故意指，虽然行为人认识到结果发生的可能性很小（发生的可能性在 50% 以下），但是容忍的情况。因为用了"容忍"这个词，这可能是主观的意思，但必须注意的是现在已经变成了客观的意思。即维持一直以来丹麦法官遵从的容忍说框架，同时把他们实际进行的判断内容纳入，"这里所说的'容忍'，行为人明确测量了自己在侵害可能性上的地位，且有证明可能的场合"〔85〕。即未必的故意的界限，不是意志上的、心情上的要素，而是测量自己在侵害可能性上的地位这一认识性的、客观的要素。

在日本，意思说（容忍说）依然有力，这是意志要素上以责任非难为基础的理论思考在起作用，以古典学派刑法学理论这一教义为前提。但是，从至今的讨论来看就能明白，这与现实的裁判实务偏差很大。主观方面的证明，无论如何都要依赖客观情况，上述的三个研究全部都认为应该通过客观情况证明故意。基于这种事实认定及证明情况，作为日本的 valid law 体系化中的故意论，不得不与表象说（认识说）联系起来。表象说（认识说）从事实认识方面出发，获得了坚实的后盾。

–312–

在日本，采取机能主义的平野龙一采取表象说（认识说）（不过，他论述道，"像旧容忍说那样，认为是盖然的，或单纯地认为是可能的进行区别是不恰当的。因为故意与过失不单是程度上的差别，而应该是质上的差别。判断是盖然的还是可能的，是一般性判断，但是在具体的有关事件中，结果发生或不发生，不存在中间状态。因此，即使行为人也认为有发生结果的盖然性或可能性，'归根结底'可以认为要么达到结果会发生的判断，要么达到不会发生结果的判断。从这种意义来看，犯罪事实认识的有无成为故意与过失的界限"，〔86〕在这一点上与以往的认识说之间画了一条线）。此外，虽然理由不明，但是重视事实认识的前田雅英将意志要素从故意中排除，构成瓦本式的故意论。即"对故意而言认识是决定性的，认识以外的'意欲''动机'等意

---

〔85〕　Vagn Greve, Gorn Toftegaard Nielsen, Asbjørn Jensen, Bent Unmack Larsen og Per Lindegaar, Kommentaret straffelov almindelige del, 5. udg. , 1993, Copenhagen, s. 167. ［《刑法总论》（第 5 版）］另外，关于这个问题，前注 57，松泽的论文，第 197 页以下也涉及，但因为当时笔者对丹麦法律理解尚浅，很多方面的讨论都不充分（而且，同文第 198 页中将"既然不希望"错误地写成"既然希望"。道歉并更正）。

〔86〕　平野：《刑法总论Ⅰ》，有斐阁 1972 年版，第 186、187 页。

志要素作为附随内容具有左右'责任量'的机能",[87]在此基础上，"只不过是认为结果是可能的情况是有认识的过失，认识到结果发生的盖然性的情况是未必的故意，作为盖然性说"[88]是妥当的。

如上所述，事实认定中的实务动向是 valid law 体系化时的基本指针。即通过事实认定规制法律论的部分非常多，基于这一事实应该可以构成 valid law。因此，有必要最大限度地对事实认定研究中已存在的部分加以利用，对不存在的部分刑法学者也应该积极地进行事实认定研究，对此进行补充。[89]

此外，valid law 体系化时，也应该极大地利用围绕事实认定以外的事实认识的研究。关于法官思考的研究、实务动向相关的研究等都是例子。在此之际，最有效果的是，学习经验科学研究方法已进化的社会学，用其方法论收集事实。在这个过程中，某种程度的反复试验被认为是必要的，[90]也是不得已的，此外，因为 "valid law 是面向验证开放的"，用现在可能收集的信息进行法解释学也没有关系。[91]

三、valid law 与所谓的犯罪论体系

关于 valid law 的内容，我们需要补充些必要的内容。

---

〔87〕 前注 44，前田，第 282 页。

〔88〕 也参考了前注 44，前田，第 284、285 页。

〔89〕 此外，以大野研究为代表的《刑事事实认定》中各研究与前田俊郎的一系列研究，对事实的态度不同，即前者从认定的事实出发，后者从一件记录出发，这与前者以上级法院的判例为中心，后者处理事实审的案情有关。可以看出，前者从美国现实主义法学来说是比较普遍的，后者以弗兰克思考为前提。问题是，valid law 体系化时，用哪种类型的研究更有效呢？因为本书所思考的 valid law 是 "有实际拘束力的法" 的意思，所以最为重视最高权威——最高法院的判断，在没有的情况下可以考虑高等法院的判断。因此，作为原则重视前一类的研究，就有必要通过后一类的研究进行补充。

〔90〕 在此之际，后现代的方法论可能有用。即使在预测、明确、一般化、抽象化这一点上欠缺，但是为了看到法官思考方法的现实或规范理解的现状，可能是有用的（特别是为了找出法官的心理或思考为何物，恐怕常人方法学的方法是有效的。过去不可能的，随着方法的进化时常变得可能。常人方法学是一种新的社会学方法，对此将在本书第七章第三节 "一" 中论述）。

〔91〕 顺便说一下，受到法社会学的启发，在刑法领域存在 "刑法的法社会学" 的构想（例如，所一彦或大野平吉等），需要注意的是，这与 "以用社会学的方法论收集得到的事实认识为基础的法解释学" 有些不同。"刑法的法社会学" 是对围绕刑法的法现象进行法社会学的考察 ［在此意义上，"刑法的法社会学" 也比一直以来刑事法领域中的经验科学 "犯罪学（犯罪原因学）" 的射程范围更广］，因为本书所需要的关于法院观点的经验科学研究，一直偏离了对该问题的关注。

一般而言，刑法的基础理论或犯罪论体系经常被理解为不是事实认识的问题，而是价值判断的问题。例如，在刑法学理论研究会的《现代刑法学原理（总论）》中，"刑法教科书大多是从'犯罪是指该当构成要件违法、有责的行为'这样的定义出发。这是判断某一行为是否应被作为犯罪处罚的理论结构，但是这个理论结构本身表明了这种行为应作为犯罪处罚的政策判断。此外，何为违法性，何为责任的讨论也是关于应该是什么的价值判断的讨论。 –320–在这一点上，以发现真实为目的的自然科学自不必说，刑法解释学与经济学等其他社会科学有着显著不同的性质。既然事实认识是'科学'不可欠缺的要素，那么刑法解释学就不符合科学之名"。[92]

如果仅将整理判例理解为刑法学中的事实认识，《刑法学原理》的这个立场是正确的。但是，事实认识的对象不只是判例。即按照罗斯的立场，法官的思考是事实认识的对象。如果这样思考，既然在法官思考中共通存在的"概念"或"犯罪论的体系构成"也包含法官的思考这个事实，就有可能是valid law。总而言之，一直以来法官所使用的学术概念（构成要件、违法性、责任等）、体系构成等，通过法官的思考，可以认为是 valid law。这一点是日本一直以来进行的所谓判例法或判例分析、判例研究与 valid law 的决定性不同之处，这里有罗斯、瓦本方法论的特征。

在罗斯、瓦本方法论中，valid law 是法官的思考，通过此预测裁判。即与判例达到创造法的水平相同，所谓理论也包含在法官共同思考的范围内，可以认为达到了创造法的水平。如果是那样，可以将法官理解的犯罪论体系作为预测的方法加以使用（让人想起瓦本认为，德国的"概念"也有作为作业假设的作用），且也有正确之处。问题是如何发现法官理解的犯罪论体系呢？与法官的个人谈话、[93]法官执笔的教科书、体系书、论文当然不用说，其他参考有《实务××》这类的书、书记员研修所或司法研修所发行的书、其他与实务相关的文献，多数法官的论文中大量引用的教科书、体系书、论文[94]等 –321–

---

〔92〕　刑法学理论研究会著：《现代刑法学原理（总论）》（第3版），三省堂1996年版，第4页。

〔93〕　面向法官组织性的采访、通过调查问卷的调查极其困难。

〔94〕　例如，民法中我妻荣的《民法讲义》等。在刑事法领域，首选是团藤重光的《刑法纲要》，平野龙一的《刑事诉讼法》《刑法总论Ⅰ、Ⅱ》，松尾浩也的《刑事诉讼法》，田宫裕的《刑事诉讼法》等。

也可以参考。[95]

这样发现的法官共同的刑法学理论认识，在思考刑法解释论的基本构造，特别是犯罪论的构成时有作用。valid law 不是单纯的判例集聚，也有这样的意义。行为、构成要件、违法性、责任等最基本的概念自不用说，例如构成要件是违法有责的类型、承认主观的违法要素、故意过失被认为是责任之前阶段的构成要件要素等，如果存在法官共同的认识（是否有关于以上共同的认识还没有超出假说的领域），可以作为由 valid law 构成的刑法解释论框架加以采用，此外，能够作为完全科学的客观性理论予以表示（虽然有"现在"的限定）。

此外，法政策的理论（自己学说的展开）一直以来存在各种各样的意义。作为理论的法政策意义，瓦本举出构成 valid law 时的作业假说，但在日本从二战前到二战后的很长时间内，事实是法政策对形成裁判实务的刑法学理论框架起作用（特别是构成要件论等）。在这种意义上，一般来说法政策发挥的作用未必很小，但是日本新刑法典制定后不久，在继受其他法系法律时期，暂且不说战争结束后价值观发生巨大变动的情况，可以预想到现在日本实务家所理解的刑法情况相当安定，必须注意的是，现在法政策的理论作用和以前相比变得非常小，特别是在刑法总论的领域。从此意义上来说，日本学者也有必要把视角转移到以事实认识为中心的 valid law，而不是表露自己见解的法政策。[96]

-322-

第二节　法政策

本节讨论法政策的方法。罗斯把法政策理解为学者的次要活动、政治活动，大概是因为这个，所以不太关心其法律构造。[97]在进行法政策时，只是

-323-

---

〔95〕　这绝不是说这里揭示的文献比学者的研究更重要。意思是，这些文献可以作为追溯法官思考的参考。不过，如果日本的研究过于轻视这些文献，陷入学者中心主义，就不是好事了。

〔96〕　此外，与 valid law 相关，最后还有一点要指出的是，预见法学这一罗斯的理想，在现代丹麦法学中未必被贯彻始终。关于法官思考过程的法社会学研究，在丹麦几乎没有推进。倒不如说，与以往重视法源论的想法相结合，在原样记述实际妥当法（不能预测）的方向上自然地进行修整。这样的话，预见法学就不那么重要了，仅留下客观地记述实际妥当法的侧面。现在丹麦法学的现状实际上与这相近。看看瓦本的情况，也可以看出他接受了罗斯通过调查法官思考记述现行法的思考，并不一定拘泥于预见。总而言之，重要的是，记述裁判中丹麦法的现实情况。

〔97〕　顺便说一下，因为彻底贯彻法学是事实，关于法律的讨论，乌普萨拉学派一概不承认。这一点，虽然罗斯承认这个讨论，但是仅限于事实性讨论（与 valid law 相关的讨论）。

暗示通过使用法社会学的知识尽可能提高客观性（这一点与日本机能主义一致），除此之外没有特别新颖的建议。[98]

但是，本书的情况是，考虑日本的国情，采取 valid law 重视型机能主义的同时，承认学者进行的价值判断相关的活动也有一定的（罗斯观点基础上的）意义（关于此内容，参见本书第五章第三节"三"），因而需要稍微详细些讨论法政策的相关内容。

如本书第三章第二节"一"中所述，法政策分为面向法官的建言（de sententia ferenda）与面向立法者的建言（de lege ferenda）。其中，关于面向法官的建言，既然有判例这个客观的框架，就需要在该框架能够接受的范围内收集。即在有意识地进行法政策性建言时，需要以从 valid law 的分析、记述得到的观点为基础，考虑法官能够接受的范围。

说服法官当然可以自由地论述各种各样的理论，但是在这样的理论中，如田宫裕所说的，"如果不是将改变判例纳入射程范围内作业，至少是没有现实意义的"。[99]此外，面向立法者的建言，虽然在现实中也存在受立法机关承认可能性制约的部分，但是基本上可以不受判例的束缚进行发言。

以下，首先来看丹麦法政策的例子，其后思考在日本的应用。　　-324-

一、丹麦法政策的例子

以散发淫秽物品罪为代表的无被害人犯罪的非犯罪化是丹麦法政策中的著名例子，因而，首先概览其保护法益相关的内容，接着说明丹麦立法时的第一个问题"应该保护的利益"相关的内容。

（一）无被害人犯罪的非犯罪化与保护法益

在丹麦最典型的法政策例子是，无犯罪人犯罪的非犯罪化。关于此内容，在本书第四章第二节"一"中已进行了详细说明，从法政策的观点来看重要的是：其一，对各个犯罪类型进行非犯罪化，或作为犯罪保留时，参考了实证性的研究；其二，认真分析保护法益，明确保护法益内容，对于保护法益

---

〔98〕　此外，罗斯区分法政策的目的与手段，论述到手段有客观性，建议将法社会学的方法作为这个手段（Ross, Om ret og retfærdighed, 1953, Copenhagen, 418ff）。

〔99〕　田宫：《刑法的解释与界限》，《平野龙一先生古稀祝贺论文集》（上卷），有斐阁 1990 年版，第 48 页。

缺乏一定明确性的犯罪，仍然是要求非犯罪化。

这些观点也与日本机能主义一致。第一个观点与日本机能主义中广泛采用经验科学成果的主张一致。第二个观点与平野龙一追求保护法益的可视性一致。原本丹麦的刑法学，正如之前讨论的那样，将大重点置于经验性事实，因此，传统上，与社会伦理这个神秘的概念相比，有以具有明确指示对象的"应该保护的利益（beskyttelseinteresse）"为中心来考虑刑法的思考方法。[100] 这里可能也有斯堪的纳维亚现实主义的影响，即认为所有法学上的概念必须是"语义上的所指"[101]。

具体来看看。关于第一个参考实证性研究，散发淫秽物品罪是典型例子。在散发淫秽物品罪的非犯罪化中，心理学、医学、社会学等知识起到了非常大的作用。特别是，淫秽物品没有歪曲孩子性行为的医学研究，与性犯罪的增加没有关系这一点相关的社会学观点出发的实证性研究对解禁淫秽图书产生了很大的作用。

此外，关于近亲强奸，在保留近亲强奸处罚规定时，实际发生的近亲强奸几乎是不满 15 岁的女儿与父亲之间的事例，这个犯罪学上的认识很有用。即近来对近亲强奸的处罚被限定在这种事例，而且根据今后也会限定的认识，找到了近亲强奸规定存续的意义。

关于第二个保护法益的细致研究，也可以举出散发淫秽物品罪为例，但是这里特别介绍与卖淫和赌博相关的有趣讨论。

卖淫行为，所谓的侵害原理不能说明其处罚根据。因为除侵害道德之外，该行为的侵害性无法得到说明。因此，在丹麦不处罚单纯的卖淫行为。受处罚的仅为专职卖淫的情况。此时的保护法益是"防止有工作能力的人，过着无秩序生活而不能以适法的方式生活"。[102]因此，卖淫被处罚不是出于道德性

---

〔100〕 在现在的丹麦，不用保护法益这个术语。过去，古斯按照德国刑法使用"保护法益"（retsgode；Rechtsgut）这个术语，而瓦本认为，该术语给人一种印象立法者决定对某种利益进行法律保护，在立法之前该利益已受到法律保护，因此是不恰当的（参见前注 46，Knud Waaben，Strafferettens almindelige del Ⅰ，s. 49）。此外在本书中，接下来为了表达方便，将丹麦的"应该保护的利益"也根据日本的惯例表达为"法益"。因为"应该保护的利益保护机能"这样的表达方式有点绕。

〔101〕 "语义上的所指"的概念由瑞典的奥利维克罗纳提出（关于此内容，参见第三章第一节"二"）。

〔102〕 Betænkning nr. 139. 1955，s. 24.（《刑法委员会答复报告书》139 号）

理由，而是源于确保健全的劳动力这一点。在丹麦这样的高度福祉国家，通过国民健全的劳动收税是其存立的根基。专职卖淫被认为有破坏此根基的危险。专职赌博的可罚性也是源于同样的理由。[103]

在日本，关于赌博罪的保护法益，在说明上也是再三考虑。一般是从对经济秩序产生危险加以说明，但是也有丹麦这样的说明方法。不过，现在丹麦合法赌场增多，实际上，对何者适用赌博罪的规定已变得模糊，专职赌博者逐渐不受处罚。卖淫的情况也一样，判断是不是专职卖淫女很难。此外，近年丹麦的失业者也增多，适用这个规定的情况越来越少。

另外，在丹麦，卖淫非犯罪化时，作为政府当局可以采取的措施，也可以考虑将代替刑罚转而对卖淫女进行保护。[104]

（二）贯穿解释、立法的批判性原理：实证研究与保护法益

平野龙一论述道，"刑法的机能性考察是，一贯地考察解释论和立法论，寻求贯穿两者的批判性原理"。[105]这个原理之一是通过实证研究获得知识，还有一个可以说是保护法益的解释说明。

在丹麦的法政策论中，如以上所述，实证性研究与保护法益论发挥着重要的作用，但是这里所说的"法政策"包含面向法官的建言（de sententia fe-renda）和面向立法者的建言（de lege ferenda），[106]前者是平野所说的刑法解释论中的批判性原理，后者与立法论对应，因而在这一点上，可以看出平野寻求"贯穿立法论和解释论的批判性原理"的主张与丹麦的讨论非常接近，或者说是一致的。这种一致性被认为在思考机能主义方面提供了重要视角。

首先，关于必须重视实证研究这一点，在与丹麦的对比中，可以再次确认日本机能主义刑法学认识到，法政策性建言并不是表明论者赤裸裸的价值判断，最终的决断必须根据论者的价值判断，通过预测解释法的效果，实证地表明对社会的影响，在将价值判断的活动范围最小化的基础上进行。

－327－

---

〔103〕　同样的规定，有关于乞讨者的丹麦刑法第197条、第198条。但是，因为处罚根据、社会统制效果上有疑问，1987年，刑法委员会建议删除，实际上基本不太适用这些规定。

〔104〕　Knud Waaben, Strafferettens specielle del, 4. udg. , 1994, s. 68. （《刑法各论》）

〔105〕　平野：《刑法的机能性考察》，《刑法的机能性考察·刑事法研究第一卷》，有斐阁1984年版，第5页。

〔106〕　参见本书第三章第二节"一"。

此外，必须细致研究保护法益这一点，要求保护法益有明确的语义上的指示物，通过给予其可视性具有能使刑法的机能明确化的优点，在进行立法时，具有可以提供该规定保护何种法益的明确标准这一机能上的优点。实际上，丹麦刑法原本就有机能主义的倾向，特别是各论的解释论朝着彻底阐明"应该保护的利益"的方向发展，[107]在进行新的立法时，也首先从讨论保护何种应该保护的利益这一点开始。

如此，通过实证研究得到的经验知识与可视的保护法益，对机能主义的法政策而言是非常重要的，新的机能主义也必须参考这一点。

二、应用于日本时的特殊性

考虑日本的法政策时，如第五章第三节"三"所述，需要注意与丹麦不同的两个情况：其一，刑事立法上没有丹麦那样的机动性；其二，学者能参加刑事立法的机会未必多。这种情况下，在法政策中，说服法官的活动有着特别重要的意义，思考日本的法政策时需要特别考虑这一点。

实际上，在日本，学说影响判例的机会不那么多，被认为最现实地能提高其可能性的情况是：最高法院调查员向最高法院法官报告学说时，下级法院的法官为了作为裁判的参考而调查学说。在这样的情况下，如果学说被参考了，为了让学说对法官产生影响，应该考虑以下几个条件：

首先，关于结论，虽然是通过"解决该案件相关的各要素，关联的条文和其逻辑上的可能选项自不用说，包含与这一解决关联的社会现实或社会影响、实现成本等，在分析列举的基础上，对有比较衡量可能的事项进行比较衡量，实现最妥当的解决"[108]这一思考方法即问题性思考得出的结论，但是该结论的具体妥当性以与相关领域判例相容为必要。既然法院的判断受过去判例的拘束，就不可能采纳与相关判例矛盾的结论。

然后，适用于具体案件的方法比较容易理解是必要的。仅提示抽象的法律命题不能解决问题。例如，明示得出结论的判断要点是有用的（这是在表

---

[107]　此外，与日本不同，在丹麦重视法益保护机能对总论的讨论没有产生太大影响。这与在丹麦自从威尔哲尔的主张被赫维兹反驳后（参见本书第二章第二节"六"），以违反社会伦理规范为中心构成犯罪理论的行为无价值完全无力有关系。

[108]　前注52，荒木，第42页。

达 valid law 时，参考与瓦本方法关联的前田雅英的解释，后面也会进行论述，实际上明示判断要点比要求要件这一形式标准对法官的现实控制力更强）。

此外，表明采取这个结论对现实社会的效果也很重要。法政策性建言即日本所说的"法的机能性解释"，如第一章所定义的那样，是"法律的社会效果最合适"的主张，鉴于此，实证地表明法效果内容是必要的。 -330-

其次，有理由的逻辑，并不是以独立的理论体系为前提，不需要突兀的前提，而是需要与 valid law 中所示理论体系或与通说承认的理论体系相结合也容易整合的理论体系。

作为逻辑的形式，不能仅仅援用法社会学、犯罪学的知识，也要考虑法哲学、法理学的理论，还有规范论的内容、传统法律的理论。[109] 也许听起来是似是而非的论点，但是如果在法官想要找理由时，倒不如说是将实质的价值判断和利益衡量以传统的法律逻辑形式进行置换，往往也被认为是有效的建言［此外，这里所说的逻辑，一般采取"制定法的解释"的形式，这个"法解释"（lovfortolkning，德语是 Auslegung）与"法解释学"（retsdogmatik，德语是 Rechtsdogmatik）根本上意思不同，采取"法解释"形式的"法政策"没有逻辑矛盾，关于这一点已在第三章第二节"一"中说明］。处于听法政策立场的法官，对应该处理的事件，进行实质的利益衡量或价值判断自不用说，同时也考虑传统意义上的法律逻辑（特别是，在判决书中不能缺少法律逻辑）。在说服他们的时候，有必要表明不是通过赤裸裸的价值衡量得到该结论。如荒木伸怡所说的，"在问题性思考方法中，会严加区别基于价值观的评价与事实的认识，但在展开作为说服技巧的法解释论（笔者注，按照本书的术语是法政策）时，会根据情况故意将两者混同"[110]。

此外，慎重起见事先说明一下，这当然不是说逻辑对法学没有意义。应该 -331-

---

〔109〕　此处参考了川岛武宜的理解：在裁判中有形式论据与实质论据。也有两者重合的情况，但是在不重合的情况，需要认真对待这个现实。有一部分人认为，所显示的判决理由与真正的判决动机是独立的，是可以解释的对象，这种观点反倒可以说与旧法实证主义的想法相近，即法规范中已经包含了正确的法律，法律人的任务只是发现而已。这可以说是通过"司法的神来之手"来调和一切，通过探索这一点就能发现真相的想法。并非这样，法律不受这样的"神来之手"控制，而是与现实的事件相遇形成新的法律，这是机能主义的立场。

〔110〕　前注 52，荒木，第 42 页。此外，虽然也有人批评说，如此理解法律逻辑不是太方便了吗，但是在现实中，法官自身在判决中表示法律逻辑时，也多是为了给价值衡量披上法律的外衣。

指出的是，逻辑有其自身的客观性，[111]虽然也有通过多次的逻辑推理得到妥当结论的情况，但是仅以法律逻辑并不能理解每天产生法律问题的本质，而且要解决问题也很困难。总而言之，法律逻辑只是得到妥当结论的一个（并不怎么有力）方法，而非全部。反倒是可以说，如村上淳一指出的，法律逻辑最重要的机能是通过一定的方法控制法官、检察官、律师、学者这些法律人之间的交流。[112]

三、具体的应用——以规范论与抑止刑为例

对 valid law 重视型机能主义而言，法政策是次要活动，原本重视 valid law 的方法论基于法学的科学化、排除价值判断的思想，鉴于此，法政策并非论者单纯的个人价值判断的表明，实证性根据变得重要，这一内容前面已经几次提到。

如前所述，在罗斯以后的丹麦法学方法论中，为了让法政策性建言中的建言有意义，通常认为整个法体系的详细知识，在刑法的场合中特别是犯罪学、法社会学的知识是有益的。

基于上述这样的认识，本书第五章第二节"一"中已涉及，在这里将现在日本的结果无价值论与行为无价值论之争，即是裁判规范还是行为规范的争议，视为重视事实认识的法政策的一个例子。[113]

有必要注意的是，现在的争论不是原本关于刑法规范机能论的争论。"在采取行为规范说的场合，应该到达行为无价值一元论""用裁判规范说，不能说明不真正不作为犯的义务违反性"这样形而上学式的、演绎性的讨论在这里被重视。[114]

---

〔111〕 关于传统法解释学逻辑侧面的客观性，参见碧海纯一：《新版法哲学概论》（全订第 2 版），弘文堂 1988 年版，第 150 页以下。

〔112〕 关于法律逻辑（讨论）与法律人的交流，参见村上淳一：《"法"的历史》，东京大学出版会 1997 年版，第 92、93 页（此外，前注 47）。

〔113〕 再者，关于这个问题，抑止刑论与结果无价值论、与行为无价值论的关联，也可参见第四章第二节"三"。

〔114〕 除规范相关的讨论之外，也应该注意到，故意犯和过失犯在违法性阶段已有质的不同的观点符合常识性的感觉，严格责任说把正当化事由的错误全部作为故意犯处理不符合常识性的感觉，进行了把价值观放在前面的模糊讨论。

但是，刑法规范原本就是机能性的，而且也有可能还原为实证性的、事实认识性的讨论。即因为在通过刑法规范控制社会这一意义上与机能主义关联，如果关于社会控制方法的观点不同的话，基于社会控制是如何实现的事实，可以进行实证性的争论。

如果争论机能地进行会怎么样，舍弃细节简单地进行图式化叙述。

重视裁判规范的观点，基于刑法规范原则上不应该控制行为人的行为和行为方式或是不能控制的看法。该观点主张，刑法不应该一一地指示人的行为，只在产生法益侵害或该危险性时才能开始干涉。虽然也有观点认为，不发生法益侵害或该危险也是刑法的任务，但是在现实中，刑法是关于实际发生的犯罪制裁行为人的标准这一想法比较强烈。

即使实际上我们看到，因为刑法规范是法官判断的材料这是事实，所以如果重视实证性讨论就很容易与重视裁判规范相连。[115]但是，这种观点认为刑法规范的控制不应该或不能对行为时的行为人产生影响，因而与将刑罚的性质视为抑止犯罪的抑止刑论不完全一致。由于现在的结果无价值论在刑罚论上多采取抑止刑论，所以这一点不合适。此外，如果推进这种思考的话，或者也不能说没有与绝对的报应刑论关联的危险。

另外，重视行为规范的观点，基于如果不控制行为人的行为就不能现实地保护法益的看法。有批判认为，这种观点重视对行为人的控制，存在刑法介入行为人内在的危险，此外有强制执行国家行为标准的危险，实际上，认为刑罚的目的是抑止犯罪就与这种观点直接关联。[116]因为抑止刑论是想推动行为人抑止犯罪，因此倒不如说理所当然对内起作用，既然给了以法益保护为目的的行为规范，就不进行道德的、伦理的强制。因此，目前为止对行为规范重视说的批判（深入行为人的内在因而有侵害人权的危险等批判）都稍微有点离题。

－334－

还不如说，行为规范重视说的问题是行为人实际上是否或能够受到规范的控制这一现实的疑问。关于这一点至今没有得到充分的证实。这也是抑止

---

〔115〕　例如，前田雅英重视刑法的裁判规范性，但这其中似乎存在一种思考，即能够证明刑法实际发挥作用的只有裁判规范。

〔116〕　关于此内容，参见所一彦：《抑止刑的科刑标准》，《团藤重光先生古稀祝贺论文集第二卷》，有斐阁1983年版。从机能主义的立场出发，违法性的事前判断也是可能的。所一彦从抑止刑论的立场出发，阐明违法性中事前判断的必要性，不用说他立足于机能主义的立场。

刑论的弱点。刑罚抑止犯罪的机能没有被充分地证实。

如此，是裁判规范还是行为规范的争论，从本来的机能论来看的话，应该按照以下形式展开讨论：从是否与刑罚论顺利联动的角度对裁判规范说的批判，从行为规范现实机能的实证要求的角度对行为规范说的批判。

更进一步而言，从机能上来看，行为规范重视说与裁判规范重视说并不相互矛盾，而是处于相辅相成的关系。即通过裁判规范制裁行为人，能让国民知道如果实施相同的行为将受到同样的处罚。这是规范国民行为的机能，有抑止犯罪的效果。此外，刑法作为裁判规范，制裁不遵循行为规范进行犯罪行为的人，这也能作为行为规范对国民产生影响。如此，从机能论的角度看来，本来不对立的讨论因为考虑了刑法的规制机能而变成了争论，这是以往传统刑法学的问题所在。

通过这样的讨论得到的见解，例如，在犯罪论的每个论点中，部分地重视行为人的主观方面是必要的。不能犯中的具体危险说就是例子。采取抑止刑论的平野、所一彦支持具体危险说，逻辑上没有什么奇怪的。

现在如果预测判例，仍延续客观危险说的判断，但是如果考虑刑法规范的实际机能，可以得出这样的结论：在法政策上，也有可能进行更加重视主观方面的判断。而且，不可否认，如果像英国那样增加犯罪，就有可能朝着未遂犯处罚范围扩大的方向发展。[117]当发生这种变化时，传统的讨论通过系统演绎表明其理论是有可能的。但实际上，抑止刑论本身已经要求事先判断。现阶段只是为了兼顾现实社会，没有强调事前判断而已。抑止刑论持续有力，此外，如果今后社会朝着更加不安定的方向变化的话，日本法院进行事前判断的必要性有可能变得紧迫，此时，这种法政策性建言或许也是必要的。

相反，如果客观危险的发生今后在实务中也得到重视的话，抑止刑论也可能衰退。最近，新报应刑论或公正的报应（Just Desserts）备受注目，但这样的理论本来就与要求发生客观危险的犯罪论一致。既然做好了准备，抑止刑论的衰退就不是不可能的。

此外，从日本的行刑实务来看，很难弄清这是报应刑还是教育刑，是否有刑罚的抑止效果。监狱内严格的纪律，既像报应，又像教育。进行职业训

-335-

---

〔117〕 关于此内容，参见前田雅英：《违法论的展望（下）》，《受验新报二月号》（1998 年），第76 页。

184

练这一点属于教育刑，头发规则、服饰规则等属于报应刑。在各个方面都有很多需要证实的课题，现在也是不得不极其概略地进行讨论。 –336–

不管怎样，这里应该强调的是，在重视 valid law 的机能主义中，建言必须以从法政策或实证研究中得到的经验事实为根据，这与丹麦的方法论也是一致的。

此外，关于这里使用的规范论等理论，这样的理论在进行法政策时，提供了只有进行理论研究的专家（学者）才能得到的观点。[118] 这种理论性法政策（学说），在主张将来大有展望的场合，着眼于将来立法的场合，或通过学者间的说服推动通说实现自己法政策的场合等都是有益的。

但是，这种理论性法政策的实际效力没那么大，从基于责任主义在结果加重犯中要求过失或期待可能性理论来看也能明白。[119] 果然实际上有用的是，对过失犯中的信赖原则或过去的可罚的违法性理论等具体紧迫的问题进行解答的法政策（学说），在此意义上，法政策虽然在理论上进行了加工，但是如果没有容易被判例接受的内容，现实意义很小。

再者，根据机能主义，在提出这些理论时，学者的责任必然是政治的、社会的，这是不言而喻的。 –337–

四、法政策的客观性

讨论法政策的客观性涉及的问题是，所谓的法政策是否有客观性，且是 –338–
否能发现、如何能发现客观的法政策标准。这个问题集中在，关于价值判断，认为存在客观的价值判断标准（价值客观说）与认为没有这种价值判断最后归于讨论者主观（价值判断主观说）的对立。

关于这个问题，罗斯的立场是一贯的。根据罗斯的观点，法政策与评价

---

〔118〕　此外，如果这个议论进一步发展，虽然也可以像亨里克·萨勒那样阐述学者进行法律解释的特殊性［萨勒说到，学者从"相关性质"（forholddet natur）的观点进行的法解释论是有意义的］，但是笔者不赞成这种观点（参见本书第七章第二节）。

〔119〕　这当然没有完全否定一直以来日本学说积累的刑法学理论相关研究的意思。因为这些理论，在今后法政策的发展中，也有可能成为 valid law。例如，日本的判例现在没有明确采用期待可能性理论，但是不能说将来绝对不会采用。与丹麦不同，日本没有陪审、参审制度，为了调和判决与国民感情，期待可能性理论会成为有用的理论（参见平野：《刑法总论Ⅱ》，有斐阁 1975 年版，第 278 页）。在此基础上，无视一直以来的理论发展状况而进行的讨论，"虽然有点高深，但是终究只能说是独立的学说"（田宫：《刑事诉讼法》（改订版），有斐阁 1996 年版，初版的前言），肯定也没有现实意义。

相关，反映出主张者的个人意见，所以不是客观的。因此，他把法政策从作为科学的法学中排除。[120]

在日本如何呢？从来栖三郎、碧海纯一的主张来看，他们被认为是主张价值主观说。碧海明快地奠定了价值情绪主义的基础，来栖明确说出价值判断是讨论者肩负的政治责任。在此意义上，即使构成不同（罗斯将价值判断与法政策分开，来栖、碧海将价值判断作为法解释的前提），但内容上可以说是相同的。

实际上，来栖、碧海与罗斯在法学中出现价值判断的情况下也得出了非常相似的结论。即碧海论述道，能够客观地表示实现主观价值判断的手段，也就是机能主义的解释，考虑一定的解释对社会全体及每个犯罪人的作用或效果（此时，也需要周边各学科例如生物学、心理学、社会学的知识）[121]的法解释，关于这一点来栖也同意，罗斯也阐释了通过在法政策中援用法社会学知识提高科学性的方案，在这一点上两者的问题意识也完全一致。

另外，平野龙一似乎与来栖、碧海完全不一致。其在解释时，设想"存在的规范"（Seiendes Sollen），[122]在此意义上，也被认为多少有些客观说（此外，所一彦相当清楚地采取主观说）。[123]

与此相对，立足于主张历史发展法则的马克思主义的学者采取价值客观说，从与马克思主义无关的立场也有学者主张价值客观说。例如，民法学者星野英一承认价值的层级（更高层次的价值论）是客观说。[124]前田雅英借鉴

---

[120] 此外，参见前注98。

[121] 周边各种科学不限于本书所列举的。例如，应用了所谓博弈理论的，所一彦：《抑止刑的机能条件》，《刑事政策的基础理论》，大成出版社1994年版，第50页以下。此外，尤其最近，经济学知识被认为也很有效。这与从美国民事不法行为法的研究发展出来的"法与经济（学）"有关。刑法领域中的应用在日本还比较少，关于美国的理论，例如伊东研祐也有介绍（《Kenneth G. Dau-Schmidt, An Economic Analyses of the Criminal Law as a Preference-Shaping Policy, 1990 DukeL. J. 1–38 的介绍》，《美国法》1992年2号，第302页以下）。

[122] 平野：《法学理论的作用》，碧海纯一编：《现代法学的方法·岩波讲座现代法第15卷》，岩波书店1966年版，第74页。

[123] 前注121，所，第12页以下。

[124] 虽然是民法领域，但是星野英一关于这一点，阐释了哲学研究的必要性（星野英一：《民法的焦点①总论》，有斐阁1987年版，第20、21页）。不过在刑法领域，一直以来与哲学的关系不那么紧密，是否有必要一定进行这种哲学性讨论是有疑问的。

法官吸取的国民规范意识，在此意义上，说起来比较接近客观说。[125]此外，还有其他价值关系说，[126]关于此内容笔者将在本书第七章中进行讨论。

然而，这些观点中哪个立场最合适呢？在刑法学的框架内，姑且可以建立价值的层级。在刑法中，一般存在个人法益、社会法益、国家法益这样的层级，在其内部也存在生命、身体……这样的层级，正当防卫或紧急避险中的法益衡量，如果不以存在价值层级为前提，就无法被认可吧。不过，在这一价值层级中，虽然一部分内容是由客观所决定的，但是终究还是会有很多不能判断的内容。在正当化的价值衡量中，像"生命>物"这样清楚的序列反而非常少，最终根据讨论者的观点可能还是会有所不同。在此意义上，在刑法的框架内也能感受到主观说的魅力（这是笔者的价值判断）。

关于这样的价值相对主义，可能也会被评价为有某种"逃避"的成分，[127]这种指责有一定的道理，即使法学能在一定限度内建立价值序列（且不得不随着情况发生变化），但最终不能对价值问题进行客观的解答，这应该是事实吧。反倒可以说，在日本，把应该是相对的价值像客观的真实一样进行论述的情况依然很多，基于绝对主义的主张即作为真理的犯罪论体系的主张蔓延的弊病至今仍相当严重。例如，古代是自然法思想、最近德国的"事物本性论"、在丹麦也有"好的""妥当的""伦理的"法律论，[128]这样的说法时有发生，但都无法抓住事实。到底何为"好"，何为"妥当"，谁也不能给出普遍性的答案。[129]

比起这个，避开从传统价值体系演绎出来的理论之间的"神仙打架"（至少是现在）似乎更重要。

－340－

－341－

---

〔125〕 前注 35，前田、藤森：《从刑法看日本》第 11 页中有一个小标题是"价值相对主义的转折点"。

〔126〕 宗冈嗣郎：《法与存在——反对死刑的理论》，成文堂 1996 年版，第 50 页以下。

〔127〕 前注 35，前田、藤森所著《从刑法看日本》的第 3 页有"逃进价值相对主义"（前田的发言）这样的表达。

〔128〕 本书第三章第三节"三"也有所涉及，但在丹麦也有观点认为亨里克·萨勒等学者受到后现代法学的影响，将"传统"或"稳当"为中心的法解释学作为学者的核心任务。这又是一种观点，但依笔者所见，这似乎是将法解释重新拉回主观的混沌、神仙打架中的做法（详细内容，参见本书第七章）。

〔129〕 在这一点上，如前田雅英那样发挥民主主义的契机也是一种方案，对此能感受到相当的魅力（关于此内容，本书第五章第三节"三"就有一定的同感）。但是，实际上到底应该深入什么程度，不无疑问。既然刑法与人权直接相关，仅仅是民主的契机就可以吗，不安依然存在（因此，将法解释学限定于事实认识的同时，也要重视法政策）。

第七章　以后现代法学为中心对经验主义、机能主义的批判

至此，关于机能主义刑法学方法论的说明就结束了。剩下的问题是，讨论对本书作为前提的经验主义、机能主义的有力批判。其一，在丹麦被当作阿尔夫·罗斯对立面而被主张的后现代法学；其二，日本多种对经验主义、机能主义的批判（其中，有受后现代法学影响的批判，也有从不同于后现代法学观点进行的批判）。

这些批判都包含着非常尖锐的问题，本书也需要作最大限度的考虑。[1]

首先，从占据批判核心的后现代法学的一般内容的相关讨论开始。

第一节　后现代的法思想

自平野龙一标榜刑法机能性考察以来，已经过了很长时间。在刑事诉讼法、犯罪学领域，机能主义似乎也已经逐渐渗透，而在刑法解释论中的现状可以说是，最近受平野教导的学者们占据了学界的核心，才开始真正地发展起来。而且，因为今后刑法学不得不朝着实质性方向发展，所以将出现不得不采取机能主义方法论的情形。

但是，不能否定，一直以来机能主义法学也存在各种各样的问题。我们在讨论丹麦刑法学时已经看出一些问题。特别重要的一点是，瓦本指出的，提示 valid law 框架的罗斯本人，在分析 valid law 的过程中，混淆了应该是事实认识的法解释学与作为规范性价值判断的法政策。[2]

---

〔1〕　意识到机能主义科学论有局限性，作为寻找其新突破口的尝试，除本书以外，还有所一彦：《法则科学与程序科学》，《犯罪与非行》111 号（1997 年），第 2 页以下，因为仅处于未萌芽阶段，这里只是指出其存在。此外，关于法则科学与程序科学，也参见了大野平吉：《刑事法社会学和刑法——刑事法社会学序说》，酒井书店 1999 年版，第 1 页以下。

〔2〕　关于此内容，参见本书第三章第二节"三"。

　　这是一个说明 valid law 分析（乃至事实认识）困难的小插曲。但这仅仅是关于罗斯个人解释技巧的问题吗？还是 valid law 分析中内在致命的问题呢？关于这些问题需要进一步进行讨论。根据瓦本的指点，罗斯在其刑法解释论中混同了 valid law 与法政策，这很有可能属于罗斯个人的问题，因为罗斯是法哲学家，对实定法具体条文的解释、判例分析不熟练。

　　但是，即使这个例子真的只是罗斯个人解释技巧的问题，也不能完全消除疑问。实际上，在日本，是否也能在没有分析者的价值判断的情况下进行案例分析呢？结果，在判例分析中，不得从分析者的角度对事实进行评价，与事实认识相关的判例分析原本就不能说具有客观性，这样的疑问由来已久。

　　不过以往在丹麦，即使关于这个问题的疑问被提出了，也有一些相关的讨论，但是并不彻底。罗斯的方法论是观察、分析法院判决这一事实的同时发现法官的思考，表示为 valid law，这与从具体的事实中找出一定的共同项，　－344－
将其一般化、普遍化的近代科学的方法论一致，因此一般来说容易理解，此外，因为在现实中也获得了以刑法者瓦本为代表的很多实定法学者的支持，所以有效地发挥了作用。然而，罗斯的科学性法学方法论也部分地受到批判，例如考虑社会科学特殊性的同时［如达尔伯格·拉森（Dalberg Larsen）所说的，喊出"作为社会科学的法学"的口号］，修正并尝试进行突破。

　　例如，关于事实认识客观性的问题，也像本书第三章第三节"二"详细论述的那样，斯图尔·劳瑞森以是否真正有可能判定真伪这一形式提出问题。但是，关于这个问题，得出的最终结论是如果有现象学意义上的客观性就是客观的，罗斯的框架并没有推翻。

　　实际上，在丹麦对罗斯理论的批判很多都是善意的，接受这些批判的同时，罗斯理论进一步适应现实得到发展。而且，甚至是现在（即使有细微部分的修正），区别法解释学与法政策，valid law 的记述这两个罗斯方法论的支柱，仍是丹麦法学的基础。

　　此外，在日本，也有关于法解释学的客观性是否纯粹地与自然科学的客观性同义的讨论，碧海纯一受到波普尔的启发主张，如果有相互主观的批判可能性就可以说有客观性，这一讨论获得了很多人的支持，其后（特别在民法学领域）也维持着事实认识与价值判断的分离，以及机能主义的基本框架。加藤一郎主张的"利益衡量论"等也可以说是其延长线上发展起来的有益成

-345- 果（此外，碧海所说的相互主观性与在丹麦被称为现象学的客观性同义，[3]虽然无论是丹麦的讨论还是日本的讨论，问题状况都稍有不同，但是可以说是用同样的思考来应对客观性的问题）。

但是，在机能主义最发达，高度信赖事实认识的客观性或作为经验科学的法学的美国，情况有所不同。在美国，产生于20世纪60年代末的批判法学运动到了80年代有了长足发展，机能主义及其代表的"法与社会"范式受到了严厉的批判。[4]

批判法学有非常广泛的内容，这里不能进行详细的讨论，但是基本可以说，这一法学流派起源于怀疑主义的现实主义法学，受到结构主义、后结构主义、种族主义、库恩的范式论等多种思想的影响，从各种角度批判法学中的经验主义、机能主义、实证主义。从这种批判法学的思考来看，以近代科学观为前提的机能主义被完全否定，实际上机能主义在美国受到了很大的伤害。

这种批判法学的讨论，虽然在美国成为一场非常大的运动，但是在丹麦并未见其直接的影响。因为在丹麦罗斯的支持者占压倒性多数，对罗斯的批判也是在边修正边适用的方向上推进讨论。此外，对日本的影响也可以说未见特别引人注目之处。

但是，进入20世纪80年代后半期，批判法学的思考从邻国德国作为后现代法思想有力地流入丹麦。在丹麦也产生了法哲学后现代流派，出现了从-346- 根本上批判罗斯理论的讨论。日本也是进入20世纪90年代，受到后现代法思想影响的讨论才越来越多。这些后现代思想，因为始于否定近代科学观，所以对以此为前提的经验主义、机能主义法学提出了特别严厉的批判。

这里所说的后现代是，"将多个历史样式镶嵌在一个建筑物中，是一种折中样式的建筑学概念，法国哲学家利奥塔尔将此转用为表示分散的现代知识状况的隐喻"。[5]那为什么后现代思想会抬头呢？一言以蔽之，是源于"近

---

〔3〕 "'相互主观性'的表达原本是爱德华·胡塞尔所用"（碧海：《新版法哲学概论》，弘文堂1989年版，第183页注6）。胡塞尔是现象学的始祖自不用说。

〔4〕 其详细内容，参见和田仁孝：《法社会学的解体与再生——超后现代》，弘文堂1996年版。

〔5〕 中山龟一：《20世纪法学理论的范式转换》，《现代法学的思想与方法·岩波讲座·现代法15》，岩波书店1997年，第98、99页。

代科学的波动"〔6〕。

　　过去，近代欧洲理想的科学模型是自然科学，是实证主义。通过重复进行实验，收集数据，将其抽象化、理论化进一步反馈给现实这种方法，19世纪后半期，近代欧洲的自然科学飞跃式发展，带来了20世纪初期熠熠生辉的科学时代。这个成功当然对其他学科也产生了影响。哲学、法学也不例外。在哲学中，排除形而上学的逻辑实证主义诞生了，在法学中应用自然科学范式的法社会学诞生、发展。这个发展，在美国被社会学法学、实用主义法学所继受，在西欧由维也纳学派的逻辑实证主义发展到凯尔森的法实证主义，在北欧从黑格斯特罗姆形而上学批判到被奥利维克罗纳、罗斯等人的斯堪的那维亚现实主义所继受。此后，西欧的法实证主义，难以抵抗纳粹主义的抬头，不得已稍稍停滞（其间，在德国"事物的本性"论或存在论的法哲学繁荣起来），而北欧的斯堪的纳维亚现实主义顺利发展，此外，在美国也迎来了"法与社会"学会的繁荣。在此，自然科学的客观性受到极大的尊重，法学未来的发展被认为与自然科学一样都是受到约束的。 　–347–

　　但是，进入20世纪后半期，开始有怀疑的目光投向近代自然科学的范式。首先，自然科学中近代意义上的观察者与对象的分离被怀疑。在社会科学中，出现了即使集聚一些数据也不能导出理论的情况。在一般社会中也产生了这样的认识，即直面公害问题、核能事故等现代问题，通过自然科学的试验与错误控制社会为时已晚。在这样的情况下，暴露出对自然科学范式有效性的极大怀疑，产生了这样的考虑即各个理论需要解决分散在各自领域中自己的课题。这才是利奥塔（Lyotard）所说的"不相信元叙事（又称大叙事，译者注）"，对于经验主义、机能主义法学，后现代法学是以接受科学主义、客观性神话这个元叙事崩溃后，对此加以批评、克服的形式出现的。

　　后现代法学因为是对近代科学主义的批判，所以从根本上否定近代意义、实证主义意义上的数据收集或判决预测。在美国应称为后现代主义法学的批判法学运动，原本以现实主义为根基，而极端推进现实主义的J.弗兰克等人倾向怀疑裁判中的事实（事实怀疑主义），提倡判决预测的不可能性，这正是美国后现代法学的出发点。即美国的后现代法学，从基本源于怀疑主义的相对主义这一点，将现实主义法学作为鼻祖，发展到法确证性的批判、对 　–348–

---

〔6〕　参见友枝敏雄：《现代的终结与秩序形成》，有斐阁1998年版，第192页以下。

政治中立性的批判、对客观性的批判、对"大叙事"的批判、强调"阅读"等。

美国的后现代论是从怀疑主义的相对主义出发并贯彻始终而发展起来的，这一点也符合村上淳一的观点，例如，一直以来被视为机能主义代表的来栖三郎的讨论就已经有"领先于后现代的爆破力"。村上引用来栖的讨论（法解释有可能存在多个，如何选择依赖解释者的主观价值判断，解释者对此必须肩负政治责任，本书也几次涉及这个讨论），论述如下。"有贯彻主观价值判断的'热情'，当然也不得不承认他人有相同的热情（如此，就会主张自己的价值判断是'客观的正确的唯一的法规范'），不得不承认价值的多元性。放弃从神的意志中导出一切，取而代之，认为能够从万人通用的某种标准（人类的理性、历史进步的方向）中演绎一切的西洋近代，虽然不再是神，但是将以理性和历史为基础的确切法秩序（从现在看来并不是假设）作为前提，来栖提出的问题是对这个前提本身的怀疑。这意味着确实存在稳定法秩序的假设被识破了。正是以确实存在稳定法秩序、存在客观的规则为前提，才能演绎出权利、义务，也才能相信裁判结果有预见可能性。但是，如果法规范（不仅是制定法，判例法也如此）不具有一定的'框架'以外的意义，裁判是多个主观价值判断中的主观选择的话，法律就不是预先确定的标准，是各种各样的主观争论自然形成的'析出物'（宛如在豆浆中加入石膏就能凝固成豆腐那样），暂称为可变的析出物。这是法的后现代理论。

来栖提出的问题有领先于这种后现代论的爆破力。"[7]

根据村上的这个认识，已经随着来栖发展起来的机能主义法学、价值相对主义潮流（例如，法哲学中碧海纯一如此，刑事法中所一彦、宫泽节生表明采取典型的价值相对主义），既然放弃了追求决定主观价值判断优劣的客观标准（所谓价值情绪主义），其内部必然具有后现代性（不过，机能主义关于通过提示主观解释控制裁判的目的这一点，立足于能够预测判决这一近代科学的前提，正确地说，基于价值相对主义的机能主义与后现代论有明确的分界线是毫无疑问的。村上也介绍了来栖之后的川岛武宜，认为川岛判决预测的观点是从近代的思想出发）。

进一步，以来栖为代表的机能主义论者断言，法解释最终回归到论者的

〔7〕 村上淳一：《"法"的历史》，东京大学出版会1997年版，第81、82页。

政治责任，占据后现代论一角的批判法学道破了法律中的政治中立性是假想，在这一点上也可以认为两者存在一致的观点。

而且，例如在丹麦，被后现代派批判为"现代"的罗斯也承认，法政策是多种价值判断的主观选择，而且是政治活动（倒不如说，这一点是罗斯最强调的），在这部分也可以说是与后现代的思考相连。[8]

这个似乎正好能与下述内容进行对比，美国的现实主义法学，从对裁判中存在确定规则抱有怀疑的同时也肯定判决的预测可能性的卢埃林等人的稳健立场开始，到了甚至对事实本身投以怀疑目光的弗兰克等人的极端怀疑主义的立场，为批判法学的产生提供了土壤。也就是说，日本机能主义的价值 –350–相对主义，对法解释学的客观性持怀疑态度，将最终归结于主观的政治价值判断视为一直以来被认为是客观的法解释学的内在（在旧法实证主义中，客观事实全部包含在法规中，学者的任务就是发现，在此意义上，法解释被视为客观的），在这一点上可以说是孕育了通向后现代论的萌芽。

后现代论强烈批判经验主义、机能主义，但是只要以价值相对主义、怀疑主义为前提，后现代论与机能主义就具有连续性，这一点通过上面的讨论已经明确了。因此，接受这种后现代法学的发展，像本书这样依然维持机能主义法学框架的同时立志于新发展的立场，应该如何应对就会成为问题。列举丹麦及日本主要的后现代论的同时，关于这个问题，不单单加以反面批判，而是从积极采纳有益部分的观点［即在考虑机能主义与后现代论（部分的）连续性的同时］推进讨论，在进入具体讨论之前，再次简单地整理一下后现代的内容。因为需要注意的一点是，虽然后现代论的出发点是怀疑主义，是相对主义，但是后现代论并不是一个统一的理论，而是各种观点的总称，此外，各国后现代法学所主张的内容或重点并不同。

例如，在以批判法学为代表的美国后现代法学中，批判经验主义、实证主义范式，揭露现代政治的权力性被认为是讨论的中心（日本的和田仁孝、 –351–樫村志郎的理论属于这个流派）。

此外，丹麦后现代法学也进行经验主义、实证主义批判，但不如美国那么彻底，与其说是针对整个科学主义范式，不如说重点在于指出以往罗斯理

---

〔8〕　此外，罗斯理论实际应用于实定法时，作为事实认识的 valid law 中也不得不有后现代的内容，关于此内容与瓦本方法论的关联，后文将进行论述。

论中被忽略的法律形态的存在，以及对可验证性的疑问（亨里克·萨勒的理论就是代表）。再者，基本看不到美国那样从政治性观点出发的批判。

进一步，例如前田雅英作为后现代法学理论引用的，从裁判机能变化对法院法创造机能的承认和三权分立的动摇，[9]以及对近代国民主权和基本人权依据的动摇[10]等方面进行的现代批判，都是源于德国后现代论[11]的潮流。[12]

从这些稍有不同的各个立场来看，经验主义、机能主义法学暴露在各种各样的批判中，同时，进一步让事态变得困难的是，还存在通过与后现代论不同的问题意识、解决方法对经验主义、机能主义进行的批判（尤其在日本比较多）。

例如，平井宜雄提出的"讨论理论"，针对二战后国民的解释方法论（特别是利益衡量论），展开了概括性批判，但这个讨论并不是从相对主义或怀疑主义出发，应该说是从不同于后现代论的方向对机能主义法解释学进行的批判。

此外，在刑法领域中，最近也出现了宗冈嗣郎及梅崎进哉提出的以"实存主义"为基础的刑法学，从与后现代不同的观点批判经验主义、实证主义。

-352-　　进一步，前田雅英立足于经验主义、机能主义，并以此为基础，倾向于朝着更现代方向发展的讨论，除受后现代论影响的部分之外，在某些部分中似乎也有与后现代不同的内容（例如，对价值相对主义的怀疑应该就与本来意义上的后现代不同）。

因此，虽然很难整理现在的讨论状况，但是这里先方便地分为，怀疑主义、相对主义本来意义上的后现代论及其延长线上的讨论与其他对经验主义、机能主义的批判。即前者是萨勒、和田、樫村的理论，后者是宗冈、梅崎、
-353-　平井的理论（关于前田的讨论，另行讨论）。以下，根据这个整理推进研究。

---

〔9〕　前田雅英、藤森研：《从刑法看日本》，东京大学出版会1997年版，第23页。

〔10〕　前注9，前田、藤森书，第202页。

〔11〕　关于德国的后现代论，可以参见如村上淳一：《现代法的透视图》，东京大学出版会1996年版。

〔12〕　另外，关于此处前田所引用的承认法院法创造机能，在美国等地已经是实用主义法学时代被认可的观点，关于"现代"本身的理解和"后现代"的发展状况可以说每个国家都有一些偏差。

第二节 丹麦的后现代法学——对罗斯的反击

一、多中心法源论

丹麦的后现代法学，现在以亨里克·萨勒（Henrik Zahle）为代表。萨勒从 20 世纪 70 年代开始就受到后现代法学的影响并展开讨论，20 世纪 80 年代发表了小论文《法源多心论》，得到了整个北欧法哲学界的关注。他的讨论从反击罗斯的观点来看似乎很好理解。因为基本上，与其说是吸收德国和法国的后现代法学重新确立自我的立场，还不如说经常以打倒罗斯为目的展开讨论。

关于《法源多心论》已在本书第三章第三节"三"中介绍，再简单回顾一下。萨勒从批判罗斯仅从法官的思想意识寻求 valid law 这一点出发。罗斯以 valid law 存在于法官的思考这个场所为前提，将此阐释为裁判预测的方法。但是，根据萨勒的观点，这只不过是一个方面而已。实际妥当的法并不仅仅是法院有权作出的判决。例如，实际作出的行政决定、命令，政府机关等作出的实务性决定等，存在很多不经过法院仍实际妥当的法。这些不经过法官思考就"实际妥当"。因此，法源应该理解为有多个中心，不应该将 valid law 理解为法官的思考。 –354–

萨勒的这个见解可以说反映了对后现代论局限性的重视、对"大叙事"的批判。即不光是台前的点点滴滴，也要把局部领域暴露在阳光之下，揭示传统现代智慧的一面，批判把"法官的思考"视为"预测裁判"的观点认为一刀两断就能把握 valid law 全部内容的"大叙事"，而是着眼于每个地方适用的个别的"小叙事"等，后现代特有的思考方法随处可见。

关于上述多中心法学理论，从机能主义立场出发该如何评价呢？对此，基本上与斯堪的纳维亚现实主义法学传统一脉相承的法哲学家露丝·尼尔森（Ruth Nielsen）作了如下论述。

尼尔森说道，"根据自见，（丹麦，笔者注）后现代的法律概念以选择非常局部的领域作为研究对象为特征，被认为是（斯堪的那维亚，笔者注）现实主义法学理论的一个变种"。尼尔森引用了萨勒的多中心法源论，继续论述道，"称为多中心法源论的讨论，由亨里克·萨勒引入，最近在北欧正被很多 –355–

人讨论。其内容是，法源的作出者是多数，且有各种各样的射程，因此面向着各种各样的接受者。的确，法源由很多人作出，有很多的接受者，这是正确的。但是，多中心论这一词，如果被认为是（斯堪的纳维亚，笔者注）现实主义法学理论的代替的话，那就会产生误解，可能会给人对北欧法的发展方向产生错误的印象"。[13]

萨勒虽然主张多中心论，但是仍维持法解释与法政策分离的罗斯的框架，在此意义上，也可能被视为罗斯变种的看法。也就是说，如果罗斯把 valid law 限定为法官思考的范围进一步扩大，并对此为契机进行实证的话，那么这只是在罗斯所说框架的基础上扩大了法解释学中事实认识的对象。恐怕，尼尔森对萨勒的理解也是如此。

但是，情况似乎并非尼尔森所论述的那么简单。萨勒的主张不仅仅是法源的制作者很多，接受者很多。关于这个法源是不是 valid law 这一点，他并不重视"实证"这一契机。

根据萨勒的观点，因为法解释学是学者根据"事态的性质"（forholdets natur）[14]进行的，所以是学者意见的表明。存在多数法源，根据"事态的性质"对此进行整理的话，这很明显与罗斯的观点不同（不过，萨勒同时也论述道，关于作为科学表明的法解释学言明有可能判定真伪的旨趣，他的真正意图存在一些难以完全估量之处）。

笔者认为，从已论述的内容可以看出，根据"事态的性质"那样模糊的概念恐怕会让法解释学的内容变得空洞且恣意。因此，不能采用萨勒见解的基本部分。

但是，法源由很多人作出，有很多接受者，萨勒这一法律理解如尼尔森所说极富启发。即这样的认识：并不是只有在裁判时才发挥法律功能——并不是只有法官的思想意识创造法——在法律虽然没有出现在表面但实际上成为问题时会进行实质性的法创造。

这样的认识在行政法或民事法领域中特别具有启发性。行政机关的通告之类，裁判外的和解或调解等被称为非诉纠纷处理就是其典型。在这些场景，

－356－

---

[13] Ruth Nielsen, Retskilderen, 5. udg., Copenhagen, s. 229.（《法源》）

[14] 这个词语与德国"事物的本性"（Natua der Sache）相似，但是又不同（关于这一内容，参见本书第三章注 83）。

实际具有拘束力的法律（通过非法官之手）每天都被创造出来，这一想法绝不能说是古怪的。在刑事领域中，检察官在追诉裁量权的背景下作出的起诉犹豫或微罪处分等，在裁判外处理的事件非常多。相反，看看现实，在刑事裁判中有争议的事件，从整个刑事司法系统关心的案件整体来看只是很小的一部分，甚至可以说，在大多数案件中实际妥当法的身影存在于裁判之外的地方。萨勒的观点指出裁判不是法律唯一能发挥法律机能的地方，而是将这些场景也纳入法源论，这一点在某种意义上或许也可以说比现实主义还要现实主义。

-357-

不过，是否将实际起作用的法律体系中各种层次的决定都称为"法"是一个问题。也就是说，这些决定、处分等是否能成为法解释学的对象。暂且不论是否用"法"这个名称，毫无疑问这是实际妥当的有权判断。实际上，在没有认识这些事实的情况下，只举出刑事裁判的场景来讨论刑法的话，不知道刑法是如何适用的，也不知道刑法的运用是否真正合乎正义。特别是，在日本这样有罪率高达99%的国家中，检察官是否起诉案件实际上已变成了有罪或无罪的判定。关于这方面的研究，暂且不论作为怎样的活动来看待（是应称为法解释学，还是应称为法社会学，或是应给予其他名称），毫无疑问，这是今后我们应该有意识考虑的问题。[15]

二、"学者的特殊作用"论

萨勒进一步就大学中法学家的作用试图抓住罗斯的盲点。关于这一内容也已在第三章涉及，这里简单回顾一下。首先，萨勒说大学中法学家有独特的任务。即他从"多中心论"的观点出发，把学者的任务设定为学者的特殊之处。

思考何为所谓学者的特殊能力时，萨勒说道那就是可以根据"事态的性

---

〔15〕 关于这一点，田宫裕已在日本刑事法领域中论述道，"根据犯罪的处理、追诉政策的运用情况，不能考虑滥用权力而导致的犯罪化，相反还有可能存在刑事法的死文化这个情况。在此限度上，不能否定搜查、追诉的运用也有着本质上改变刑法的形式或再构成刑法的机能。"（田宫裕：《刑法解释的方法与界限》，《平野龙一先生古稀祝贺论文集》（上），有斐阁1990年版，第49页），此外，他还补充道，"这种方法论与预定各种各样法律层面上的实际存在息息相关。不过，不久讨论就会发展到法律的本质论，即在何种程度上应称之为法律"（田宫：同论文，第53页注39）。田宫所预见的"各种各样法律层面上的实际存在"相关的讨论，在丹麦（以及北欧诸国）根据萨勒的讨论已经展开了。

质"（真正的理由、文化传统）进行法解释。即"法解释学（主要）由大学的研究者作出。法解释学的任务与可能性，因此必须从其研究者在法律体系中处于何种地位的观点进行讨论。根据我的看法，此处前述的多中心论也很重要。也就是说，根据多中心论，研究者（根据前面提及的专业知识）占据特殊的地位。一般来说，对研究者（恰如对高院法官的要求与对法官助理的要求不同）的要求与省厅长官（实务家）不同"。

萨勒提出的学者的作用论，与一直以来罗斯的现实主义思考针锋相对，设定"传统""稳当"这一标准将学者的法解释予以特殊化。

看看现实社会，学者确实有着与其他实务家或实务家兼研究者不同的能力，持有不同的观点。实际上，如果只要有实务家的研究就可以，那就不需要学者，也不需要面向研究者的教育（大学院教育）吧。在此意义上，毫无疑问，学者有着与实务家不同的独特的存在意义。

虽说如此，但不能说学者任务的特征与"事态的性质"相关。科学性或理论基本上是学者独特的思考形态。

关于学者和实务的关系，存在"仅叙述判例是白做功""学者的作用是从更远的立场批判实务并以此为指导"等说法。这是基于推动实务这一典型意义上的机能主义观点，但同时这里似乎也存在这样的观点：学者有着不同于实务家的思考方法，学者并非仅以实务为研究对象，而是基于某种新见解进行研究，由此提供实务家所欠缺的观点。

但是，即使以相同的实务为对象，相同地对实务进行经验主义研究，可以预想到的是实务家与学者的研究是不同的。这是因为，实务家进行的研究终究是从内部贯彻的产物，与此相对，学者进行的研究是从外部观察的产物。

不能说，从内部观察事物总能得到正确的结论。如果是那样的话，没有比实务家更了解法律实务的人，没有比有权对纷争作出判断的法官更了解法律的人。

有时从外部观察现实会更好。第三者观察的结果与系统内部人员观察的结果还是会有很多不同的。可以想到的例子是，外国人描写日本人的行为样态时，不少比日本人更准确地描写日本人性格的情况。这种观察者与观察对象的主客分离，在要求客观性的领域中也是非常必要的。[16]

进一步来说，立足于本书的立场，学者的作用不限于研究科学的、客观的 valid law。实际上，作为法政策有机会发表自己的见解，而且在日本其必要性很大。正因为有这种机会，所以特别强调学者从独特的"事态的性质"进行解释的重要性，将学者表明意见的场所拉回到"法解释学"中几乎没有意义。

反倒可以说，萨勒基于后现代论强调学者独特作用的背景是，对于因导入后现代论而无法科学记述的"法解释学"而言，这是赋予其不同于"法政策"的独立性必要的观点。

-360-

第三节　对日本经验主义、机能主义的批判

一、后现代法社会学

后现代法思想虽然在日本实定法学（特别是其解释领域）中，还未产生引人注目的影响，但是从 20 世纪 80 年代末期到 90 年代前半期，这个思想被积极引进法哲学、法社会学领域，出现了学术性的发展。例如，在法哲学领域，村上淳一的一系列研究很重要，他在法社会学领域，引进后现代社会学的潮流，甚至有以从中获得的灵感为基础提出超越后现代理论内容的动向。

-361-

特别是，法社会学领域中的后现代思想的影响不容忽视，最近日本犯罪社会学会也以"解释学的法社会学理论对犯罪学的应用"作为讨论主题。

在这个解释学的法社会学理论的基础上可以举出符号互动论、常人方法学等后现代社会学的方法论，这些方法作为一般的社会学方法论已有坚实的地位，对法社会学领域也产生影响可以说是理所当然的。

前述日本犯罪社会学会的讨论，在犯罪学中的应用这一点上未必与所谓的实定法解释论领域有直接联系，但报告者中和田仁孝和樫村志郎都是法学家，他们的讨论似乎已经把在实法解释论中的应用纳入射程。实际上，法社会学在法解释方法论这一方面，特别是以判例或法官行动为对象的研究中与

---

〔16〕 总而言之，这个观点是现代的观点，因此，在萨勒等后现代主义者看来，这才是问题所在，但事到如今只能说是立场不同。

实定法解释论相连，对于像本书一样通过在法官思想中发现 valid law 展开法解释论的方法，与本书作为前提的经验主义、机能主义的强烈反对相结合，具有重大意义。

因此，此处参照和田及樫村的讨论，分析机能主义法解释论所面临的来自后现代法思想的批判并讨论其是否正确。

（一）解释法社会学

和田仁孝提出的"解释法社会学（Interpretive Sociology of Law）"的构想，作为受后现代影响的法社会学，目前完成度最高，且在内容上也可以看到超越后现代法学的部分等，可以说其是日本后现代法学理论的杰出者。

-362-

和田的解释法社会学，从批判近代科学的方法论这一后现代法学的一个中心课题开始。即牵引美国经验主义、实证主义法社会学的"法与社会"学会的范式，以批判 Law and Society 范式为题，从①法与社会观念的批判，②实证主义、科学主义认识论批判，③对政治性立场的批判这三个观点，进行彻底的批判。[17]

这些内容，非常有趣、极富启发，但是这里我们难以介绍全部的内容，且这也超出了本书的课题。另外，因为本来是法社会学的方法论，所以本书仅在与作为问题的刑法学的关联中考察其讨论被认为是适当的（另外，在解释法社会学的构想中，似乎已将实定法解释论中的应用纳入研究范围，[18] 不过既然理论本身没有具体化，这里只能停留在指出该构想将来具体化的可能性）。因此，这里将从解释法社会学的构想中选取以下两方面内容为中心推进研究：①与作为本书基本立场的机能主义法解释学相关，对"实证主义、科学主义认识论"的批判；②与本书视为法解释学最重要任务的 valid law 分析进行对比，解释法社会学对判例及法官思考的研究方法。

解释法社会学，首先批判实证主义、科学主义认识论，将自己的认识论定位为与此不同。关于这个内容，和田以"实证主义、科学主义认识论批判"为题，列举了以下五点：

"第一，批判实证主义的基本前提即'世界'是在'意识'之外的独立存在。'世界'是通过'意识'的认识或解释构成的，不是在'认识'之外

---

[17]　前注4，和田，第140页以下。

[18]　参见前注4，和田，第241页以下。

等待被'发现'并被准确表征的客观实在。

"第二，与第一个论点重叠的问题，批评观察主体与被观察客体的分离。 —363—

"第三，批判近代社会科学中知识概念的封闭性。只承认某特定思考框架（即近代科学的思考框架）产生的知识是'正确的表征''真理性''权威性'，容忍一种知识的专制，具有促进拘束和纪律作用的效果。

"第四，近代社会科学以普遍化、一般化为作业目标也被否定。

"第五，也批判实证主义、科学主义法社会学标榜的研究的客观性、中立性。与作为担保知识客观性标准的'外部世界'一致或其正确表征的观念被否定，只要认可解释的不可避免性，客观的观念本身就不能成立自不用多言。"〔19〕

这些批判，简单来说，是对主体与客体的二元论即事实认识与价值判断的二元论的批判，这一点是受到后现代法学启发的讨论（或者可以说是，后现代法学对经验主义、实证主义的批判）。在此意义上，这些批判是他在作为理想的"超越后现代"以前阶段的批判，也有一些日本法学听起来非常新颖的内容，不过在世界范围内早就有人提出了这种问题。必须说的是，现代经验主义、机能主义采用者不能回避这种批判。

和田接着对事实认识的客观性进行了如下论述："解释法社会学，如其名称所示，以认识中的'解释（interpretive）位相'为前提。因此，意识与世界不能被二元地分离，而是要被融合地'构成'。'事实'不是意识或理论外部的客观存在，只有以意识和理论为前提才能作为'事实'出现。近代意义上认识的'客观性'或'中立性'不存在，'事实'既然是解释性的构成，'事实'的'观察'或通过'事实'进行'验证'的步骤也就不能成立。"〔20〕 —364—

根据和田的立场，通过观察、分析、记述 valid law 可以得到客观的法解释学这一罗斯及本书的主张，因为作为前提的客观性本身并不存在，也不能对照事实验证 valid law，所以在方法论上不妥当。

接着，解释法社会学同样受到后现代思想的启示，批判现代的政治立场

---

〔19〕 前注 4，和田，第 141 页以下。

〔20〕 前注 4，和田，第 219 页以下。（所谓"解释位相"，指不以简单的形式理解事实，而是以更为复杂的形式来理解事实的看法/思考方式。译者注）

（现代的权力性）。即以美国"法与社会"学会所承认的现代范式为前提，"批判 Law and Society 范式默默干预自由法律主义（liberal legalism）以及由此导致的面向政策精英的研究取向"。这个批判直接针对美国法社会学范式，但既然以实证主义、机能主义为前提，也就可以理解为是对本书方法论的批判。总而言之，这个批判认为，"Law and Society 范式本身（笔者注，甚至是实证主义、机能主义范式的意思），以近代科学观为基础，标榜其知识的客观性、价值中立性，或者力图以客观事实为基础批评现行制度，但实际上正是因为围绕其科学观、法/社会形象的诸多前提，反而为支持政策精英的管理技术构成作出贡献"。[21]

与这一现代权力性相关的批判，虽然在丹麦不怎么进行，但是这对解释法社会学而言是非常重要的基础之一。这个批判适用于所有采用实证主义、机能主义的法学，因而在这里罗斯及本书的主张当然也会受到批判。

解释法社会学批判这种现代方法论，但这个批判与以往的后现代论基本相同。以往的后现代论，以这种批判为前提陷入怀疑主义的相对主义，始终进行着流于"游戏"的研究，但是解释法社会学与以往的后现代论不同，因此，被认为将来有可能成为大趋势的是，在具有这些破坏性前提的同时，有超越"游戏"进行生产性讨论的志向。

因此，和田基于解释法社会学提出了一些新的课题。一个是"法实践派的常人方法学"，还有一个是"法学院派的法社会学"。[22]这两个课题并不具体，还仅停留于抽象阶段，但在后一个课题中，"因为解释法社会学的观点以实践中的细微动态为前提，主张普遍性标准命题的不能性和界限，当然也必须面向法学院派主流的实定法解释学"，[23]所以在法解释中的应用也被纳入视野中。关于其内容，受到民事诉讼法"第三波"讨论的启发，但未必能具体地予以明确。不过，与本书关联，解释法社会学提出的判例研究方法应该最成问题。对此，虽然没有具体的说明，但是可以参考以和田为中心的诸位学

---

〔21〕 前注 4，和田，第 144 页。和田分为以下三点进行讨论：①科学实证知识与政策导向；②法/社会形象与政策导向；③自由主义批判，详细内容参见前面提到的著作。这里论述的内容，笔者在某种程度上是可以接受的。不过，对这是否与经验主义或近代科学观直接联系存在疑问。经验主义或近代科学论不也能与这些问题分开理解吗（关于这个疑问，也可参考后注 29）？

〔22〕 关于这个内容，参见前注 4，和田，第 240 页。

〔23〕 前注 4，和田，第 241 页。

者的对谈。[24]

如果阅读这个对谈，解释法社会学的判例研究恐怕可以被设想为以下这样的方法。原本，所谓解释法社会学的方法，是指以放弃普遍化、一般化，不可能从客观性立场观察客体为前提，收集以往研究忽视的普通大众的呼声，发现其意义。如果立足于这种立场，被称为判例研究的工作也恐怕是着眼于各个案件特殊性的同时，将一个个判决作为个性之物加以把握，在各自诉讼中的当事人如何关联，检察官与律师的攻防经过如何，从诉讼前的阶段开始到诉讼终了的事后处理都包含在内，以收集所有诉讼参与者的"普通大众的呼声"为中心。这种方法论能从非常微观的视角明确每个案件的实际情况，反之，当然法院对于一定事例的解决方案不可能以抽象的规范予以呈现。所以可以说解释法社会学否定一般化、普遍化这样的操作是当然的。因此，应该说通过解释法社会学的方法论无法像以往那样，将所谓法院判断的集成予以一般化的内容作为判例予以表示。

-366-

那么，以这种判例研究方法为前提，在刑法解释学中应用解释法社会学的方法会怎样呢？首先，想想刑法解释学的任务。本书所探讨的刑法解释学任务，可以归纳为：以现在的裁判实务及判例的立场为基础，针对个别犯罪行为说明实际上具有约束力的刑罚规范，不过即使不立足于这种立场，刑法解释学的任务就是明确犯罪的规范评价（刑法总则一般性地明确犯罪的评价标准，刑法分则明确个别犯罪）、说明科处刑罚的标准，从现在日本的学术水平来看，这一点应该是没有疑义的。如果认为刑法解释学担负着这种任务（指示刑罚标准这个任务），仅仅解决具体的事例是不够的，无论如何都需要把一般的、抽象的法命题拼接在一起。特别是，在受罪刑法定主义支配的刑法领域，绝对有必要在事前以一定的形式表示何种行为作为犯罪受到处罚。而且，在这种情况下，既然不能个别、具体地说明案件，就不可避免抽象化。刑法通过向国民具体地表示何种行为受到处罚，何种行为不受处罚，才能发挥自由保证机能，因此如果轻视这一点，可能会动摇对司法制度本身的信赖。果然，作为刑法解释学，不得不（或多或少）将判例的抽象化、以法律命题的形式予以表示作为其重要的任务，因此不得不采取抽象化、一般化的技巧。在此意义上，不得不

-367-

---

[24] 和田等：《研究会·超经验主义法社会学的方向性·第一次讨论、第二次讨论》，《姬路法学》18 号（1996 年），第 118 页以下。

说在实定刑法解释论中，几乎不太可能接受解释法社会学的构想。[25]

此外，关于现代主义的客观性或一般化、抽象化这一点，笔者不认为是完美无缺的。实际上，在第六章中介绍罗斯方法论验证的界限以及瓦本在一定限度上放弃抽象化、一般化相关讨论，就表明了支持的态度。但即使关于客观性及抽象化、一般化的内容，不是完美无缺的，笔者认为现在也可以充分使用，有使用的必要。因为，实际上，正如我们在此之前的讨论中所见的，在实定刑法解释学中，即使考虑与实务的关联，一般化、抽象化（即使有界限）是不可缺少的。

关于这一点，解释法社会学说道，"并不是说要全面废弃经验科学的方法"（虽然这似乎是和田自身承认的矛盾[26]之一）。也就是说，"恐怕，在意识到其本身包含解释位相的同时，废弃普遍性主张或客观性主张、真理性主张等，相反在承认政治性、偶发性存在的基础上，如果将实证观念、经验观念与解释位相相结合再构成，还可以将其视为有效的'一种方法'""解释法社会学摸索独立方法的同时，正如后所见以研究的多元化、丰富化为目标，承认经验科学的方法也是'一个解释方法'（不过，废弃普遍性、承认权力性是必要的）"。[27]

据此，如果解释法社会学接受对经验科学方法权力性的批评，那么看起来也认可经验科学的方法。但是，有人会提出疑问，现代的认识论无论如何修正都是现代的认识论，既然一开始就完全破坏了这种认识论，[28]那么解释法社会学无论采取何种形式都不可能认可经验主义的研究。[29]

-368-

---

[25] 此外，解释法社会学基本上是以法社会学的"解体和再生"为目标进行构思的，如前所述，将来在实定法解释学法中应用已进入研究范围，再者，既然解释法社会学的"科学主义批判"一般面向代表现代思想的经验主义、机能主义，那么可以认为本书的批判整体上符合解释法社会学的构想。

[26] 前注4，和田，第241页写道，"解释法社会学的观点本身至今还充满不成熟的矛盾"。

[27] 前注4，和田，第224页。

[28] 例如，"现代科学主义认识论不能成立"（前注4，和田，第6页），"应该回去的'现代'之港已经解体"（同书，第241页）之类的表达随处可见。

[29] 例如，从解释法社会学来看，本书的方法论可以被认为是一种可能的方法吗？笔者认为，这种方法本身就是笔者从多种方法论中选择的一个政治性价值判断，特别是在法官的价值判断中看到民主制的契机，也拒绝了政治上的价值判断等，关于自己观点的权力性，在某种程度上自觉地进行讨论，这就足够了吗？此外，实际上，关于抽象化、一般化、客观性，存在普遍疑问，本书也自知，但是这种认识是充分的吗？

　　的确，现代思想的一部分（并不是全部）被认为正在崩溃。即使在被认为是最理想的科学的自然科学领域，可以看到过去我们所承认的近代科学意义上的"客观性"理念已经部分崩溃。也就是说，20世纪前半期，量子力学已与"观察者的存在或观察行为本身对对象产生了影响"[30]的解释法社会学有着相同的认识，这已是众所周知的事实。

　　但同时，也必须注意的是，关于日常生活层面的物理现象，几乎不需要根据量子力学或相对论进行修正。先不说发射航天飞机、火箭的情况，例如在建楼、建桥等我们日常生活领域的各种工业技术中，只使用古典牛顿力学实际上没什么问题。反倒是，在这种层面上考虑量子力学或相对论，只会让情况变得混乱。在实定法解释中应用解释法社会学似乎就会导致这种混乱。[31]

－369－

　　此外，作为自然科学领域客观性神话的幻灭的一个例子，和田提到了托马斯·库恩的"范式论"，[32]但是必须确认的一点是，暂且不论作为科学史学方法论的范式论记述了科学历史并不平坦这个事实，关于进一步理解科学哲学的原理更好地理解科学哲学的原理，提出了各种各样的批判（例如，卡尔·波普尔就是批判的代表人物）。此外，众所周知，库恩受汉森启发采用的"观察理论负荷性"中，也有很多旧范式收集的数据被用于说明新范式的例子。进一步，关于库恩所说的新旧范式之间的"不可通约性"，不是新旧两范式相互不可能理解的意思，最近一般理解为，在两个范例之间所使用的概念共通的情况下，因为实质意思不同，相互不能充分理解。因此，新旧两范式之争，正如和田所说的，虽然确实也有话语之争或权力游戏的一面，但是并非全部。应该注意的一点是，"不可通约性理论"原本是库恩为了更鲜明地记述范式间相克所创，后来被库恩派的竞争对手过分强调。实际上，范式之间是否相克，很大程度上取决于对共同问题的实证（例如，很多人认识爱因斯坦的相对论，与太阳观测中牛顿力学无法说明的微妙误差与相对论导出的结

---

　　〔30〕　前注4，和田，第142页。

　　〔31〕　例如，可以想到，和田所暗示的民事诉讼法"第三波"学派的讨论，虽然问题意识敏锐得到认可，但是同时也被评价为在实务中无法使用。

　　〔32〕　托马斯·库恩著，中山茂译：《科学革命的构造》，みすず书房1971年版。此外，最近在刑事法中提及范式的论者在增加［例如，石塚伸一：《刑事政策的范式转换》，现代人文社1994年版；所一彦：《刑事政策与范式转换》，《立教大学》49号（1996年）等］。但是，他们所关心的问题被认为源于与解释法社会学或与本书不同的观点。

论基本一致这一事实相关）。而且，库恩本人只有在科学革命期的范式相克的情况下，才会发生这种话语之争和权力游戏，常态科学期间进行的研究大致分为"有意义事实的确定、事实与理论的一致、理论的词语化"。即并非理论之争的全部都是科学革命时期范式相争这样的词语之争，反而更多的是常态科学内部的实证问题，刻意强调词语之争，似乎扭曲了现实中理论之争的面貌。根据库恩的观点，不要忘记，范式转换（科学革命）是几个世纪也不会发生一次的极例外的情况。

此外，既然解释法社会学对经验主义、实证主义的批判还未充分提供代替以往机能主义法解释学的理论框架，采取现在最好的策略机能主义，应该说是最现实的方法。如果不能采取最好策略就采取第二好策略，如果这也不行就采取第三好策略，这就是机能主义的想法。

但是，再次强调，笔者认为，理念上彻底意义上的实证主义或科学主义已部分崩溃，这一点并不草率。在现代的方法有界限的情况下（检验可能性有界限的情况，一般化、抽象化有界限的情况），决不能否定解释法社会学为代表的后现代方法论可能有效，倒不如积极予以把握（此外，在本章的最后，虽然很少，但是对在机能主义中导入后现代思考的可能性进行了讨论）。再者，毫无疑问解释法社会学的开创性研究领域提供了与以往实证主义法社会学不同的新观点。[33]

（二）常人方法学（Ethnomethodology）

常人方法学原本是社会学的一个调查方法，由美国社会学家加芬克尔（H. Garfinkel）首创，是社会学领域中已确立稳固地位的方法论。关于常人方法学的意义，经常引用创始人加芬克尔的话进行介绍，"上下文相关的表达和其他实践行为是合理的。这种合理的性质，是日常生活中各种各样的实践通过巧妙的技巧而组织起来，根据每次的状况而实现的。我想将进行这种合理的性质的研究称为'常人方法学'"。[34]这个说明可能是正确的，但是外行人很难理解。特别是像笔者这样一直进行法解释学研究的人来说，无疑如此。

---

〔33〕 笔者认为，既然每种方法都有其优秀之处，在各自适合的领域以各自更优秀的理论为目标也未尝不可。在刑法解释领域，从现实社会中裁判的作用或罪刑法定主义的存在这样的观点来看，放弃一般化、抽象化也是不可能的，机能主义的方法论依然被认为是有效的、适当的。

〔34〕 引用于西阪仰：《常人方法学方法》，栗田宣义编：《Method/社会学》，川岛书店1996年版，第61页。H. Garfinkel, Studies in Ethnomethodology, 1957, p. 11。

换个更通俗易懂的说法，在人们之间不言自明的行为和表达是怎么组织起来使用的，常人方法学就是对这个方法的研究。原本，常人方法学这个名称是基于将“‘日常世界的成员’（＝ethno）报告自己的活动是有意义的、合理的‘方法’（＝method）作为分析对象”[35]的观点而采用的。

樫村志郎在法社会多个领域中应用这个方法，已经发表了很多研究成果。例如，《“纷争”的法社会学》[36]就可以说是应用这个方法的有益成果。最近，他认为也有可能在犯罪社会学中应用这个方法论，并给出了其概要。[37]他将自己的方法命名为“规范之体”，以有说服力的方式对此展开论述。

樫村所说的“规范之体”，根据他的语言概括来说，是他以下内容为目标的研究总称，即规范是从人们日常相互行为中常识性可观察的事实出发，规范与其他社会事实一样，是人们可以用眼睛看到、用手触摸感觉的存在。[38]

然后，作为发现“规范之体”有希望的研究领域，他叙述如下。“第一是日常人们相互行为中现有的规范之体的研究。这是人们在平时以各种形式进行交流的情况下经常成为媒介的对话和语言使用的规则。作为此种领域的研究，所谓对话分析很发达。

第二与对话同样，是平时作为人们交流媒体的身体本身的规范性研究。　　–374–
（中间省略）

第三是被制度化的文化作用中所包含的规范性。其中当然包括，法律、科学本身及它们的结构性权力作用。我们通过学习掌握的记忆或感情，表达、使用着这些文化作用。法律规范的社会性文化性公正作用及其作为媒介的共同行为是法社会学的主题，在这一点，犯罪社会学与法社会学的方法相结合被认为是有益的。”[39]其中，因为报告是从在犯罪社会学中应用的角度出发，所以他的重点在第三点。

这个常人方法学的方法一般被认为是“由于既有社会学批判的强度和技

---

〔35〕　满田久义、青木康容编著：《社会学的启发》（进藤雄三执笔部分），朝日新闻社1999年版，第294页。

〔36〕　樫村志郎：《“纷争”的法社会学》，弘文堂1989年版。

〔37〕　樫村志郎：《规范之体——常人方法学的犯罪社会学应用》，《犯罪社会学研究》23号（1998年），第23~34页。

〔38〕　前注37，樫村，第23、32页。

〔39〕　前注37，樫村，第32、33页。

巧新奇容易被视为异端邪说"[40]，"常人方法学不是构建假说的科学。也就是说，对一般化不关注。因此，与自然科学不同，无法将其见解具体化为例如技术。那在一般意义上没有用"[41]，从这一介绍中也可以看出，其有时也被理解为一种始终沉浸于后现代"游戏"的方法。

但是，也存在这样的理解，常人方法学试图找出容易变化的看似随机的相互行为（例如日常对话）中的"规律性/秩序性"，[42]樫村的讨论被认为也以这种理解为前提。[43]正如已按照他的方法论所进行的分析，常人方法学一直以来被认为是，显现日常用语背后隐藏的"规范之体"的可能方法。这个技巧在机能主义刑法学中，特别是在罗斯的理论中，也可以找到合适的适用领域。也就是说，可以构思这样的方案：通过分析法官之间的对话或讨论（常人方法学中，对话分析等是有用的技巧），明确存在于法官群体之间相互理解的方法也就是法官之间的"规范之体"（这符合樫村所指出的三个研究领域中的第一个领域的应用）。

在罗斯的理论中，valid law 就是法官的思考。为了明确法官的思考，除从以往判例中推测，从法官的内省中推测之外，没有什么有力的方法（此外，近年进行的"法官的逻辑性与妥当性"的研究，非常引人注目，被认为极其有力，这里暂且搁置）。[44]但是，根据常人方法学的方法，关于法官日常与同事讨论的用语何以"自明"，"如何正确说明"自己见解可以进行研究。[45]此

---

[40]　前注 35，满田、青木（进藤执笔部分），第 294 页。

[41]　前注 34，西阪，第 76 页。

[42]　参见北泽毅、古贺正义：《解读"社会"的方法——实质调查之邀》（北泽毅执笔部分），福村出版 1997 年版，第 196 页以下，特别是第 198、199 页。

[43]　在前注 37，樫村文第 34 页提到，将常人方法学置于"经验调查"（empirical investigation）的位置，因此并不以后现代的游戏为志向。

[44]　松村良之、太田胜造、冈本浩一：《法官判断的逻辑性与妥当性（一）-（一三·未完）》，《判例タイムズ》911 号（1996 年）-1004 号（1999 年）。可以说这是迄今为止最全面的对法官思考的研究。此外，在后现代社会学中，因为这种量的调查是基于近代科学的观察、实证，对此有不少怀疑，不过量的调查与质的调查相互补充的同时也可能相互利用。因此，即使基于本书这种机能主义、现代的立场，也完全有可能利用作为后现代主义方法的常人方法学。

[45]　在常人方法学分析对话领域有突出成就的萨克斯论述道，"无论是某种文化的什么成员，从幼儿时期开始，都会经历文化中非常狭窄的部分，而且大概是一次偶然的体验（他们偶然拥有的父母、他们偶然体验，或者偶然面向他们对话的词语等），但是也会成长为与其他成员在很多方面几乎一样的人，与任何成员都有关系"（H. Sacks，"Notes on methodology" in Action，J. Atkinson & J. Heritage

时，因为关于实际案件的商议是秘密的，所以可以让他们讨论假设案例，或者利用研究会的机会。通过这个方法，如果能够明确法官讨论时存在的"规范之体"的话，也就能知道法官讨论形态的方法，因此以此思考为基础的valid law 研究估计会有很大进展。

关于常人方法学，由于笔者知识有限，不可能进行更多的研究，但是该方法变得实际有力似乎是非常值得期待的。 –376–

二、"论证"理论

平井宜雄的"论证"理论作为批判日本传统机能主义的动向，是与后现代法思想不同的流派。[46]平井的法律论证理论，受到佩雷尔曼（Chaïm Perelman）、费威格（Theodor Viehweg）等所主张的"法律论证理论"的启示，是一个非常深入的理论，与同为平井提出的"法政策学"[47]构思相并列，提出了现代日本法律思考一般讨论不可回避的重要问题。

但是，这里暂且不涉及详细的内容。首先，因为平井的"论证"理论聚焦于民法解释学及法学教育，很多讨论内容超出了本书的问题设定，此外，在日本刑法学中缺乏作为"论证"理论前提的几点内容。

关于前者没有必要说明，关于后者需要进行一些说明。平井指出了以下五个二战后民法解释学的问题：①学者中心主义（专门以学者的法解释作为问题进行讨论），②发现的过程与正当化的过程不分（解释者发现法解释妥当结论的心理过程与将被发现结论正当化的过程有着各自独立的意义，在方法 –378– 上不能分离）；③宏观正当化和微观正当化不分（从与解释结论相关的法律规范、法律命题等大前提出发理论地、演绎地进行正当化，即轻视、不给予"微观正当化"独立的地位，反而是将作为解释大前提的标准命题其自身的正

（接上页）ed. , Structures of Social Action, 1984, p. 22. , 前注 42, 北泽、古贺：《实质调查之邀》，第198、199 页翻译而来），这句话与下列情形完全一致，即新手法官在处理眼前司空见惯的事件之中，不管事件的内容和上司是怎样的人，都采取和老法官一样的思考方式，最终成长为具有日本法官风范的法官。如此，记述法官之间存在的相互行为的方法（原本常人方法学以日常的相互行为为分析对象，作为其应用），似乎可以期待一定的成果。

〔46〕 平井宜雄：《法学基础论觉书》，有斐阁 1989 年版；《续·法学基础论觉书》，有斐阁 1991年版。

〔47〕 平井宜雄：《法政策学》（第 2 版），有斐阁 1995 年版。

当化即宏观正当化视为解释学的重要工作）；④社会学主义（不是在法规范方面，而是在现实社会中寻找解释的指针）；⑤直结主义（把理论研究上的想法、关注与法学教育直接联系）。[48]

如果将此套用在刑法学上，暂且不论①⑤，②到④实际上都不符合。相反，如果从本书所立足的机能主义立场来看，以往传统刑法学不受平井的批评这一点似乎也存在问题。即在平井的"论证"理论中日本民法解释学受到批判的问题是，日本民法解释学以遵循近代科学范例的科学主义法解释学为前提，没有受到这一批判的日本刑法解释学，因为仍然没有遵循科学的法解释的范式，可以说还处于现代范式之前的"预现代"状况。总而言之，日本刑法学与民法学相比，作为法解释学方法论还停留在前一个阶段。

与此相对，本书中的机能主义的方法论，完全符合平井所批判的内容，当然不能赞成平井"论证"理论的全部内容。

平井理论最大的问题是，实际法官的法思考究竟是否与平井所认为的理想的法思考一致。如果从现实主义的观点来看，法思考与法官思考不一致就说对现实审判没有帮助，如此可以吗？反倒是可以说，平井批判的思考方法，即引发二战后民法学法解释争论的来栖三郎、川岛武宜的思考方法，还有加藤一郎、星野英一的利益衡量（考量）论，与现实的法官思考是一致的。因此，法解释争论的成果利益衡量（考量）论不是成了大潮流吗？

当然，平井也承认"论证"理论是从法学教育的角度出发，可以有各种各样的研究方法（包含机能主义），但是现实地说，在机能主义并未完全渗透的刑法学领域，似乎正如宫泽节生下面所指出的，"平井这样的主张很有可能被通俗地接受，成为'返祖'的正统化。虽然没有看到刑事法学者对平井的反应，但是这种反'社会学主义'很容易被无视机能主义的人所援用"。[49]在这一点上，必须充分注意刑法领域中"论证"理论的适用。[50]

〔48〕 关于此处平井说的整理与要点，参见广渡清吾：《日本社会的法律化》，《现代法学的思想和方法·岩波讲座·现代法 15》，岩波书店 1997 年版，168 页。

〔49〕 宫泽节生：《书评·荒木伸怡著〈裁判——其机能性考察〉》，《法律时报》61 卷 6 号，第 137、138 号。

〔50〕 此外，关于平井提出的"论证"理论应用于刑法解释学的可能性，荒木伸怡论述如下："针对我的报告，平井教授评论说，客观说与主观说对立的刑法学是'法学基础论'所提倡的'论证'有益的领域。但是，与其他法解释学领域比较，刑法学的特征之一是进行了彻底、深入的论证。客观

三、"实存"主义刑法学

平野龙一提出刑法的机能性考察以来，日本刑法学中对经验主义、机能主义的批判来自传统刑法学。即从德国法重视体系的立场，批判、反击英美法重视解决问题的立场。

然而近年，并非来自传统刑法学的反击，而是从新立场对平野方法论进行的根本性批判登场了。也就是宗冈嗣郎提出的，[51]将平野的范式定位为近代法实证主义进行的批判。这种立场还没有特别的名称，但其从重视"实存"的立场立论，这里称之为"实存"主义刑法学。

"实存"主义刑法学的出发点是以下这样的问题意识。[52]即平野龙一强调严加区别法律与伦理，批判法律伦理主义，这基本是正当的。但是，在这之中只不过是直观地区别法律与伦理，并没有指出应该作为区别标准的价值判断的标准和方法。如果没有明示这一内容，最终法律伦理主义批判也会落空。而且，刑法学本身就有必须揭示法价值论的任务。

－381－

根据这个问题意识，宗冈明确否定一直以来日本机能主义刑法学前提下的价值相对主义、价值主观说。[53]因此，宗冈表示，基本上应该在价值客观说的方向上解决问题，但同时，关于存在客观价值序列的客观说（例如，民法中星野英一的利益考量论等），他也指出在日本实质上并没有明确其内容。然后，表明自己的立场是价值关系说。"根据价值关系说，'价值'并不是作

（接上页）说与主观说的对立，归根结底，就是进行自由意志有无的讨论。自由意志的有无，通过'论证'不能决定。因此，平野龙一先生提倡展望性责任论采用了经验科学的研究成果"［荒木伸怡：《"共同研究"法社会学法学的可能性·从刑事法学入手》，《法的解释与法社会学》法社会学 45 号（1993 年），第 192、193 页］。关于平井的"论证"理论，仅停留在以上讨论，但《法解释基础论觉书·其三》［《判例研究方法论的再检讨（1）－（3）——法学基础论觉书·其三》，《ジュリスト》9569、609、62 号（1990 年）］作为公开发表的判例研究方法论，与 valid law 的发现方法相关。关于此内容，在说明预见法学与 valid lawd 的差异时已讨论（参见第六章注 26）。此外，应该先指出的是，关于"论证中反证可能性"，与已提到的斯图尔·劳瑞森的"同意说"有很多类似的部分。

〔51〕　宗冈嗣郎：《法与实存——〈反对死刑〉的理论》，成文堂 1996 年版。此外，与宗冈共著书的执笔者梅崎进哉也被认为站在基本相同的立场（宗冈嗣郎、梅崎进哉：《刑法学原论》，成文堂 1997 年版）。

〔52〕　以下论述，来自前注 51，宗冈：《法与实存》，特别是 24 页以下。

〔53〕　从否定相对论的意义来看，这个立场被认为属于不同于后现代法学流派的对机能主义的批判。

为价值本身存在的，总是在与'人类存在'的关系上'存在'。因此，从这个立场出发的'价值金字塔'，就不是实在价值说所设想的'作为其本身'的静态存在，而是从现实的'人类存在'的关联加以理解的动态存在。从'法价值论'的角度来看，我认为价值关系说最为妥当，当价值冲突成为法律问题时，从这个立场出发，冲突价值的衡量应该是按照'对人类存在而言的切实性'这个标准进行的吧。"

这个标准作为价值衡量的标准，实际上看起来很模糊，关于此内容，宗冈接着说，"当然，这个标准乍一看给人极抽象之感，因此，很容易想到会有这样的批判即是否能够'衡量'现实复杂而微妙的冲突。然而，我所说的'价值'，并不是与'事实'严格加以区分的二元论意义上的'价值'。通常'有价值之物'，更准确地表示为'由于人类存在而存在的欲求性事实'。因此，'对人类存在而言的切实性'这个标准绝对不是抽象的、观念的实际存在，而是以具体适用的现实场景为前提，总是在与具体'事实'关联的情况下，才具有作为衡量标准的有效性"。

"实存"主义刑法学，在法益论中也有值得关注的内容。即平野龙一提出法律伦理主义批判及基于自由主义价值判断的刑法解释论以来（关于此内容，详细参见本书第五章），将社会法益、国家法益还原为个人法益的思考方法，在部分结果无价值论论者中被有力地推进，但是宗冈对此提出批判（他称之为原子主义批判），承认"个体存在的性质"和"类存在的性质"，通过采取实存主义"个体即类"的思考方法，也承认社会法益的实在性。[54]

这个"实存"主义刑法学将平野范式作为批判对象，本书的方法论继受和发展了平野范式，因而也受到猛烈的批判。"实存"主义刑法学在其出发点上就批判了包含机能主义刑法学在内的传统刑法学未实质明确价值判断内容这一点。因为这个批判是前提问题，对"实存"主义刑法学而言也是核心观点，所以这个批判是否妥当是关乎两种方法论存立根基的重要问题。

在本书中，因为"刑法解释学"排除价值判断，所明确的解释是完全客观的。硬要说的话，是遵循法官的价值判断（及其民主代表国民间存在的规

---

〔54〕 前注 51，宗冈：《法与实存》，第 150 页以下，特别是第 108 页以下。此外，从与宗冈同样的思考出发，梅崎进哉发表了几篇论文，不将社会法益还原为个人法益，而是作为社会性存在进行理解［例如，梅崎：《个人保护与社会法益的构造》，《刑法杂志》35 卷 2 号（1996 年）等］。

-382-

范意识）的解释。在此意义上，本书的方法论在"刑法解释学"中具有客观
的价值标准，而作为"法政策"，因为采用价值相对主义，价值主观说是妥当
的，所以在这个部分"实存"主义刑法学提出的批判是妥当的（不过，在本
书中，"法政策"被认为只不过发挥次要作用而已——即使比在丹麦发挥的作
用更重要些）。

的确，本书并没有明示"法政策"中价值判断的实质内容。充其量只表
示出这样的内容，因为是在 valid law 范围内的法政策主张，所以如果不是在
判例范围内进行价值判断就没有实质意义，在考虑这一点的框架内进行价值
判断。但即便如此，只要是在判例的范围内，就会有相应的边界。在此意义
上，本书的"法政策"中价值情绪主义即价值主观主义有相当程度的限制，
并非完全的自由相对主义。没有可能推动判例、实务的价值判断，事实上被
从本书所说的价值判断中排除（不过，考虑立法论的话，价值判断基本可以
说是无限制的，但是这里是以传统意义上的法解释学作为问题，因此加以排
除）。

当然，本书的立场也有可能受到现状追随论、现状肯定论的批判。从法
官的思考推导出"法解释学"中的价值判断的主张也会受到批判，例如，在
判例极其国家主义化时就会变得无力。

但是，笔者认为这是必须交由政治解决的问题。正如东欧革命所揭示的，
现实社会是极其政治和权力的，并不是以抽象的法学理论进行活动，而且其
活动范围极为有限。

笔者认为，作为以现行法为对象的法学的任务，如果不能在现行法合理
的体系内对现行法（valid law）进行变革，就没有意义。至少，在刑法解释学
的范围内，且在现行法制度之下，判例的结论必须有一定的民主保障（在这
一点上，前田雅英的讨论是妥当的，与本书的立场也没有很大的不同）。

作为本书基础的罗斯的方法论，因此会受到将法律理解为权力的批判，
例如，同样基于法实证主义屈服于纳粹的经验，也有必要倾听对其危险性的
担忧。在此意义上，本书的方法论必须时刻保持谦虚，同时，因为明确了价
值判断的根基，在价值判断不正确时，也有能明确责任所在的优点。即根据
罗斯、瓦本方法论导出的法解释学结论不妥当，也就意味着作为 valid law 源
泉的法官思考不妥当（请注意，作为客观事实存在与其是正确的是不同的）。

正如后现代的法学理论早已一语道破的那样，事态并不是靠鼓吹巨大

"理想"的"大叙事"而发展。对于每天审判中反复出现的"小叙事",只能一边着眼于现实,一边建构法律解释论,时而主张虽小却提出具体"目标"的法律政策,以更好的法律制度为目标踏实努力。

原本,对于"实存"主义刑法学,最根本的疑问是,是否需要实质地明确价值判断的内容以及这到底是否有可能。

的确,生命、身体等可能存在某种程度的序列,具体而言无论是哪个法官根据案件作出的判断结果都基本一致。但是,这似乎与价值判断的客观性不同。

本书并不将法官的价值判断视为多个价值判断中的一个价值判断。因为它是有权的,现在几乎代表民主性契机,所以将其理解为 valid law。价值判断的方法,无论最终采用何种方法似乎都不得不加上自己的价值观(就连强调 valid law,也会加上本书的价值判断。本书也察觉到了这一点。不过,是追求这个框架内的客观性、科学性)。[55] 而且,在"实存"主义刑法学立志于客观说的背后隐含着(刑法学、犯罪论中)存在客观性、普遍性真理的思考。[56]

甚至是"实存"主义刑法学所示的"人作为人类的切实性",也以实存主义这一思想为前提。而且,在具体适用其标准时(即使和"事实"有关系),只能说是极其不明白的。这是因为,什么对人作为人类来说是切实的,根据判断者的不同很容易不同。即使与具体的事实关联,说这个价值才是最切实的,最终被认为只不过是一种价值判断。

关于"实存"主义刑法学追求普通性这一点,笔者个人感情上可以产生共鸣,但是不得不说现实世界中充满了价值的相对性。看到这种现实时,笔者放弃了普遍性标准,首先在明知法官的思想是法官的价值判断的基础上,对此如果有批判的话,就自觉将论者的政治责任作为法政策进行批判,笔者认为采取这种姿态才是最切实可行的道路。作为结论,笔者认为作为法解释

[55] 参考所:《刑事政策的基础理论》,大成1994年版,第12页以下,特别是第14页。

[56] 实际上,在他的著作中,"正确""错误"等词语引人注目。虽然这些词语最近的刑法学基本不用了,但是应该注意的是,这是采取旧实证主义(法规范中包含全部客观真实,学者发现客观真实这一意义上的实证主义)的木村龟二常用的表达(另外,关于此内容,参见座谈会:《关于所谓的机能主义》,ジュリスト增刊《理论法学的课题》,有斐阁1971年版,第218页,所一彦的《法解释的态度模式对照表》)。

学方法的价值相对主义依然有效（这当然是笔者现在的价值判断，不是客观真理，将来也不可能成为真理）。

第四节　机能主义刑法与后现代法学

一、以后现代法学为中心的机能主义批评的可取之处

以上，关于后现代法学或其他对机能主义批判的有力之处，有意识地与刑法解释论相关联进行探讨。作为结论，可以认为这些批判并没有完全破坏机能主义，基本上能维持机能主义的框架。

但同时，在后现代论提出的问题中，有很多以往机能主义的盲点或弱点，对此进行研究，在机能主义的内容中加以反映，对将来机能主义的发展而言是必要的。关于此内容，已在各处进行论述，在这里总结如下。

首先，对萨勒理论中的第一点，即"多中心法源论"，在基本接受的方向上可以进行探讨。"多中心法源论"指出，"随着现代社会法律机能的多样化，法律在法院以外的场所也能发挥现实机能，而且反而更多，从这一观点出发，承认一直以来忽略了法院的法创造的立场"，极富启示意义。问题是，作为讨论的框架，法院以外的场所创造的有权判断是否能作为法解释学的对象，对于这个理念性问题也可以积极地进行思考。[57]

–387–

萨勒的第二个理论是"学者的特殊作用"论，即使承认学者与实务家不同，有独特作用，但是如果要全面推出学者独特的方法论，并将其作为学者的任务，是不可接受的。因为萨勒根据"事态的性质"论将法解释学作为学者的主要任务，所以这与本书的基本观点不一致。

其次是关于解释法社会学。即使能够在作为其大前提的"对于客观性的怀疑""相对主义"方面，某种程度上理解解释法社会学，但作为实定法解释论（这里是刑法解释论）的方法，却是相当勉强的。相反，一直以来，被认为从解释法社会学相同方向进行讨论的常人方法学，从记述法官之间相互理解的方法这一点来看，被认为有助于机能主义法学。

---

〔57〕　此外，以往也不将"判例"的概念限于法官的理解（泽木敬郎、荒木伸怡：《入门法学原理》，北树 1988 年版，第 133 页，"判例这个词语，有时也被广泛地使用，包括行政审判决例和行政先例"），可以充分预想到，重视事实认定的方法论会进一步朝着这个方向发展。

再次，平井的"论证"理论，如果直接将其原样作为刑法解释学研究方法而采用的话，有可能很容易回归前现代，在此意义上需要加以注意。[58]还有，平井提倡的判例研究方法，从有助于发现 valid law 的意义来说，应用起来比较困难。[59]另外，关于作为法学教育方法的"论证"理论，本书现阶段无法予以回答，有一点值得指出的是，在丹麦，正是基于经验主义、机能主义法学进行法学教育。

最后是宗冈的"实存"主义刑法学，因为这个理论对始于平野龙一的机能主义刑法学进行了原理性的批判，所以不得不说基本上与本书的立场不相容。宗冈在其著作中论述道，"从判例、通说的框架完全分离，从我们自己学到的基础知识自由地考察"，另外，"某种见解是通说，或者被最高法院采用，对我们来说无关紧要"，[60]这是一种与本书方法论截然相反的研究态度，本书的方法论时刻意识到与现实的关系。

二、瓦本的后现代性

讨论后现代法学之际，对以下两者进行对比：与之后批判法学相关联的美国现实主义法学，从怀疑裁判中存在确定规则的同时也肯定判决预测可能性的卢威林等稳健立场发展到对事实本身也怀疑的弗兰克等极端怀疑主义立场，最终产生了后现代法学，而日本机能主义法学对法解释学的客观性持怀疑态度，最终承认了主观性的政治价值判断存在于以往被认为是客观的法解释学之中，在这一点上孕育了后现代论的萌芽。

实际上，这在丹麦罗斯的理论中也是妥当的观点。罗斯的方法以自然科学为理想，被构思为完全现代的方法论。而且，瓦本刑法解释论应用了该方法也被认为是完全现代的法解释论。但是，仔细看瓦本展开的刑法解释论，就会发现其中包含很多与现代思考不相容的观点。将罗斯的方法论作为现实的法解释论加以适用时，有必要后现代地进行修正，在这一点上，瓦本应用罗斯的理论时已不得不展开以后现代性为内在的法解释论。即正如美国现实主义法学在卢埃林阶段，日本机能主义法学在来栖阶段，都包含了通向后现

-388-
-389-
-390-

---

[58] 参见前注 49，宫泽节生的观点。

[59] 参见第六章注 26。

[60] 前注 51，宗冈、梅崎：《刑法学原论》（1997 年），前言（宗冈执笔部分）。

代的萌芽一样，瓦本的刑法解释论在应用罗斯理论的阶段已经导入了后现代思考（恐怕是无意识的）。

瓦本的法解释方法，已经在本书第六章第一节"一""（二）"中详细讨论，其具有现代的特征，而且已在一定范围内放弃了理想的一般化、抽象化。"故意概念的内容，是只能接近准确完整记述的存在"，[61]"德国刑法学者，为了覆盖裁判实务中的所有案例，将责任的判断标准总结为极短的定义，往往走过头了"[62]等，从瓦本的这些表达就能够明白。

而且，瓦本将故意作为研究对象时，放弃了通过明确抽象的故意概念解决所有故意问题这个"大叙事"，而是通过逐一讨论每个犯罪类型中的故意集聚这些"小叙事"，作为其集合，作为事实性结果（而非逻辑的归结），企图描绘出故意的全貌。日本关于故意概念的研究以总论的讨论为中心，与此不同，瓦本采取的方法是通过判例逐一研究几乎所有犯罪类型中的故意，这种研究态度被认为表现出了对通过犯罪论的系统性讨论就可以解决所有问题的"神话"的不信任（不过，志向于"客观的""全貌"，以"预测"将来的判决为目标，在这一点上很明显遵循了现代的方法）。进一步，瓦本在提出可能影响判决的各种条件这一点上，也放弃了一般化、抽象化。

瓦本的"后现代性"是在彻底运用现代理论（罗斯的理论）的同时自然产生的，这一点非常耐人寻味。

－391－

这样的法解释论方法受到了日本传统刑法学的批评：解释论不是系统的，是粗糙的，过于暧昧。或者，也许有人会批判说，这是一种和平野的机能性考察出现时一样，招致刑罚权恣意运用的危险想法。有观点认为，刑法解释学必须严格进行，每个学者必须计算机式地展开解释论。

然而，无论个别学者如何进行计算机式解释，只要其不能被判例接受，现实中罪刑法定主义的保障就无法实现。而且，现实的裁判是法官参考以往判例或法官同仁之间存在的思考框架等内容的同时根据案件进行具体组合的产物，绝非计算机式的结果（在法官自动售货机说是幻想已众所周知的现在，这是共识）。既然现实中如此进行裁判，无法完美地预测判例，那么现实中的罪刑

---

〔61〕　Knud Waaben, Det Kriminelle forsæat, 1957, Copenhagen, s. 345.

〔62〕　前注 61, Knud Waaben, Det Kriminelle forsæt, 1957, Copenhagen, s. 345.

法定主义就只能限定地存在于预测可能性的框架内。[63]既然如此，就应该考
-392-　虑进行提高预测可能性的讨论（即使这会留下某种程度的歧义）。

三、前田雅英的后现代性

前田雅英是最明确继受平野龙一刑法学中机能主义内容的学者，但是也
在各个部分展开了超平野的理论。将重点置于事实认识的解释论就是其中之
一，与此相关，他最近表明了"后现代刑法学"的志向。[64]

在前田所说的"后现代刑法学"中，有例如参照德国或法国相关讨论的
法院机能的变化和承认裁判造法等若干内容，但最重要的一点是对价值相对
主义稍稍提出疑问。

根据笔者的理解，后现代法学基本上是从相对主义或怀疑主义出发，对
价值相对主义有疑问，是否应该称为对"后现代刑法学"有疑问，[65]这里暂
且从这个问题开始讨论。

前田对价值相对主义的疑问不是那么强烈，而只是带着问号，[66]但是这
被认为具有相当重要的意义。原本，一直以来，刑法领域基本不讨论价值
论。[67]平野龙一也仅仅是论述道应根据"存在的规范"进行解释而已，[68]并
没有对价值论进行明确的论述。[69]与此形成鲜明对照的情况是，在民法领域
中，星野英一主张价值客观说，引发了很多议论。但是，一般来说，价值相
对主义在刑法领域中几乎是默契事项。[70]前田对这个默契事项提出了一定的
疑问。

---

[63]　此外，实际的案件远比学者预想的要复杂，也有非常多预测不到的案件。如果重视刑法法
定主义，与其进行模糊的刑罚法规解释论，倒不如提出立法政策更为现实。

[64]　例如，参见前注9，前田、藤森的一系列讨论。

[65]　从对以往近代性思考（现代性思考）的疑问这个意义来说，也许可以称之为后现代。但是，
如果这样理解，前述的平井宜雄，宗冈嗣郎、梅崎进哉的讨论也应该理解为后现代。

[66]　前注9，前田、藤森，第11页中提到"价值相对主义的转折点？"另外，在对话中，前田也
反复强调并非价值相对主义全部都是不好的。

[67]　已提到的宗冈《法与实存》，第24页以下，从正面讨论日本刑法领域中的价值论。

[68]　也参考了平野：《法学理论的作用》，碧海纯一：《现代法学的方法·岩波讲座现代法第15
卷》，岩波书店1966年版，第74页，第五章第二节"四"。

[69]　但是，从以"存在的规范"为志向这一点来看，至少不能说是完全意义上的相对主义。

[70]　前注9，前田、藤森，第11页，"一战后的法学框架是价值相对主义吧"（前田的发言）。

这与前田理论重视判例结论这一点关联。判例的判断以与国民的规范意识一致为根基，并非仅将判例的判断理解为事实认识，也可作为价值判断标准的倾向（这一点，在第五章也进行了详细的论述，是前田说的特征，与明确提出自我价值判断的平野大相径庭）。 –393–

这一见解，如果更进一步，也可能发展为一种价值客观主义。即通过遵循法官的价值判断能够进行正当的价值判断这一意义上的价值客观主义（如果是现在看他的表述，极端地向此方向发展的可能性似乎很低）。

另外，如上所述，将前田的机能主义定位为事实认识——valid law 重视型机能主义，并发现其重大意义，但本书的立场在重视事实认识的同时，也设立法政策这个范畴，在这一点上需要注意两者的不同之处。

前田雅英所说的"后现代刑法学"，在其本人未指出之处也有所表现，相反这更具有本来意义上的后现代主义内容。例如，因果关系中狭义的相当性的判断标准，不真正不作为犯中作为义务发生根据论中独特的解释论。

首先是因果关系中狭义的相当性的问题。关于因果关系的相当性，前田仿照恩吉施，区分所谓广义的相当性和狭义的相当性，其中狭义的相当性判断如下所示："在介入第三人或被害人行为发生结果的场合，是否能将结果归属于行为人的实行行为，应该综合以下三点进行判断。即（1）实行行为发生结果的概率大小（广义的相当性）；（2）介入因素的异常性大小；（3）介入因素对结果的作用大小。像通常认为的那样，不能只凭'介入因素在行为时 –394– 是否有预测可能性'进行判断。"[71]

这"三点判断标准"，实际上没有可以被称为本来意义上的"判断标准"的内容。所谓"判断标准"，一般是指可以用一个公式概括所有的情况，如果符合这个公式就能导出初步结论，但是这里提出的"三个标准"是进行相当性判断的要点。在此意义上，这"三个标准"与其说是"标准"，倒不如说是表示思考步骤的"要点"，并非所谓的计算机式解释论，而是以一定程度上融入使用者的评价为前提。根据这种解释论，可以解决以往解释论搁浅的问题，有可能根据案件进行灵活而实质的解释。

但是，如果从传统刑法学的观点来看，提出这些要点的解释论应该是存

---

〔71〕　前田：《刑法总论讲义》（第 3 版），东京大学出版会 1998 年版，第 183、184 页（大家注意"综合"的表达。另外，包含"大小"这一实质性判断也很重要）。

在相当大的问题。原本，作为法学的基础，要想产生一定的法律效果，案件事实必须符合所有的法律要件。而且，所谓法律要件，如字面所示是必要条件，毫不含糊。在要件方面，问题只在于是否符合，即使是缺少一个要件也无法产生效果（刑法的场合就是无罪），这是一直以来所有法学的出发点。但是，这里所示的"三个标准"并不是必要条件，不能以满足哪个好，不满足哪个好这样的形式确定所记述的种类物。这正是判断要点，在判断中留下模棱两可之处。这与传统的刑法严格解释这一原则相矛盾，因而受到批判。

此外，作为不作为犯作为义务的实质内容，前田论述道，"具体地说，①必须处于能够控制已发生危险的地位（做出诸如承担危险的行为时），此外，②行为人是否对结果发生的危险带来了重大的原因（例如，先前行为的内容等），③防止该结果发生的必要作为有多容易，④是否存在其他可以防止结果的可能，基于这种法益关系的情况，必须按照各犯罪类型确定作为义务的界限，⑤基于法令或契约等，也不得不考虑行为人与被害人的关系，⑥进一步，存在其他相关者时，也不得不加上'应该归责于谁'的判断"。[72] 这里提出的"作为义务的实质内容"，并不是所有不真正不作为犯共通的，视情况会有所不同，是判断有无作为义务的判断要点。各类型的内容不明确之处，比因果关系中狭义的相当性的讨论更模糊。

这种"提示判断要点的刑法解释学"，如前所述，从传统刑法学严格解释的原则来看被否定是当然的，但同时在传统的机能主义中也应该是被否定的。因为，从以机能主义为前提的现代思想即现代看待自然科学方法的观点来看，提示要点作为一般化、抽象化是不够的，实际适用时会得出怎样的结论，变得相当不明确，同时很难验证、证实标准是否正确。[73]

如此看来，这个"提示判断要点的刑法解释学"已超越现代的框架，可以说是极为后现代的观点。这种解释论在一定限度上可以理解为和田仁孝所说的"观察对象无非由观察者有意识地、无意识地构成的思考框架或对象认

－395－

---

〔72〕 前注71，前田，第138页。这里提到的"必须根据各犯罪类型确定作为义务的界限"，与瓦本在研究丹麦法中的故意概念时，认真研究各犯罪类型中的故意概念也是共通的。这种将各论中的具体讨论还原为总论的方法，应该说是有助于建构具体解决现实问题的犯罪论的观点。

〔73〕 另外，在机能主义的场合，即使在已使用所谓"要件"的解释框架中，也不能单纯地将法解释理解为形式，而是以实质性判断进入其中为前提，因此具体的解释是有幅度的，但提示"要点"的法解释论可以说将此大幅地扩大了。这与前田将自己的犯罪论称为"实质的犯罪论"也是一致的。

识框架本身所构成的"，[74]"根据解释的多样性和开放性，出现的世界实际上无非被细微的流动性和混沌渲染之物"。[75]

因此，这个"提示判断要点的刑法解释学"，可能会被认为极其暧昧、无法捉摸，但是如果加以控制地使用的话，比以往的刑法解释学更有助于控制解释者，所以有必要积极地对此加以使用。

以往的刑法解释学，为了避免恣意的适用，在形式上严格规定定义或要件，以此束缚法解释者（具体而言是法官）。但是，这样形式上规定的定义或要件是否有能力完全排除解释者恣意呢？例如，关于相当因果关系中狭义的相当性（姑且不谈最近的讨论），过去相当因果关系说中的客观说也好主观说也好，作为形式上的规范都提出了"一般来说，在相当范围内就会有因果关系"这样的标准。这个标准确实在有问题的案件是否符合这个标准方面，黑白分明，形式严密，但实际上其内容未必明确（因此，引发了被称为"相当因果关系危机"的讨论）。关于作为义务的发生根据也是如此。关于这个问题，以往的通说采取形式三分说：①法令，②契约、事务管理，③习俗、道理。正如形式三分说的名称所示，这个标准在形式上是否符合这三个要件的哪一个这一点确实很明确，但实际上，①②暂且不论，③的内容不明确（因此，发生了排除习俗、道理，将作为义务与法益或案件关联予以明确化的议论）。也就是说，形式上的定义、要件在符合要求的形式方面很明确，但在实际适用阶段，视解释者如何适用得出的结论相差甚远。

在这一点上，"提示判断要点的刑法解释学"确实只提供模糊的标准。但是，由于这里提出的标准，并非符合或不符合这样形式上的标准，因此在适用阶段允许解释者的实质判断，实际上比上述形式上的定义、要件能更好地控制解释者。特别是在形式框架内部，将其作为说明其内容的实质性判断标准予以提供的情况下，应该是非常有效控制解释者的控制手段。通说提到的"一般来说，在相当范围内就会有因果关系"或者"①法令，②契约、事务管理，③习俗、道理"，在可利用的范围内利用该形式的基础上，在适用方面，如果考虑上述"判断要点"进行指示的话，比单纯设置形式标准进行提示，内容应该会更明确。如果固执于形式框架，就会产生瓦本所说的德国刑法学

－396－

－397－

---

〔74〕　前注 4，和田，第 142 页。

〔75〕　前注 4，和田，第 143 页。

过于努力抽象化"走过头"相同的弊端。如果过于追求形式，过于推进一般化、抽象化，反而会陷入控制不能（因此，贝林流派的无价值的构成要件或定型说，更广泛被称为形式犯罪论的理论等，其理想在于防止刑罚权的肆意发动，实际上能否充分发挥其机能是有疑问的）。

倒不如说，这个法律逻辑或形式的标准在现实中实现的并不是束缚解释者恣意运用的机能，而是作为法律同仁交流工具的机能。[76]在此意义可以说，针对列举判断要点的前田说之所以会受到"应该明确理论意义"的批判，[77]也是因为前田说虽然在提供实质标准的意义上是非常有效的，[78]但同时这个标准没有按照以往的法律逻辑予以形式地表达，是导致与其他法学家不能进行充分沟通的原因。

如此，"提示判断要点的刑法解释学"，对于不能放弃后现代抽象化、一般化的机能主义刑法学而言，是保留抽象化、一般化框架的同时，进一步记述现代思想无法通用的局部或细微领域的一种有力手段，需要充分注意其应用领域。实际上，如果在所有的解释论中只使用这种"要点"进行讨论，刑法解释学整体可能会"被混沌所渲染"。维持一般化、抽象化这一机能主义的前提，也考虑作为法律交流手段的法律逻辑、形式逻辑，同时在预测、控制有困难之处采用后现代的观点尽可能实质地予以明确，这是目前最现实、最有意义的方法。

〔76〕 关于此内容，参见前注 7，村上：《"法"的历史》，第 92、93 页。此外，也参见第六章注 47、注 112。

〔77〕 山口厚的《问题探求刑法总论》（有斐阁 1998 年版）第 25 页，也这样批判狭义的相当性判断中的前田说。

〔78〕 进行这种批判的山口厚也论述道，"在判断因果关系时，这些内容在现实中被认为是有意义的，从此意义来说这些内容都很重要"（前注 77，山口，第 2 页）。

结　语

本书考察了丹麦刑法学中的现实主义、机能主义，立足于日本机能主义刑法学成果的同时，尝试提出现在日本机能主义法学的一个方法范式。要点如下：

第一，仿照法哲学家阿尔夫·罗斯，将事实认识与价值判断混合的法解释学分为与事实认识相关的法解释学、与价值判断相关的法政策，在此基础上，着眼于创造实际妥当法（为主）的法院，通过分析法官的思考建构法解释学是刑法学者的主要任务。

第二，在法解释学中，仿照刑法学家克努德·瓦本，不仅是实体刑法学的逻辑，还要考虑通过法官思考影响判决的各要素，典型的是证明问题、刑罚效果问题等，重视将这些内容纳入概念和理论中，此时不必在概念的过度抽象化上费尽心思，在具体建构实质性理论方面不要踌躇，这一点很重要。此外，理解法官的思考时，应以经验科学的方法为主，但同时也不排除后现代的调查方法，甚至可以考虑积极引入。

第三，因为法政策原则上全面涉及价值判断的问题，所以作为刑法学者的活动是二元的，刑法学者在进行这一活动时，应重视刑法对现实社会的实际效果，在测定其效果的同时，在承认其政策判断遵循自身价值判断的同时，展开判例和立法中经常被考虑的现实可能性的讨论。 –401–

关于这个方法论有效到何种程度，只能期待以后的研究及读者们的讨论、批判。大约三十年前，平野龙一在《刑法总论Ⅰ》中提到"追求刑法在现代社会中具有的实质的、机能的作用"[1]这样机能性的观点，尽管传统刑法学投来怀疑的目光，但同时该观点也在继续发展，近几年学界尤为深化和关注，这是毋庸置疑的事实。

可以说，这与当今刑法学界中坚力量在这一问题上（以及立足于此的刑

---

[1]　平野龙一：《刑法总论Ⅰ》，有斐阁1972年版，序言。

法解释学的具体性展开）对自己研究成果的总结有很大关系。例如，山口厚在《问题探求刑法总论》中论述到"刑法解释论的体系理解是不可欠缺的，但这里所说的'体系'不仅仅是一种形式上为一些不明确的观点所得出的结论提供一个容身之所，其本身应该自觉地内在化为具有解决问题能力的实质判断"，[2]平野所示的观点，在日本刑法解释学中逐渐结果。此外，林干人在《刑法总论》中采取结果无价值论的同时，论述道"应该认为，违法行为、行为无价值论是指，衡量欲保护法益的价值、数量、危险度与其他欲保全利益的价值、数量、危险度，具有不被允许的危险……不得不承认在此限度内作为不法内容的行为无价值论"，[3]可以说认为理论上彻底贯彻结果无价值论（或者行为无价值论）一切都能顺利的时代正在终结。此外，堀内捷三在《刑法总论》[4]中提到的犯罪论等，受德国刑法学影响而展开的责任与预防相关的讨论进一步加深，讨论了与日本独特讨论的结果无价值论、行为无价值论的关系，还展开了反映犯罪预防效果的犯罪论，也明确地表明日本刑法正朝着消除过剩的体系、形而上学性质的方向发展。

不过，针对追求刑法实质性、机能性作用的立场，同时也仍然存在来自传统刑法学立场的批判，例如大谷实确认自己的立场论述道，"应该以刑罚法规中预告的行为框架作为犯罪论体系的出发点，这个形式的犯罪论的思考方法丝毫不能动摇。反而是，针对应优先法官的、国家的处罚要求的实质性犯罪论，从人权尊重主义的观点来看能感受到一些担忧，因而更加不应动摇形式的犯罪论"[5]等。此外，对于本书这样引入后现代法学的观点，同样从追求刑法实质性、机能性作用的立场出发，"近年，刑法中的后现代思考方法也很显著，为了对抗市民生活的威胁，也能窥见轻易容忍行使刑罚权的倾向"，也主张"再确认法益论的意义，赋予法益论阻止这种倾向的机能"[6]。因此，事情没有那么简单，刑法学大的发展方向是一致的，但细微方面却各不相同。

然而，在这样的现状中，我认为将来机能主义刑法学最重要的是，在丹

---

〔2〕 山口厚：《问题探求刑法总论》，有斐阁1998年版，序言。

〔3〕 林干人：《刑法总论》，东京大学出版会2000年版，第36页。

〔4〕 堀内捷三：《刑法总论》，有斐阁2000年版。

〔5〕 大谷实：《新版刑法讲义总论》，成文堂2000年版，新版序言。

〔6〕 前注4，堀内，序言。

麦机能主义刑法学以压倒性力量支配着丹麦刑事实务是事实，因此，日本的刑法学也能认识到，在积累德国刑法学知识的前提下，通过以此为参考的新机能主义方法论，应该能够抓住进一步发展的契机。

未弘严太郎道破"横纵颠倒的时代终结了"已过半个多世纪，现在外国法的比较研究也不再是将外国解释学说照搬至日本解释论，而是将外国优越的方法论脱胎换骨、解析本国固有的法律现象，在日本展开对现实有作用的解释论的时期似乎已经临近。展望现代社会，构思新机能主义刑法学是个棘手的大课题，但之所以仍然致力于这样的研究，是因为笔者认为作为这种思考的一环是有意义的。

另外，本书的讨论目前仅停留在方法论的构思，日本刑法学中 valid law 的体系化是后续的研究课题。当然，本书在理论层面上仍有很多不足。但是，无论如何，很庆幸自己能走到这一步。剩下的很多课题，留待今后进一步研究。

-404-

附　录
再论机能的刑法解释方法论 *
[日] 松泽伸　著　吕小红　译

一、前言

本文尝试以机能主义的基本立场，分析现阶段日本刑法学解释方法论。关于笔者所思考的机能主义刑法解释论和刑法解释学方法，在已公开的书籍[1]和论文[2]中已进行详细论述，本次又给了重新思考该问题的机会，再次对此进行讨论。[3]首先需要说明的，本文所讨论的问题不是作为技术的刑法解释（Auslegung）方法论，而是作为理论的刑法解释学（Dogmatik）方法论。

拙著《机能主义刑法学理论》出版已数年，此后日本的社会和刑法学都发生了很大变化。该书源于笔者的博士论文，在博士论文执笔的 20 世纪 90 年代后半期，刑事立法还不太活跃，在修改汇集成书的阶段，刑事立法已逐渐表现出活性化的趋势，现在俨然进入"立法的时代"。此外，只以陪审制为模型展开讨论，当时还不确定是否会被现实地导入裁判员制度，几年之后实施了，[4]市民坐上审判席的时代也将到来。在这样的活动中，法律研究者最有切身体会的无疑是法科大学院的开设。几乎每天都听到"实务和理论的桥梁"这样的话，学者也不得不日日思考此问题。在作为本文写作契机的"魅力大学院项目"中，如何思考作为理论的法律学及如何培养下一代学者可以

---

* 原文载于《早稻田法学》2007 年 82 卷 3 号，第 131~166 页。译文载于《法律方法》2019 年 28 卷第 3 期，第 81~99 页。特别说明，格式、个别词汇的翻译与之前发表的译文稍有不同。

[1] 松泽伸：《机能主义刑法学理论》，信山社 2001 年版。

[2] 松泽伸：《关于机能的刑法解释论的方法之考察》，《刑法杂志》43 卷 3 号，第 359 页。

[3] 在 2007 年 2 月 3 日由早稻田大学大学院法学研究科魅力大学院项目主办的第四次法理论研究会上，笔者做了主题报告《刑法的解释方法论——以机能主义家法学为立场》，本文是在此报告的基础上修改完成的。

[4] 2009 年 5 月 21 日，日本正式实施裁判员制度。（译者注）

说是最大要点。刑法解释方法论的方法与这些活动并非毫无关系。特别是，从机能主义立场出发的话，机能主义重视法和裁判的社会现实机能，社会的变化与机能主义之间必然有着非常密切的关联性。

另外，纯粹地从理论的侧面来看，也有应该研究的课题。2004 年将机能主义导入日本刑法学的平野龙一先生仙逝。此时学界展开对平野刑法学的整体评价，但其中还是存在一些疏漏，本文尝试对此进行补充。此外，对笔者所提倡的机能主义刑法学一直以来存在一些质疑的观点，刑法解释方法论相关的重要研究也已经登场。本文希望通过探讨这些理论课题，能够以此为契机引发新的一轮讨论。

本文由以下几个部分构成。首先，考察日本刑法学的发展并加以分析。考虑到本文读者可能不限于刑法学者，本文会重复已在其他著作中已阐明的部分内容。本部分的重点是分析从平野的主张中学习到的内容。其次，基于目前对笔者主张的机能主义刑法解释方法论的批判和分析，展开第三部分的讨论。最后，以笔者所主张的理论和实务间的桥梁，在第四、五部分对日本刑法学研究的发展方向进行若干的展望。

二、日本刑法解释学方法论的发展和分析

（一）传统刑法学、机能主义刑法学、法解释争论

1. 传统刑法学

首先从日本二战后刑法学的起点开始讨论。日本刑法学对二战前、战中时期发动刑罚权的早期化、有广泛处罚可能的主观主义犯罪论进行反思，客观主义犯罪论变得有力。这样反思随后也面向负责实现刑法的法官，即不能让法官恣意判断，必须对法官进行拘束。因此，基于此立场的刑法解释学方法论必须由实现"如何拘束法官的思考"这样的视点或目的所构成。

对于此要求，当时的刑法学者思考的方法是"构筑细腻的理论体系"。二战后日本刑法学，在日本制定刑法典时已被参考，其从二战前、战中开始被作为模型的德国刑法学中，学习体系性思考，掌握了一定的理论体系致密化的经验技术。要求强化体系性思考、进行致密的理论构成被认为是日本二战后刑事司法发展所希望的。

团藤重光是这样思考的代表。团藤认为，"为了防止随意发动刑罚权这样的国家权力，必须控制所有的恣意。罪刑法定主义是此要求的立法表现，但

要求绝对正确的理论构成与此完全相反"。[5]这是二战后刑法学方法论的出发点，即使是现在——无论是有意识还是无意识——仍是大部分研究者采用的方法论。[6]基于这种方法论的立场，本文称为传统刑法学。

立足于传统刑法学的场合存在容易被忽略的内容。传统刑法学主张为了控制恣意，要拘束法官，此处的"拘束"是在某方面必须加以拘束的意思。这成为刑法学者所思考的"理论体系"。刑法学者作为进行拘束的一方，基于何种理由让法官必须受这个理论体系拘束呢？

一种思路认为，刑法学者在理论上构成的理论体系之所以正确，是因为这是对条文的规范意思进行客观认识的结果。木村龟二是该观点的代表。木村将刑法解释学定位为"以通过解释现行刑法规范的意思，进行体系性认识为任务的学问"，[7]"刑法的规范意思不是立法者事实的、历史的意思、不是解释者主观的意思，而必须是条文在成文时被设定的客观的意思"。[8]如果是这样的立场，因为规范意思的认识是客观的，应该就没有正确或错误这样判断的可能。但是，这样的认识是不是真正客观的仍存在强烈的疑问。这不限于刑法学，传统的法律学方法论，一直以来都认为这样的认识是客观的，来栖三郎最早引发的法解释争论即与此相关。[9]

还有一个思路是，以自己的思想和哲学背景为基础构成刑法体系的立场。这个立场，虽然承认刑法解释的主观性，但主张解释的妥当性（在后文可见，机能主义刑法学很多内容也承认法解释的主观性，其主张在特定的解释场合，在社会效果最大的基础之上解释的妥当性，这与以思想和哲学为背景或者理论的一贯性作为解释妥当性基础的立场大不相同）。野村稔的思考方法大致如此。野村认为"刑法学，特别是刑法解释学，……是以体系性认识刑罚法规

---

〔5〕 团藤重光：《刑法纲要总论》，创文社1957年初版，前言。

〔6〕 最近，高山佳奈子论述道，"犯罪论体系，是防止恣意的判断，确保法之下的平等同时实现正义的理论构想"。高山佳奈子：《刑法解释的技巧①总论》，《法学教室》274号，第10页。

〔7〕 木村龟二：《刑法总论》，有斐阁1959年版，第13页。

〔8〕 木村龟二：《刑法总论》，有斐阁1959年版，第19页。还可参见木村龟二：《刑法的基本问题》，有斐阁1979年版，第43页以下。

〔9〕 关于法律学的科学性，木村认为："科学是与广泛对象相关的认识体系，在这个意义上，法解释学也是科学，属于精神科学、社会科学、文化科学的内容。"木村龟二：《刑法总论》，有斐阁1959年版，第13页。

（特别是刑法典的规定）为目的"，[10]在这一点上，能看到与木村相似的思考方法，同时，野村还提到"希望将自己反映在刑法这面镜子里使自身客观化"。[11]此时可以说刑罚规范的体系性认识反映了解释者"自己"，在这个意义上刑法解释成为主观的事物。[12]

在传统刑法学中，很早就有"团藤刑法学""西原刑法学"这样以个人名字冠名的表达。虽然在其他法领域也能见到这样的表达，但在刑法学中格外多见。这是刑法学者无意识地承认解释包含主观性的表现。不过，很少会有刑法学者明确表示刑法解释包含主观性（这也与参与法解释争论的刑法学者很少有关系）。

无论是基于两个立场中的哪一个，可以肯定的是，传统刑法学所进行的"规范的认识"并没有自然科学意义上的客观性。[13]

2. 机能主义刑法

机能主义刑法学对传统刑法学的方法进行批判。[14]这一主张最初由平野龙一提出。[15]平野认为，传统刑法学关于刑法机能的讨论，"在很多情况，只是一个一个的机能，因此一般认为不能成为立法或解释，尤其是解释的指导原

---

〔10〕　野村稔：《刑法总论》（辅修版），成文堂 1998 年版，第 5 页。

〔11〕　野村稔：《刑法总论》（辅修版），成文堂 1998 年版，前言。

〔12〕　团藤的"主体性理论"，根本上也是团藤个人哲学的产物。团藤认为："我的主体性理论，无论在理论上大家怎样批判，也没有动摇到根基。该理论与其说是我的信念，不如说是我自身。因为精神就是身体的一部分，构成了我本身，无论如何也不会动摇。"（团藤重光：《吾辈心之旅程》，有斐阁 1986 年，第 36 页）但是，基于这样个人主观的信念构筑的刑法理论，能否以此来约束法官是存在问题的。

〔13〕　木村也认为："如果科学被理解为，通过自然科学的观察、归纳和实验，对支配经验事实的法则进行客观认识的学问，法解释学、刑法解释学都不能被称为科学。"木村龟二：《刑法总论》，有斐阁 1959 年版，第 13 页。

〔14〕　此外，最近也有观点将德国刑法中发端的机能主义的立场称为"机能主义刑法学"。以山中敬一的"规范体系的机能主义"为代表（后文将对此进行检讨）。原本平野本人并不愿意用"机能主义"这一词语（参见平野龙一：《刑法的机能的考察·刑事法研究第一卷》，有斐阁 1984 年，第 5 页），作为用语的方法，这个也许是正确的。但是，因为在日本平野的主张长期被称为"机能主义"，在表达上也简略为"机能主义"，本文暂时使用机能主义这一词。

〔15〕　关于平野对刑法机能的分析，参见松泽伸：《机能主义刑法学理论》，信山社 2001 年版，第 228 页以下。

理"，〔16〕平野从完全不同的观点考察刑法机能，将之作为刑法解释的指针。换言之，平野认为，"不是单纯观念性机能，通过经验事实被验证的现实性机能"〔17〕才是刑法机能，可以假定为"法益保护机能"和"自由保证机能"。

为什么平野会重视这两个机能呢？通过"可视性"这一关键词能够进行说明。一直以来，传统刑法学都被认为具有以可见的形式表示观念性刑法机能，通过刑法实现社会统制的目的。

首先是"法益保护机能"，通过保护法益的可视化，具体表示刑法保护的利益，能展开可有效保护这些利益的解释论。那什么是最可视的保护法益呢？答案是个人法益。社会法益和国家法益的内容模糊不清，而生命身体这样的个人法益内容非常明确。如果对保护法益进行可视化，以此为中心组建的犯罪论是有效的（进言之，若认为社会法益或国家法益也能被还原为个人法益加以讨论，这些法益的可视性就会提高）。

其次是"自由保障机能"，在此，对要求自由保障机能的罪刑法定主义进行可视的重新理解。在过去的罪刑法定主义中，以禁止类推解释而允许扩张解释的方式形式地表示其内容，但罪刑法定主义的标准并不是类推或扩张这样的形式标准，是否有预测可能性即看到刑罚法规的人对禁止自己的行为是否有预测可能性才能被设定为标准。若这样重新理解罪刑法定主义，能避免继续类推和扩张这样的形式理论的讨论，能给出是否有国民预测可能性这样可检验的、可视的标准理解罪刑法定主义。通过仅处罚刑法实质上而非形式上所禁止的行为，可以实现刑法社会机能的最大化。

根据对平野刑法机能主义的考察，可知其拒绝刑法学的形而上学化，以英美刑法学中经验主义思考为背景。

前文已述，传统刑法学关心的是"法官的拘束"。机能主义刑法学主要关心的又是什么呢？应该是"法官行动的预测"。这归结于机能主义重视法和裁判的现实机能。关于此，平野说道："第一，法律学必须明确什么是判例。"〔18〕

按照这样的认识，若将法律学的任务限定在判决的预测，刑法学"可以

---

〔16〕 所一彦：《何为刑法机能的考察》，《第二期法学教室 1 号》1973 年，第 120 页。此外，规制的机能，法益保护机能、保障机能是传统刑法学考虑的刑法机能。

〔17〕 所一彦：《何为刑法机能的考察》，《第二期法学教室 1 号》1973 年，第 120 页。

〔18〕 平野龙一：《法学理论的作用》，碧海纯一编：《现代法学的方法·岩波讲座现代法第 15 卷》，岩波书店 1966 年版，第 71 页。

说是一门科学"[19]。但是，平野本人认为："法律学的内容与这个无关。其包含着变更、维持判例或者产生新判决的实践努力，是想要推动、说服法官变更、维持、制作判例的努力。"[20]这是平野的也是日本机能主义刑法学的特色所在。

根据平野的主张，说服法官的方法大致可以分成两种。第一，"预测这样的解释能够产生何种效果，并使之明确化"。[21]即，预测确定法的效果、给出社会效果最大化的解释。这参照了各种经验科学的成果。由于根据各种经验科学进行的事实认识是客观的，既然是基于客观事实进行说服，刑法学在此范围内就具有客观性。

第二，明确"存在的规范"。所谓存在的规范，是"国民多数所持的价值观或者国民中指导性的价值规则"[22]。平野认为，此处虽有加入裁判者价值判断的危险，但这与根据自己的价值判断有很大不同。

传统刑法学关心"如何限制、拘束法官的恣意"，为了进行拘束采用发展精密体系的方法论，而机能主义刑法学考虑如何说服法官，在刑法解释的理论构成上也采取与传统刑法学不同的方法论。即，传统刑法学采用体系性思考，而机能主义刑法学采用问题性思考[23]。由于说服法官不是抽象的理论，需要能够解决具体问题的解释，因此采取问题性思考是必要的。

平野刑法学被认为是现在日本所有机能主义的出发点。但是，机能主义之间实际上有很多细微的差别。根据平野所说内容，机能主义可以大致分为以下两种类型，将重点置于"预测"的事实认定重视型，将重点置于"说服"的政策建议重视型，不同的学者选择的具体立足点可能会稍有不同。

---

〔19〕 平野龙一：《法学理论的作用》，碧海纯一编：《现代法学的方法·岩波讲座现代法第15卷》，岩波书店1966年版，第72页。

〔20〕 平野龙一：《法学理论的作用》，碧海纯一编：《现代法学的方法·岩波讲座现代法第15卷》，岩波书店1966年版，第72页。

〔21〕 平野龙一：《法学理论的作用》，碧海纯一编：《现代法学的方法·岩波讲座现代法第15卷》，岩波书店1966年版，第72页。

〔22〕 平野龙一：《法学理论的作用》，碧海纯一编：《现代法学的方法·岩波讲座现代法第15卷》，岩波书店1966年版，第72页。

〔23〕 关于问题性思考的具体内容，参见平野龙一：《刑法总论Ⅰ》，有斐阁1974年，前言。

3. 刑法学者对法解释学争论的态度

如前文所述，战前战后的日本刑法学表现出传统刑法学和机能主义刑法学的对立，各自采用不同的刑法解释方法论。但是，刑法学者并没有主体性地参与民法学者、法社会学者们进行的"法解释争论"[24]（依笔者所见，这是因为，即使到现在，日本刑法学对刑法解释学的基础应该追求什么样的方法论的认识并不充分）。

理论上对刑法学者没有主体性地参与法解释争论的理由有各种各样的说明，其中西原春夫的观点具有代表性。西原认为有以下四个理由：①刑法上很多解释是通过形式的、技术的理论操作予以解决的，②根据罪刑法定主义的制约，③与作为周边科学已存在的刑事政策相互协作，④刑法学有坚固的体系，体系争论很早就存在。[25]

虽然对此说明也有异议，但其中还是包含着正当性内容。尤其是，①和②两个理由的说服力。即根据罪刑法定主义的形式性把握，否定判例有创造法的机能，一般认为这是刑法学者不参与（或者说不能参与）法解释争论的最大理由。[26]

换言之，将罪刑法定主义作为形式性内容予以把握的场合，刑法解释以形式的、技术的理论操作为中心。这样的话，在刑法解释时，能够预测确定解释的效果，以解释统一管理社会的机能性思考方法就被排除，更加重视规范意思的认识和体系的逻辑一贯性。采取这样的思考方法，在以主观的价值判断为前提的基础上，法解释就不能导入法解释争论的成果——寻求以经验科学上的事实论证法解释。有观点就认为日本刑法学没有参与法解释争论，同时也就不能采用机能主义。

但是，机能主义刑法学与传统刑法学不同，是能将法解释争论的成果纳入理论的方法。至少，采取机能主义的论者，作为刑法学者对法解释争论的

---

〔24〕 关于刑法学者不加入法解释争论的综合性分析和研究，参见关哲夫：《法解释的研究》，成文堂 2006 年版，第 61 页以下。

〔25〕 参见 Jurist 增刊《法的解释》，有斐阁 1972 年版，第 195、196 页。关于此内容的分析，参见关哲夫：《法解释的研究》，成文堂 2006 年版，第 65 页以下。关哲夫表示田宫裕采取了同样的思考方法。其他论者观点的分析，参见关哲夫：《法解释的研究》，成文堂 2006 年版，第 67 页以下。

〔26〕 参见前田雅英：《刑法的基础总论》，有斐阁 1993 年版，第 13 页。此外，关哲夫：《法解释的研究》，成文堂 2006 年版，第 75 页以下，进行了不同的分析。

成果也能有所认识——暂且不论是否在细节上将其吸收。[27]或者可以说，是否积极地吸收法解释争论的成果，可能成为机能主义与非机能主义的不同。

（二）平野刑法学的位置

日本机能主义刑法学经过这样的发展，今后将朝着什么方向前进呢？回答这个问题，首先有必要解决两点：作为机能主义始祖的平野刑法学，在现在日本学界处于何种地位，后世从何种视角对其进行继受。

平野仙逝后，出现了很多回顾平野学术成就的文章，共通之处是对作为刑法解释学者的平野给予非常高的评价。[28]将自由主义解释论视为平野作为刑法学者固有特色，这样的理解也很多。[29]

的确，平野从 20 世纪 70 年代展开结果无价值论开始，在整个刑法解释论中展开以自由主义思想为基础的理论。但是，平野以多大的兴趣展开自由主义刑法解释论，还不能完全确定。至少在他的整个研究生活中对此是否始终高度感兴趣是有疑问的。初期的平野向小野刑法学倾倒，以目的的行为论（行为无价值论）为出发点，由此来看，作为平野刑法解释学前提的自由主义思想，似乎并不是强烈的主张。在展开自由主义刑法解释论后，平野也没有表现出对自由主义的贯彻，经常强迫自己的理论和判例保持着紧张关系。[30]

现在将自由主义刑法解释论视为平野固有特色的评价可以说与平野刑法

---

〔27〕　笔者也意识到刑法解释学没有充分吸收法解释争论的成果，对此问题的研究，参见松泽伸：《机能主义刑法学理论》，信山社 2001 年版，第 233 页以下；松泽伸：《关于机能的刑法解释论的方法之考察》，《刑法杂志》43 卷 3 号，第 6 页以下。

〔28〕　例如，西田典之在平野晚年最后的论文汇编成的论文集中，发出感想称之为"卓越的刑法解释学者"。（平野龙一：《刑事法研究最终卷》，有斐阁 2006 年版，西田典之所作序），在 2004 年《Jurist》第 1281 号：《座谈会·平野龙一先生的人格与学问》中关于平野作为刑法解释学者的赞词也引人注目。

〔29〕　例如，曾根威彦在《关于平野刑法学》（《刑法杂志》45 卷 2 号，第 295 页）中说道，"平野，在提出是权威主义刑法还是自由主义刑法的问题之下，在批判现状的坚定信念之下，立志于刑法学研究"。此外，佐伯仁志：《书评·松泽伸著〈机能主义刑法学理论——丹麦刑法学思想〉》，《法律时报》73 卷 9 号 2001 年，第 116 页，针对笔者的观点，指出"平野说的重点是刑法机能的非伦理化思想的主张，在平野说的内部机能主义所主张的手段性很强"。对此本文可以进行回答。

〔30〕　在研究会等场合，经常能听到这样的发言，"如果只说被告人有利的就行，就不需要理论"（田口守一在早稻田大学大学院法学研究科魅力大学院项目第二次法理论研究会的报告）。此外，在论文中也有论述，"如果说出对被告人有利的就好，谁都会"（平野龙一：《判例研究的效用》，《刑事法研究第一卷·刑法的机能的考察》，第 270 页）。

解释学的技术高度有很大关系。此外，平野刑法解释学异常的说服力也是因为其不仅仅追求逻辑一贯性，而且有根据机能主义预测确定现实社会状况的证据，毫无疑问，平野主张纯粹的刑法解释学。

可能有这样的评价，认为平野采用结果无价值论是与机能主义亲近的理论。[31] 还可能有这样的看法，认为结果无价值论是与民法上利益衡量理论亲和的思考方法，所以受到法解释争论中有力的利益衡量理论的影响。

这样看来，还不如说机能主义才是平野理论的固有特色。

如果将平野的见解分为，初期（采用目的行为论）、中期（确立刑法解释方法论）、后期（个别地展开刑法解释论以后）三个阶段，至少在中期平野，可以认为机能主义是其固有特色，在这个时期主张的内容，或者是即使在后期平野可能会失去的内容，在现代仍然有充分的说服力。还可以认为后期平野的（作为刑法解释学者的平野）很多刑法解释论都受到中期平野的（作为机能主义者的平野）刑法学的影响。

（三）平野机能主义继受刑法理论的现状

从以上分析来看，并不是作为机能主义者的平野，而是作为刑法解释学者的平野在后世产生很强的影响力。平野的继受理论，根据倾向性可以分成几种，但无论是哪种理论，都是从自由主义的立场出发，以结果无价值论为前提。

第一种理论的立场是倾向加强结果无价值论的理论化。这个立场重视解释论上理论构成的致密性，可以看到体系性思考的回归，最不具有机能主义的侧面。

第二种理论的立场是以从抑制刑论、一般预防论的角度构筑犯罪论为目标。机能主义刑法学重视社会效果，从刑罚的目的论思考犯罪论，这是机能主义的应有之义，这个立场可以说是重视刑罚论的机能主义的一个表现。

第三种理论的立场是与判例保持紧张关系，同时深化理论构成。与第一种理论相似，这个立场中机能主义的内容退居为背景，这是周到考虑到理论和结论两者，并取得两者之间平衡的学说。

与这三种理论相对，还存在很强地继受机能主义内容的第四种理论。该理论虽然维持结果无价值论，但是重视平野所说的"存在的规范"，即国民的

---

〔31〕 参见荒木伸怡：《裁判——机能的考察》，学阳书房 1988 年版，第 94 页。

规范意识，基本上以抽出判例中出现的价值判断进行理论构筑为特征。

在这四种理论中，第四种理论与前三种理论存在根本性差异。在贯彻机能主义、理论上设置实质性重点等方面，[32]前三种理论基本上体现价值相对主义，而第四种理论立足于价值客观说。[33]结合第四种理论对判例重视的姿态和程度，学说上指出其对判例的判断力低下，作为肯定现状的主张受到批判。

虽然存在以上种种有力的学说，但在现在的状况下应该选择怎样的理论呢？笔者将在新的章节中论述对此问题的个人观点。

三、机能主义刑法解释方法论的构想——基础法学[34]和实定法学的桥梁

（一）机能主义之己见——丹麦理论的导入

既然传统刑法学上存在问题，机能主义就成为应该选择的方法论。需要明确一点，这个选择本身只不过是一个价值判断。机能主义并不是被客观导入的，[35]但是，选择机能主义后，构想客观的作为科学的刑法学（更准确来说，作为自然科学模型的刑法学）是可能的。形象地来说，可以将价值判断作为公因式在括号外进行总结后，括号内部由经验科学上所认识的事实为基础构成，因此在括号内部可以构想作为科学的刑法学。[36]

笔者关于机能主义刑法学的构想具体包括以下三点。第一点是导入法解释争论的成果，构想作为科学的刑法学。由前文可见，传统刑法学采取意思极其限定的科学性，将其等于客观性。具体说来，传统刑法学的客观性包括，①逻辑一贯性，②源于上位规范的演绎，③规范的客观性认识等，但无论哪一项都是极其限定的客观性，而且②和③是否可以说是客观的还大有疑问。

---

〔32〕　这些以微变形的形式予以表现。（前田雅英：《现代社会和实质的犯罪论》，东京大学出版会 1992 年版，前言）

〔33〕　前田的价值客观说及对价值相对主义的质疑，参见前田雅英、藤森研：《从刑法看日本》，东京大学出版会 1997 年版，11 页以下；后注 49。

〔34〕　基础法学具体指的是法哲学、法社会学等基础理论法学。（译者注）

〔35〕　关于此内容，参见松泽伸：《关于机能的刑法解释论的方法之考察》，《刑法杂志》43 卷 3 号，第 375 页。

〔36〕　关于这种方法的刑事政策的内容，参见所一彦：《刑事政策的基础理论》，大成 1994 年版，第 12 页以下。

此外，在刑法学中，①逻辑一贯性也非常依赖作为违法性的本质和责任的本质讨论前提的价值判断。结果，传统刑法学就不能在自己独立的思想和哲学之外使自己的立场正当化。

第二点是采取德国法的框架，同时导入机能性思考（也可以称为实用主义的思考或英美法式思考）。日本刑法学使用德国刑法学的概念进行思考，区分构成要件、违法性和责任的三分说就是典型例子，在实务中也是如此。因此，日本刑法学不可能破坏德国刑法学框架本身，这也不是机能主义的思考方法。但继续学习德国刑法学就可以吗？这恐怕是有疑问的。

的确，日本从德国刑法中受益很多。甚至到现在，日本应该学习的内容也没有穷尽。但是，将德国刑法的思考导入日本应该是有界限的。这是因为，日本法律家（学者、实务家的统称）的思考与德国刑法的相应内容在本质上相当不同（但事先说明，这样的看法现在还只是推测而已）。[37]

这里有两个要点需要思考。第一，日本是不是没有采用德国法学中"涵摄"的思考方法？[38]关于这个，村上淳一的研究极有启发性。村上说道，在德国法中，演绎性地确定要件要素的内容，必须顺序正确地反复进行明确事实关系涵摄到要件要素的操作。[39]但是，德国的法律家认为，日本是通过列举法条进行涵摄，这并不是德国法律家进行的涵摄。[40]此外，广渡清吾也介绍到德国律师感觉关于民法日本的涵摄模型只有次要的意义。[41]如果这是正确的话，日本实务采取与德国不同的思考形式，日本刑法学演绎性地明确概念内容，进行逻辑性操作得出结论，至少能充分回答日本实务所要求解决的问题。

第二，德国刑事诉讼法采取职权主义和起诉法定主义，德国刑法有与之配套的机能，和日本的情况没有不同吗？德国的起诉法定主义和日本的起诉便宜主义有很大的不同。在德国刑法上出现很多特殊案例，这很大程度上源

---

〔37〕 在报告本文原稿时，笹仓秀夫教授补充说明时指出，日本的法律家的思考方法与德国的法律家的思考方法，有显著的差别。

〔38〕 关于此问题，详细参见松泽伸：《机能主义刑法学理论》，信山社 2001 年版，第 293 页以下。

〔39〕 参见村上淳一：《现代法的透视图》，东京大学出版会 1996 年版，第 102、103 页。

〔40〕 参见村上淳一：《现代法的透视图》，东京大学出版会 1996 年版，第 124 页注 4。

〔41〕 广渡清吾：《日本社会的法律化》，《岩波讲座现代的法 15 卷·现代法学的思想和方法》，岩波书店 1997 年版，第 167 页。

于起诉法定主义。实际上，德国刑法学具体解决特殊案例已迫在眉睫。在这样的国家，为了可以应对所有案例，刑法理论不得不复杂化。但是，日本没有这个必要。

第三点是有必要填补实务和学说的背离。刑法学者经常被要求提出实务容易理解的理论，有采用可能性的理论，有解决问题能力的理论。裁判员制度的导入，应该更强烈地意识到这一点。裁判员也要求容易理解的刑法理论；传统刑法学所说的控制法官的恣意、拘束法官的意思，因市民坐上裁判席位发生很大变化；其他的一些情况也受到影响。

（二）基于斯堪的纳维亚[42]现实主义的刑法学

基于以上构想，笔者参考斯堪的纳维亚现实主义，思考新机能主义刑法解释论的方法。所谓斯堪的纳维亚现实主义，具体指的是丹麦的阿尔夫·罗斯（Alf Ross）和将其具体化为刑法解释论架起基础法学和实定法学桥梁的克努德·瓦本（Knud Waaben）所提出的方法论。[43]

首先，从构想的第二点出发主张学习丹麦刑法学。在德国法的结构中，刑法采取实用主义的思考，瑞典、挪威等其他北欧刑法以及荷兰刑法也如此，构想的第一点也考虑到这一点。具体到丹麦刑法学（特别是瓦本的刑法学[44]），以法哲学学者阿尔夫·罗斯提出的作为科学的法律学的构想为支撑，构想作为科学的刑法学是可能的。

罗斯的理论，具体内容如下。

---

〔42〕斯堪的纳维亚指欧洲西北部文化区，包括挪威、瑞典和丹麦，有时也包括冰岛、芬兰和法罗群岛。（译者注）

〔43〕参见松泽伸：《机能主义刑法学理论》，信山社2001年版，第219页以下。关于阿尔夫·罗斯的原始文献（丹麦语），参见书中相关注释。

〔44〕在学者很少的丹麦，克努德·瓦本对战后的刑法学发展有很大的影响。有观点认为这是因为"一人刑法学者的司法和理论中的作用极大""对一定的理论等的议论和批判是否充分，从刑法学者的数量来看，与日本和德国这样有很多研究者的国家，情况是不一样的"。（山中敬一：《书评·松泽伸著〈机能主义刑法学理论——丹麦刑法学的思想〉》，《现代刑事法》33号2002年，第87页）的确，与日本和德国刑法对比，丹麦刑法中批判的情况可能较少。但是必须注意的是，丹麦的刑法学者也和其他北欧的刑法学者及实务家交流，进行不少相互批判，丹麦的其他法领域也基本采用罗斯的方法论。而后，为了打倒罗斯的理论，包含法哲学者的很多学者都对其进行批判，但是即使对其内容进行一定的修正，法律学的全部领域中都还一直维持着"有效法"（valid law）这个概念的内容（在"有效法"概念最受破坏的法哲学领域中，也还存在"有效法"这一用语本身）。

关于混同事实和规范的法律学，主张将事实和规范——按照平野的说法，就是"预测"的部分和"说服"的部分——完全分离，仅有前者是法解释学。被分离的规范部分——"说服"，即以政策性建议为内容的部分——被命名为法政策（Policy），这属于明示个人意见，不是学术活动而是承担政治责任的活动。这样考虑的话，完全可以构想出科学的法律学，即仅由事实认识所构成的法律学。

事实认识的对象是法官的思考。法解释的作用是以法官的心理过程为对象，[45]通过将其言语化，描述现行妥当的法。所谓现行妥当的法，被罗斯称为"有效法（Valid Law）"。这个部分就是事实认识，其正确性从后来的判决和实务活动加以判定是可能的。这样的话，法解释根据预测和实证就获得和自然科学同等意义的客观性。

这样的构成也有利于实现构想的第三点。法解释学如果被限定为事实认识，实务就可以将其作为自我客观化的形象进行参照。所提出的法政策建议，因为被限定为可以改善法解释学所明确的内容，对实务的建议力度也会在有事实认识的证实时相应地增大。

与这种想法相对，过去刑法学者将源于"法解释学"对法官的说服排除在法政策之外，质疑将其作为政治的内容。的确，将以法解释的形式进行的活动作为政治意见的表示，这也让人产生抵触感。但如果从承认判例有法创造机能的立场来看，说服变更判断这样的努力，平野认为"是一种法改正论，也是立法论"。这样的话，所谓的立法论和说服法官"不过是改正法律修改法，还是变更判例修改法这样质的不同"，[46]还不如与事实认识的部分相分离更为理想。

基于这样的立场，方法论上坚持价值相对主义。因为仅从事实认识不能

---

〔45〕 对主体限于法官存在这样的疑问"在日本的刑法司法制度下检察官的权限很大，没有必要进行一定修正吗？"（佐伯仁志：《书评·松泽伸著：〈机能主义刑法学理论——丹麦刑法学思想〉》，载《法律时报》73 卷 9 号 2001 年，第 116 页）笔者也可以部分理解这样的疑问（松泽伸：《机能主义刑法学理论》，信山社 2001 年版，第 358 页；松泽伸：《关于机能的刑法解释论的方法之考察》，载《刑法杂志》43 卷 3 号，第 371 页），今后有检讨的必要。只是现在以我们手边仅有的资料构想出纳入检察官思考的理论还很困难。如果不可能有最完善的理论，就采取其次好的策略，先从法官的思考开始也是机能主义的思考方法。

〔46〕 平野龙一：《法学理论的作用》，碧海纯一编：《现代法学的方法·岩波讲座现代法第 15 卷》，岩波书店 1966 年版，第 66 页。

演绎出规范性、评价性判断（方法二元论）[47]。例如，将"时代精神""国民的规范意识"等纳入事实认识，以此为基础展开解释论的话，可以构建出作为绝对科学的法律学。[48]但是，采取这样的构成，完全不能批判"时代精神""国民的规范意识"。论者还是只能在承担政治责任的基础上提出与评价相关的主张。[49]

（三）事实认识重视型的刑法解释论

在前文所述的区分事实认识和政策建议的场合，如何平衡两者成为问题。过去的机能主义刑法学，把重点放在后者。这是在分析判例的立场后，对其加以批判，把判例引向更妥当方向的方法论。笔者认为，对此问题应该采取把重点放在前者的方法论，即事实认识重视型的机能主义。[50]

采用此理论的理由主要有：①考虑法律学作为科学的属性，前者是本来意义的科学应有之义，②从现在实务和学说背离的情况来看，提出以法院判断为中心的刑法解释学方法具有重大意义。

关于笔者的主张，包含法学教育的方法在内，存在批判性观点。有观点认为，"既然'现行妥当的法'不是不变的，其健全发展就少不了外在的批判，要求非实务家的学者就是这样的批判"。"大部分的日本刑法学者同时也是教育者，其有责任和义务将批判性研究'现行妥当的法'的能力向下一代

---

[47]　参见所一彦：《刑事政策的基础理论》，大成 1994 年版，第 12 页。

[48]　前文论述的机能主义的第四种理论采取了这样的思考方法。对于拙著，有学者以此为理解前提，发表这样的感想，"考虑到'法解释'也必然留有价值的要素，只有通过判例提高国民的规范性评价"。（前田雅英：《书评·松泽伸著·机能主义刑法学理论——丹麦刑法学思想》，《Jurist》1205号 2001 年，第 129 页）笔者认为，在事实认识基础上的机能主义，前田理论作为贯彻机能主义理论的一个方法，有非常多应学习的内容，但是从坚持价值相对主义的侧面出发，不能同意这一点。

[49]　很难以"学"的名字称呼这样的"世界观的基础"，这与刑事政策相关，参见所彦一：《木村龟二的刑事政策论》，载吉川经夫、内藤谦、中山研一、小田中聪树、三井诚编：《刑法理论史的综合研究》，日本评论社 1994 年版，第 697 页。

[50]　笔者数年前提出事实认识重视型的机能主义的主张，此后，①刑事立法的活性化，②裁判员制度的导入，③法科大学院的开设，发生了很大的变化。基于这些情况，是否有必要变更事实认识和政策建议的平衡呢（机能主义是反映社会变化的理论，其当然要随社会变化而变化，这一点与理论没有变化的传统刑法学也有很大不同）。笔者认为，这些情况中的任何一个都是向重视事实认识的方向变动的要因，根本没有必要向重视事实认识的方向修正，不如从以下这些理由思考为何事实认识重视越来越重要：关于①，与立法活性化相应，说服法官变更判例的必要性就变小了；关于②，可以期待裁判员表现"存在的规范"；关于③，为了向学生提示实务现状，认识现行妥当的法的必要性提高。

传递。"〔51〕

笔者也不否定前者，但问题是"外在的批判"的内容。根据机能主义，立足于日本现实，表示出实证的（也可称为有实证可能的）事实，进行批判的话，该批判具有建设性。但是，不能否定在一定程度上，现在学说上所进行的一些批判，没有实证性根据、强加上论者的自我哲学，纯粹是为了理论而理论的结果。对法学教育也有必要进行这样的反思。日本刑法学教育，重视"你是怎么想的（主张什么样的观点），这是基于什么样的理论根据"，但不太重视"你作为问题的论点在现实中是怎么被处理的（法院根据什么理论这样处理），你所采取的主张会产生什么样的社会效果"。现在虽然法科大学院开始实行后者这样的问题，但是还停留在极其表面的内容。实际上，不仅仅是法科大学院，培养研究者的大学院也应该实行这样的问题而且无妨更深入地加以思考。

关于法学教育还要加上一项。有观点批判笔者的观点，认为以事实认识构成法解释学，没有运用逻辑的余地，难道是希望在法学教育时没有教授逻辑性思考的机会吗？的确，"事实认识"和逻辑似乎完全无关，机能主义好像是轻视逻辑的思考方法。但是，笔者认为，事实认识的对象是法官的心理过程，在法官内心构成的逻辑，作为有效法也有必要进行描述，并没有完全失去逻辑性。〔52〕可以说逻辑是分析法官思考的重要工具。此外，之所以好像轻视逻辑，因为法律学的逻辑不同于逻辑学的逻辑，因为论述了逻辑的客观性很低才会使之看起来如此，逻辑并不是没用的。〔53〕

进一步，暂时不论是否支持笔者的主张，作为法解释学还是能够被理解，但经常有疑问提出法官进行的法解释是什么。下文对这一问题进行回答。〔54〕

---

〔51〕 佐伯仁志：《书评·松泽伸著：〈机能主义刑法学理论——丹麦刑法学思想〉》，《法律时报》73 卷 9 号 2001 年，第 116 页。

〔52〕 逻辑是从基本原则中导出能够解决事例的一个有力技巧，毫无疑问法律家绝对有必要学习法律学的逻辑。

〔53〕 逻辑也是法曹（这是日本法官、检察官和律师的总称，译者注）同仁进行交流的重要通道。刑法解释学，首先思考的是被法官参考，同时学者也是其接受者。在这种情况，因为机能主义是察看现实的方法论，有必要考察日本刑法学现状，但现在日本刑法学依靠逻辑进行交流的力量非常强大，依然有很大必要去说服有逻辑性的对方。学者依然有必要充分学习逻辑。

〔54〕 关于此内容，还可参见松泽伸：《关于机能的刑法解释论的方法之考察》，《刑法杂志》43卷 3 号，第 17 页。

法官进行的"法解释"，与作为理论的"法解释学"是不同的，在原理上，以上这样的讨论并不妥当。那法官以什么样的标准进行法解释呢？

由于违反先例的判决会被上级法院推翻，法官的判断事实上受先例拘束，在进行法解释时也应该作出基本遵循先例的判断。在这个意义上，作为有效法被认识的法官的法解释不可能完全是法官的自由。实际上，有效法就成为遵循法官全体共识这样的理论得出的结论。如果没有先例怎么办呢？一般认为，基本上是援用法官共识的理论思考结论。但是，因全新问题等理由得不到妥当结论时，则通过探寻国民间"存在的规范"考虑妥当的解决。

此时，所要参照的学说上的理论，必须不能与法官共识的理论相矛盾，不管论者是有意识或者无意识，事实上这就成为判决预测范围内的理论。因此，法官所进行的"刑法解释"也是表示为有效法的"刑法解释学"，与表示为对法官说服的理论有密切的关系。

（四）对机能主义刑法的批判

前文笔者在明确个人主张时也回应了有关的批判，但是这些批判仅针对笔者主张。下文将对面向整个机能主义刑法学、更加根本性的批判进行分析和回应。第一，关哲夫对机能主义刑法学的分析和批判；第二，山中敬一从规范体系的机能主义出发的批判。

1. 机能主义刑法学的分析和批判

关在其著作中，对以平野为代表的机能主义刑法学进行了详细分析，虽然以好意的语气进行评价，但也指出几个机能主义的界限。

第一，机能主义刑法学过于限定体系性思考的意义。关认为，体系性思考的意义，不是机能主义刑法学所说的，"整理法官的思考，统制其判断的手段"。而应该理解为"首尾一贯的犯罪论体系能够让判断者容易进行认定的同时又排除恣意性解释，慎重且精确地认定犯罪成为可能"。[55]

但是，这是传统刑法的想法，机能主义刑法学对排除法官恣意性判断、拘束法官一方的价值判断是主观抱有疑问。对此不如说，主观的价值判断中导入体系性思考的界限才是问题。

第二，从机能主义刑法学理论构造出发，原来形式性保障原理（罪刑法

---

〔55〕　关哲夫：《法解释的研究》，成文堂 2006 年版，第 255 页。

定主义）应该是无用的。关于这一点，关也指出，"承认作为形式性保障原理的罪刑法定主义具有相对的优位性，为了在形式性保障原理的范围内实现适当性，考虑实质性保障原理"是必要的。的确，机能主义刑法学主张进行社会效果最大化的解释，但这只是刑法的基本原理，刑法解释还是必须活动在制定法框架内。

第三，指出"正当性"基准的危险性。关所指出的一些危险性，如果在不理解机能主义或者滥用机能主义的情况下，不是完全没有现实化的可能性。但是，机能主义认为，判断的正当性（严格上应该是妥当性）在事实认识的括号之外进行总结，加以明示是论者的政治性责任，因此只要进行这个明示，就由论者承担正当性的责任。如果充分认识这一点，防止正当性基准失控的危险，批判滥用正当性基准的机能主义应该是可能的。

2. 规范体系的机能主义

山中敬一认为，"个别具体性的问题解决没有至上的价值，建构有逻辑整合性的形式体系，被理解为理论的任务，为了实现刑事政策的目的建构有逻辑整合性的规范论体系，以此为目标"[56]的规范体系的机能主义应被提倡。

对笔者的主张，山中以"我国过去的机能主义停留在经验科学的机能主义是有问题的，今后的机能主义要克服此问题是个课题"[57]为由加以批判。这个批判涉及多方面，前文也已经进行了部分回答，下文将对未提及的内容进行探讨。

第一个批判是"在作者的机能主义理解中，'解释学的经验科学化'被视为至上的命题，但将判例与'法'并列为解释学对象的方法，真的没有问题吗？"

根据笔者的认识，因为法院有创造法的作用，判例被包含在法律中，虽然对此的批判有量的差别，但都是立法论的内容。规范体系的机能主义认为解释学受实定法（刑法典的条文）的拘束，但在判例被视为法的情况，在原理上也就没有理由认为解释学受实定法拘束而不受判例法的拘束。笔者认为，

---

〔56〕 山中敬一：《刑法总论 I》，成文堂 1999 年版，第 124 页。

〔57〕 山中敬一：《书评·松泽伸著〈机能主义刑法学理论——丹麦刑法学的思想〉》，《现代刑事法》33 号 2002 年，第 33 页。

过去的"解释学"在"学"之名下，进行基于一定价值判断的建议，这是有问题的。

第二个批判是"不言而喻，刑法解释学不单是从某些哲学思想、社会学命题或者'规范'命题演绎出来的。其第一个要义是为了事后处理犯罪的合目的的系统（规范体系）。解释学任务是确定机能性地运用系统所需规则的意思。确定这个合理意思，不但要经验科学的知识，而且也要发动规范性评价（宪法、刑事法等诸原则等）的分析。解释学，不是仅追认判例，应该分析其逻辑，根据规范体系对其批判地进行验证。规范解释不得不加入政策性的考虑，其客观性不是经验科学性上的，通过现行整个法秩序内合目的、合理的规范判断予以担保"。[58]

这个批判被认为能发展机能主义，尽管如此，笔者有以下几个疑问。

首先，论者所主张的"经验科学再加上发动的规范性价值的分析"中的规范性价值的分析包含主观性的价值判断，这是个问题。其次，为了判定"现行整个法秩序内合目的、合理的规范判断"的正确性，即使提出高层次的规范性价值，但不同的论者对这个高层次规范性价值的解释本身并不相同（例如，有主张认为，作为被批判一方的法官，反对批判，自己根据高层次的价值进行规范性正确的判断），无论采取何种构成，都不能担保客观的正确性。[59]最后，"解释学的任务是确定机能性地运用系统所需要规则的意思"，但笔者认为确定规则的意思与传统刑法学中"规范意思的认识"是一样的。

四、今后研究的发展方向——理论和实务的桥梁

（一）以有效法（valid law）概念为媒介的刑法解释学

以前文所述的刑法解释方法论为前提，具体能展开怎样的解释论呢？笔者已经尝试进行了几种解释论，[60]本文不再一一介绍其内容。虽然对这些内

---

〔58〕　山中敬一：《书评·松泽伸著〈机能主义刑法学理论——丹麦刑法学的思想〉》，《现代刑事法》33 号 2002 年，第 33 页。

〔59〕　也参见松泽伸：《机能主义刑法学理论》，信山社 2001 年版，第 238 页。

〔60〕　松泽伸：《违法性的判断形式和犯罪抑制》，《早稻田法学》78 卷 3 号 2003 年，第 235 页以下；松泽伸：《对法人是否成立胁迫、强要罪（一）（二）》，《早稻田法学》80 卷 2 号 2005 年，第 1 页以下，80 卷 4 号 2005 年，第 69 页以下；松泽伸：《文书伪造罪的保护法益和"公共信用"的内容——以最近的判例为素材》，《早稻田法学》82 卷 2 号 2007 年，第 31 页以下。

容的评价应该由他人进行，[61]但是关于有效法概念具体化的意图，在此还是希望能窥见一斑。

（二）新研究领域的创造

以这样的方法论为前提，在刑法解释学内也可能创造出空前的研究领域。这是将法官的思考语言化过程中必要且紧迫的内容形成新的独立研究领域，也就是所谓的事实认定和实体法解释学的融合。

第一，研究裁判员制度对刑法理论的影响及刑法理论对裁判员制度的适当运用能有怎样的贡献。在 2004 年广岛大学举办的日本刑法学会第 82 次大会的研讨会上，这个研究课题已经被提出。研讨会上出现了一些非常有意思的意见，有观点认为"例如，不能说'违法'是一般人使用的，如果不用术语'允许的行为，处罚的行为'，难道就不能和裁判员沟通，刑法理论上法官难以说服的概念，难道要从刑法理论消失，此外，重视各论，可能导致刑法总论解体"[62]等。但是发生这样的现象时，机能主义刑法学能对此进行描述，可以构建出新的理论，这个任务只能由描述法和裁判的现实机能的机能主义刑法学承担，解释规范意思的传统刑法学是做不到的。从真正实施裁判员制度开始，这样的刑法理论变化会成为非常有意思的研究领域。

第二，在刑法中导入要件事实的思考。在民事法领域中要件事实的思考被积极使用，刑事法对此并没进行太多的反省，但是在刑事法领域中，近来法官植树立郎也积极地指出其重要性。[63]这样思考的重要性，与裁判员制度的导入相结合，也逐渐渗透进刑法学者。在刑法总论的领域中，西田典之认为可以尝试，"从称为刑事的要件事实论的观点出发，检察官进行证明，法院明确应该认定的对象、要件"[64]，确实能看到将来更进一步的发展。从将法

---

〔61〕 对此，佐伯仁志在《书评·松泽伸著：〈机能主义刑法学理论——丹麦刑法学思想〉》（《法律时报》73 卷 9 号 2001 年）一文中问到机能主义刑法学"具体是什么，有什么优势"，本文即使没有提及优势，也阐明了具体是什么。

〔62〕 木村光江：《研讨会 1·裁判员制度和刑法理论》，《刑法杂志》44 卷 2 号，第 249 页以下。

〔63〕 植树立郎：《实践的事实认定论（概论）》，载小林充、植树立郎编著：《刑事实认定重要判决 50 选上卷》，立花书房 2005 年版，第 1 页以下；《实践的刑事事实认定和证据》，立花出版社 2006 年版，第 9 页以下。

〔64〕 参见西田典之：《刑法总论》，有斐阁 2006 年版，前言。

官思考过程言语化这一有效法的概念也能看到，这样的课题极其重要，今后有充分研究的必要。

（三）从德国法向"姐妹法"比较的视点扩大

以上是刑法解释学的内容，关于这个前提必不可少的比较法方法论，丹麦刑法学研究者的观点能提供一个视角。

一直以来，与刑事法相关的比较法研究有，①研究日本法制定所参考的其他国家法律（德国法），②研究日本周边的国家的法律（亚洲法），③研究语言障碍较少的国家（英语圈的法律、法国法）。但是，仅有这些似乎未必充分。具体来说，不仅要研究母法，[65] 而且也有必要研究"姐妹法"。

例如，以丹麦为首的整个北欧、西班牙、荷兰、意大利等很多国家都受德国刑法的影响。在这些国家中，德国刑法的概念有了怎样的变化、现在进行着怎样的讨论，同一问题得出怎样的结论等，有意思的课题堆积如山。的确，这些国家的语言障碍很大，不是那么容易可以跨越。但是，假如从研究丹麦法的视角来看，比较同样以德国法为母法的国家的刑法现状，超越单纯地研究母法，这应该是极有意思的课题。同一母亲生出来的姐妹，在环境、文化、历史、政治不同的国家被养育的期间，会发生怎样的变化呢？这似乎是比较法文化的课题，但也能为具体的法解释论提供有益的视角。若能找到德国刑法之外的内容，这个比较法可以说是成功了。[66] 日本刑法学者的数量，即使从世界来看也是非常多的，并非所有人都将目光投向德国法，参考多个国家思考对日本的启示，这一态度是必要的。

（四）理论刑法学的功与过

1. 理论刑法学的功绩

阐明近来成为日本热议话题的"理论刑法学"的功与过，以此结束本文。所谓的理论刑法学，以前很少被使用，但最近成为常见的词语，可以说与刑法解释学大致同义。只是刑法解释学是以刑法实定法为对象，而理论刑法学

---

　[65]　严格地说，日本刑法制定时主要参考的是德国刑法学而非德国刑法典，此外，德国刑法也被修改过，母法这个表达可能并不太准确，但本文暂时简单称为母法。

　[66]　例如，某处姐妹法的国家的学者对日本刑法学进行比较的情况。日本刑法学中存在德国刑法中不存在的结果无价值。如果只研究德国法的姐妹法的学者，研究日本法律后第一次知道结果无价值，定会感受到新奇（严格地说，日本之外也有国家存在结果无价值论，这里只是作为一个例子）。

的焦点集中在支持实定法更为本质的理论，两者之间存在若干不同之处。[67]

可以被视为理论刑法学的功绩有那么一些，例如理论刑法学以确立刑法上的概念，对立法施加拘束力，能够发挥批判的机能。此外，最近德国学者希尔什（Hirsch）表示，理论刑法学有诞生普遍性刑法的可能。"普遍性刑法学，向各个国家的立法者和法院表现，刑法总论的理论和命题在以首尾一贯的形式展开时会成为什么样，为此会提出很多明确、可用的概念。普遍性刑法学，据此通过有理论根据的方法论为法的安定性和正义作出贡献。"[68]

理论刑法学提出的概念，在划定立法的外部边界上发挥着重要作用，例如，在讨论违法和责任的本质时就有重要意义。对此采用机能主义刑法学的笔者也不否定。在法官的思考中，考虑必须明确违法性和责任的概念可能稍有不同，但不能否定基本概念、基本原则的重要性。但为了确立这样的概念，是否有必要构建现在这样复杂的理论体系就是另一回事。对此有必要进行理论研究，如果简单的内容和原则就足够的话，要重新审视现在这样复杂的理论的必要性。

2. 实务家的指摘

近来，原法官小林充作出下面的论述，对以理论刑法学为中心的日本刑法学现状进行批判。"最近的刑法理论非常致密化……表现出多样的思考，但是，不得不说其内部太难理解，不用说法学部或法科大学院的学生，法律实务家也有很多不易理解的内容。如果认为刑法学不是仅面向刑法学者，刑法理论不是应该更易懂，应该注意实际上的有用性吗？"[69]

过去也能听到这样的实务家的批判，但本文仅以小林充的论述为启示进行问题思考。

首先，小林充所说的"易懂性""实际上的有用性"是什么意思？对此，根据小林充的主张可以分为三类进行考察：①实务家的易懂性、有用性，②学

---

〔67〕 希尔什认为，理论刑法学的内容是，"明确对犯罪概念进行体系性分析的犯罪构成的一般要素（例如违法和责任），阐明承认这些犯罪要素的实质要件，表示此时具有决定性的意义、在给出理由时的基本思考方法"。（〔德〕希尔什：《德国理论刑法学的现状》，井田良译，载《刑事法ジャーナル》6 号 2007 年，第 49 页。）

〔68〕 〔德〕希尔什：《德国理论刑法学的现状》，井田良译，载《刑事法ジャーナル》6 号 2007 年，第 62 页。

〔69〕 小林充：《刑法中因果关系论的方向》，《白山法学》创刊号 2005 年，第 1 页。

生的易懂性、有用性，③国民的易懂性、有用性。

第一，实务家的易懂性、有用性要考虑下面的内容，因为实务家的思考是从过去的刑法学的范畴和判例理论开始的，其就不能脱离过去的范畴，或者至少要采取与判例相近的理论、结论；提示的规范有解决实际案例的能力；等等。第二，学生、法科大学院生的易懂性、有用性是学习场合中的易懂性，其一，考虑法律逻辑的一贯性；其二，考虑到考试的话，有解决实际案例的能力也是重要的要素。第三，国民的易懂性、有用性要考虑逻辑简单性先于逻辑一贯性；所得出的结论要容易理解；等等。

其次，小林所说的"太难理解，理解困难的理论"是什么意思？如字面意思，这个理论采取复杂的理论构成，如果是有充足根据的复杂性，实务家、学生，国民都应该接受。对此不如从"易懂性"相反的角度进行思考更好。即，①很大脱离过去刑法学范畴的理论，②不考虑日本状况，照搬外国法律的学说，③缺乏解决实际案例能力的理论，等等，这些都可以认为是"太难理解，理解困难的理论"的意思。

如果从传统刑法学来看，基本观点应该是肯定①，部分肯定③。虽然批判集中在②，但仍然存在②被实行的危险性。与此相对，机能主义拒绝①②③中的任何一个，回答实务家的请求是可能的。在这个意义上，以架起和实务的桥梁为目标的场合，从机能主义出发的方法更好。

再次，"易懂""实际上有用"的刑法学，因为拒绝"复杂的理论"，变得偏重机能性无视基本原理，结果经常被质疑产生刑罚的扩张。学说对实务的批判，对判例的批判，最后汇集到这一点。此处先对"复杂的理论"进行思考。

若肯定"复杂的理论"，所构筑的凝聚高超解释技术的理论包含着有上述"理解困难"的问题。一般认为，精密的理论构成的结果产生复杂的理论，在精密的理论之名下，一切都容易被正当化，但是复杂的理论并不一定会因为理论复杂就是完全严密的理论构成，其由不太严密的理论构成堆积，也可能制造出看似严密的理论构成。

例如，搭建模型时，各个部件都很大，部件歪了能够马上注意。即使注意不到，也就歪了一个部件。但是，在搭建同等大小的模型时，使用很多小部件，即使各个部件歪了也很难发现，即使能看到一个个的部件，在采用小部件的情况下，极微妙的歪斜被忽视的可能性也很高。在这种情况下，各个歪的部件组合成一个整体，完成了一个非常歪的模型，同时还存在注意不到的危险性。不问有无伪装的意思，这都有产生伪装耐震理论的危险性。换言之，通过堆积一点点的虚假构成，做出大的虚假构成，存在可能将该虚假构成变成理论上正当主张的危险性。

从这个意义出发，最理想的理论是仅以基本原理为中心的简单理论。虽然机能主义容易被误解，但其并不是无视基本理论。不采取复杂的理论构成，从基本原理就直接得出结论，如果基本原理被修正（因与具体的结果关联，基本原理也有可能被修正），这个过程很容易被看到（很容易看到修正所用的价值判断，也很容易进行批判）。此外，作为价值判断前提的事实认识，有检验可能性，可能根据事实认识进行批判。例如，罪刑法定主义也不是仅仅坚决主张没有类推，因为采取是否有预测可能性这样可视性的基准，关于预测可能性，批判就成为可能。这是机能主义刑法学的最大优点。

五、结语

最近，传统刑法学，有声音大呼作为支撑的德国刑法学的方法论发生危机，也有宣言要抵抗渐渐失去自明性的德国刑法学。[70] 但是，现在的状况是机能主义的研究方法正在被下一代继受，同时又被限定，另外实际上德国刑法学的影响还是股强力，提倡"抵抗"完全没有必要。

传统刑法学论者表示，法科大学院实务教育之名下进行着场面式的议论，因为是技术只要结论好就行这样粗暴的议论横行，感觉到危机感，也许是在提倡传统刑法学的复权。但是，在这样的现状中，如果传统刑法学现在还有上述强大力量，实务和学说会变得越来越分离。在某实务家论文的最后有这样的论述，"学说上为构造理论上一贯的体系进行各种各样的议论，但作为实务家应该说充分理解右边的说明、希望解决事件就足够了"，[71] 有这样言词登场的现状相当危险。可以认为这仅仅只是对传统刑法学没有回答实务界要求所表示的愤怒。

也许会被认为是反论，但笔者还是主张有必要通过机能主义打破现状。

---

〔70〕 例如，井田良：《刑法总论的理论构造》，成文堂 2005 年版，前言。

〔71〕 前原捷一郎：《实行的着手相关判例的考察》，载《小林充先生佐藤文哉先生古稀祝贺刑事裁判论集上卷》，判例タイムズ社 2006 年版，第 163 页。

换言之，自觉地展开"作为理论的机能主义刑法学"，"作为科学的机能主义刑法学"，控制借实务之名进行场面式的、粗暴的议论，能够构筑真正建设性、有意义的刑法学。针对传统刑法学的批判和法科大学院教育期间已暴露的危机，本文尝试从机能主义刑法学进行些许"抵抗"。

后 记

在本书完成之前，笔者受到了很多人的帮助。在本科、硕士阶段，早稻田大会法学部野村稔教授热心且温暖地指导了传统刑法学精髓，在博士阶段，立教大学法学部（现为东亚大学大学院）所一彦教授告诉我至今为止机能主义刑法学的路径，还强烈推荐本书作为单行本公开发行，老师的学恩，学生感激不尽。在这里将本书献给两位恩师，深表谢意。

此外，哥本哈根大学法学部准教授约恩·维斯特加德（lektor，lic. jur. Jørn Vestergaard）为我创造了去丹麦留学的机会，平日里我们都是直呼其名，与其说是指导，不如说是以对等的关系进行讨论，给予我悉心指导的立教大学法学部荒木伸怡教授、林信夫教授、原哥本哈根大学教授克努德·瓦本博士（professor，dr. jur. Kund Waaben）、哥本哈根大学法学院院长瓦恩·格雷夫教授（professor，dr. jur. h. c.，lic，jur. Vagn Greve），我留学的哥本哈根大学刑法、犯罪学研究所（Kriminalistisk institut）所长弗来明·巴尔维教授（professor，dr. jur. Flemming Balvig）最大限度为我提供了能专心研究的环境，本科时代的好友黄川田纯也律师通读草稿，从读者的角度提出了有益的建议，对你们表示感谢。

出版时，受到信山社出版编辑部袖山贵先生的关照。袖山先生爽快地接受了出版事宜，给予了本书得以问世的机会。衷心感谢。

最后附上，本书的一部分受到了日本学术振新会"北欧刑法学研究"科研经费的资助，发表时得到同一科研经费（研究成果发表促进经费）的资助，在此表示感谢。

松泽伸

于东京

2001 年正月

译后记

2020年2月初，距离从日本成蹊大学访学归国仅余一个月，时常问自己，作为中日学术交流的受益者，自己能为中日学术交流做些什么呢？思索了很久，想到了翻译，但是当时考虑到自己还处在学习日语的阶段，十分担心做不好，又有些犹豫了。后来在师友的鼓励下，逐渐坚定了这个想法。接来下的问题就是，该翻译什么呢？在日本留学期间，受到成蹊大学法学部金光旭教授的悉心指导，翻译过日本早稻田大学松泽伸教授一篇关于刑法解释学的论文（《再论机能的刑法解释方法论》，发表于《法律方法》2019年第3期。松泽教授在该篇论文中对机能主义刑法解释学进行了再思考，内容与本书主题相关，因而收入本书附录，供读者参考），如此与松泽教授相识了。在翻译松泽教授论文时，从图书馆里借到了松泽教授撰写的《機能主義刑法学の理論―デンマーク刑法学の思想―》这本书作为参考资料，当时就对书中不少内容印象深刻。松泽教授在书中从借鉴丹麦刑法学理论的角度展开研究，让人耳目一新，且内容涉及我一直感兴趣的刑法解释学理论，因而回国前夕鼓起勇气给松泽教授写了一封邮件，小心翼翼地表明了自己想翻译其大作的想法。很快就得到了松泽教授的肯定回复，备受鼓舞。当时正值日本新冠疫情肆虐，回国前未能再次与松泽教授见面，略有遗憾。当然，想到今后还会有很多机会见面，也就释然了。2020年3月中旬回国后，陆续做着翻译工作，历经两年，才大致完成。其间与松泽教授保持着邮件、微信联系，时常询问翻译过程中遇到的各种问题，松泽教授总是耐心解答，帮我扫除了不少障碍。

特别值得一说的是，在本书中，松泽教授敢于跳出德国刑法学的主流影响，转变研究思路，以丹麦刑法学为比较研究对象，立足于机能主义立场对刑法解释方法论展开独特的研究，让人佩服。日本刑法学界长久以来受到德国刑法学的强烈影响，松泽教授在书中指出了德国刑法学过度注重体系化带来的理论与实践分离等问题，转而研究有德国法框架但具有突出机能主义特征的丹麦刑法学，在参考、借鉴丹麦机能主义刑法学及日本刑法学现有研究的基础上，重构日本机能主义刑法学理论。不同于传统观点认为刑法解释混同事实认识和价值判断，松泽教授承认法院在现实中有法创造机能的事实，将刑法解释限定为客观的事实认识，主张刑法解释时除考虑刑法规范逻辑之外，更要重视刑法解释的效果，以分析法官的思考为具体路径实现预测法院判决的解释目的，以保障刑法解释的客观性和有效性。现阶段在我国学习德日刑法学研究范式的学者不断增多、同样存在理论与实务脱节的问题、越来越多的学者重视刑法的机能，因而松泽教授的研究及其所关注的丹麦刑法学，无疑能为我国研究者展开相关刑法学研究提供不同的视角和丰富的素材。此外，松泽教授在比较研究中始终强调立足于本国的立场，考虑历史、国情等各种影响一国刑法学的因素开展一个国家法制度的研究，这也是当前我国刑法学者普遍认同的研究态度和研究方法。

要特别说明的是，本书第二章"丹麦刑法与刑事司法的发展"中原一共有三节，其中第三节题为"丹麦刑事司法的现状"，考虑本书出版于 2001 年，至今已过去二十多年，书中所记述的"丹麦刑事司法的现状"早已过时，且考虑本节内容对理解本书核心观点无太大的影响，因此在与松泽教授商量后，决定不对本节内容进行翻译。此外，本书最后的事项（人名）索引也省略了。

之所以能够如此顺利完成本书的翻译，要感谢松泽教授对我的信任和肯定，要感谢为我创造赴日留学机会、一直关心我的于改之教授，要感谢在日期间多方指导、一直关照我的金光旭教授，要感谢在工作和个人成长上给予我诸多指引和帮助的彭文华教授，要感谢给予本书纳入"当代日本刑事法译丛"宝贵机会的付玉明教授，要感谢所有给予我关心和帮助的人。此外，本书的出版得到学院、出版社的大力支持，衷心地表示感谢。因为有你们，我才能作为中日学术交流的一员，在此略尽绵薄之力，感谢之情无以言表。今后，我将更坚定地走好学术之路的每一步，用实际行动为中日学术交流做出更多的努力。

由于能力有限，内容上难免有所不足，还请各位读者批评指正。

吕小红

于上海政法学院

2023 年 5 月